ガラテヤ書講義 II

小川 修 パウロ書簡講義録 8

神の〈まこと〉から人間の〈まこと〉へ

小川修パウロ書簡講義録刊行会 編

LITHON

小川修パウロ書簡講義録刊行にあたって

小川修先生が長年追い求め掴まれた福音理解は、同志社大学神学部大学院での３年間（2007 年～ 2010 年）に亘るパウロ書簡講義（ガラテヤ書、ローマ書、コリント書）に結実したと言っても過言ではない。ひとことで言えば、「神の〈まこと〉から人間の〈まこと〉へ」というパウロの福音理解であった。先生の師であった滝沢克己が『マタイ福音書講解』によって、自由で、まことに明るいイエスの福音を見事に表現したとするならば、小川先生は『パウロ書簡講義』によって、まことの福音を解き明かしたと言えよう。

聖書の注解書や専門書は日本にも随分とあるが、失礼ながら、それらの多くが欧米の神学者や神学書の紹介であり、焼き直しのように思える。小川先生の福音理解の特徴は、日本の歴史と土壌に立つ者として、欧米の神学や思想から一度解放されて、自分で聖書をきちんと読むというものであった。このような自立的な聖書解釈は、ややもすると我流で、独り善がりのものに終わりがちであるが、小川先生の場合にはそれとは明らかに異なっている。仏教の研究（例えば、歎異抄は諳んじるほどに研究されていた）はもとより、米国と独国でも神学の研鑽を積まれた。ご本人の口から聞くことはなかったが、極めて優秀な成績を残されたことを人伝に耳にした。そして何よりも、聖書や専門書を自分で読むための語学力に優れていらしたことからも、そのことを案ずるには及ばない方であった。

単なる思い付きではなく、学問的にも厳密に裏付けられたパウロの福音理解は、日本のキリスト教界に一石を投じることに留まることではない。キリスト教という枠を超えた、日本のすべての求道者を視野に置くものであった。この意味では神学的と言うより、宗教哲学的と言うべきかも知れないが、そのような類型分けは些細なことである。

日本のキリスト教界が、欧米の神学思想に学ぶべきことは確かにまだ多い。しかしそこに留まり続けることに甘んじてはいけない。小川先生の『パウロ書簡講義』を柱とした福音理解は、日本のキリスト教界に警鐘を鳴らすだけでなく、欧米、そしてアジアの神学界や教会に対しても発信し得る優れた理解だと確信する。

本来は小川先生ご自身の手で、その福音理解が公にされることが期待されていた。しかしまことに残念なことに、病に倒れ叶わぬこととなった。斯くなる上は、不肖の弟子たちであるが、我々の手で、出来る限り正確に先生の肉声の講義を起こすことしか道は残されていなかった。

神の〈まこと〉に気づいたパウロの肉声（人間の〈まこと〉）が、マルティン・ルターを通して、カール・バルトや滝沢克己、座古愛子などの人々を通して我々に届けられて来た。その中に、小川修先生も加えられることは間違いない。

2011年盛夏

小川修パウロ書簡講義録刊行会を代表して

立山　忠浩

目　次

ガラテヤ書　第6章

編集者の声

凡　例

1 ［授業資料］は授業で配布された資料で、章や段落分け番号以外は、できるだけ忠実にそのまま記載した。

2 ［授業資料］のギリシヤ語と私訳は原資料では多様な色分けがされているが、そのままの記載は困難なため、一部を除き太字と傍線のみの表示に留めた。

3 ［授業］の段落は、編者の判断による。

4 （　）内は、読者の助けとなると判断される限りにおいて、担当編者が挿入したものである。

5 話言葉の特徴から、「まあ、あの、この、ね」などの言葉がかなりの頻度で散見されるが、できるだけ肉声に忠実とするためにそのまま記した。また授業形式のため、言い間違いや文章が途切れることが当然起こるが、これもそのまま文字化した。それらは小文字とし、読み飛ばすことで文意を汲み取れるようにした。なお、「ね」だけはカタカナとし、「えー」はすべて削除した。

6 ダッシュ（——）は、挿入の言葉や文章の場合に施した。

7 言葉や文章の上に付した黒点（・）は、先生が声を大きくされるなどから判断された強調点である。

8 〈まこと〉、〈いのち〉、〈からだ〉、〈こころ〉などの〈　〉表記は、［授業資料］からも判断される重要語であることから、［授業］本文でもそれに従った。

9 ギリシヤ語、ラテン語、ドイツ語はカタカナによる発音を（　）内に表記した。「ピスティス」、「エック　ピステオース　エイス　ピスティン」、「エン　クリストー」など頻繁に出て来る重要語の場合は、カタカナ表記を先に記した。またギリシヤ語発音表記の中には、前巻の『ローマ書講義』に少し修正を加えたものがある。

10 笑いや板書もできる限り表記することとし、その際は〔　〕で記した。

11 ギリシヤ語本文は、B. Aland/K. Aland, *Novum Testamentum Graece* (27. revidierte Aufl.; Stuttgart: Deutsche Bibelgesellschaft, 1993) を用いている。

（立山忠浩）

ガラテヤ書　第4章

1

［授業資料から］

4：1-7 〈まこと〉の唯一回性は、全時間の同時性（τὸ πλήρωμα τοῦ χρόνου）である

§1　4：1-5

1 Λέγω δέ, ἐφ᾽ ὅσον χρόνον ὁ κληρονόμος νήπιός ἐστιν, οὐδὲν
διαφέρει δούλου **κύριος πάντων ὤν**,
2 ἀλλὰ ὑπὸ ἐπιτρόπους ἐστὶν καὶ οἰκονόμους ἄχρι τῆς προθε-
σμίας τοῦ πατρός.
3 οὕτως καὶ ἡμεῖς, ὅτε ἦμεν νήπιοι, ὑπὸ τὰ στοιχεῖα τοῦ
κόσμου ἤμεθα δεδουλωμένοι·
4 **ὅτε δὲ ἦλθεν τὸ πλήρωμα τοῦ χρόνου**, ἐξαπέστειλεν ὁ
θεὸς τὸν υἱὸν αὐτοῦ, γενόμενον ἐκ γυναικός, γενόμενον ὑπὸ
νόμον,
5 ἵνα τοὺς ὑπὸ νόμον ἐξαγοράσῃ, ἵνα τὴν υἱοθεσίαν
ἀπολάβωμεν.

［私訳］

4：1　わたしの言う意味は、こうである。相続人が子供である間は、**全財産の持ち主でありながら**、僕となんの差別もなく、

4：2　父親の定めた時期までは、管理人や後見人の監督の下に置かれているのである。

4：3　それと同じく、わたしたちも子供であった時には、いわゆる

この世のもろもろの霊力の下に、縛られていた者であった。

4：4　**しかし、時の充満が来た（生起した）とき**、神は御子をつかわし、女から生れさせ、律法の下に置いた（十字架につけた）。

4：5　それは、神が律法の下にある者をあがない出すため、わたしたちが子たる身分を受けるためであった。

[授業]

まぁ、これで約半分かな？　６章までだからネ。ところが、３章はこのままではなくて、実は次の４章と、ぽっと切れているわけじゃないんですネ。ここから４章の初めの方は、この部分の続きです。そこで４章を見ていくことにしましょう。でもネ、４章に入って来て、ある程度ネ、ある程度、まぁパウロが言おうとしたことが、まぁ、掴めて来るかなあという感じがするんですけど。それでさっき４章（を）配りましたよネ〔パラパラと資料をめくって確認しながら〕。まぁ、後になって来ると、そういう、これ程大きな問題は出て来ないので、恐らくネ、今学期中にガラテヤ書を読めると思うんですけど。

４章、なんかネ、ずいぶん難しい表題が付いていますけれど、興味深いとこで、ちょっとお話をしてみたい、ネ。４章の初めですが、これは、まぁ前、前の３章とあの切れないんですけれど、読んでみると、(１節)「わたしの言う意味は、こうである。相続人が子供である間は、全財産の持ち主でありながら、僕となんの差別もない。(２節）父親の定めた時期までは、管理人や後見人の監督の下に置かれているのである」。またここで、あの、人間的な例ですネ。さっきあの遺言の例が出ましたけど、今度は相続の例ですネ。(それ）が出されてますネ。

(３節)「それと同じく、わたしたちも子供であった時には、いわゆるこの世のもろもろの霊力の下に、縛られていた者であった」。ですからここでもネ、あの、「諸々の霊力の下に縛られていた」というもののひとつでしょう、結局律法というのもネ。ですからやはりここでも、そんなにいい意味で言っているわけでじゃないですよネ。そうでしょ？「相続人や子供である間、全財産の持ち主でありながら」、全財産の持ち主でありながらってことは、元もと神の恵みというものが与えられていながら、ということでしょうネ。「僕となんの差別もなく、父親の定めた時期までは、監督や後見人の監督の下に置かれていた」って言うんですから。「それと同じく、わたしたちも子供であった時分には、いわゆるこの世の諸々の霊力」、── στοιχεῖα（ストイケイア）ですネ。これ、色んな人が色んなこと言ってますけれど──この世の諸々の、けいりょく、霊力です。霊力ですからネ、この世の力ですよ、これ。そのようなものに「縛られていた者であった」。やっぱり、ユダヤ教における律法もこのひとつでしょうネ。だから、ここでも養育係っていう意味じゃあないですよ、これは、ネ。縛り付けていた、そういう力のひとつですネ。

問題はその次ですネ。4節、5節。これがどう理解するかですネ。しかし文字通りはネ、これは普通には、「じ、時が満ちた」という「時」という（言葉を）、まああの、普通にはこれ（を）なんと訳していたかな？〔口語訳を開いて〕口語訳では「しかし、時の満ちるに及んで」と書いてあるんですが、これはあの「時の充満が来たときに」というまあ妙な日本語で訳しときましたけど〔笑い〕。これは文字通りにはネ、τὸ πλήρωμα τοῦ χρόνου（ト　プレローマ　トゥー　クロヌー）、時というのは χρόνος（クロノス）と καιρός（カイロス）というふたつがあって、──よく、よく言われますネ──いわゆる時計の時、時計があの時を打っていきますネ。あれを χρόνος と言いますが、この χρόνος を使っていますネ。時の来、πλήρωμα（プレローマ）っていうのは満ちるという意味ですから、これ（は）名詞ですよネ。時の充満が来たとき、というんじゃあ日本語にならないんで、「時が満ちた」というふうに（考えて結構です）。これはまああのマルコ伝にもあるわけですが、イエスが言ったという言葉ですネ。まあそれに合わせて（訳しています）。まぁ通常は「満期が来た」と言うんですよネ。で、あの新約学者たちの解説を読むと、満、時が満期になったという（ふうに訳していますが）、どうもよく分からなかったんですけどネ。あの、マルコ伝の解釈なんかでネ。まぁここはパウロですから、マルコ伝は分かりませんけれど、時、まぁパウロの場合「時の充満が来たときに」、まぁこういう書き方ですネ。つまり「来た」というのは、この場合「起こった」という意味でしょう。生起した、「時の充満が生起したとき」、一応そのまま文字通り訳しまして、その後ですネ、（課題となるのは）。「神は御子をつかわし、女から生れさせ、律法の下に置いた」、という、こういう、こういうことが書いてあるんですよネ。まぁ一般的には、これはあの終末論の説き方で、まぁパウロでは珍しいんですネ。時の充満が来た、時が満ちた、時の満期が来た。その時、神は御子をつかわし、女から生まれさ、生まれさせ、御子の、律法の下に置いた。律法の下に置いたってことは、律法の下に置いたことによって律法によって裁かれた。十字架につけたってことですから、まぁ、まぁ女から生まれさせたってことは受肉でしょうネ。律法の下に置いたっていうのは、十字架ですから、まぁこれで受肉から十字架までということだと思いますが、「神は御子をつかわし、女から生れさせ、律法の下に置いた」、こう書いてあるでしょう。それから５節は ἵνα（ヒナ）文になっているんですネ、例によって。それは何々するためであったと。

で、４節はそうしますとネ、時の充満、時が満ちるということが起こったとき、こういう、まぁイエス・キリストの出来事、イエス・出来、イエス・キリストの出来事が起こったというわけですから、何々した時ということは、逆に言うと、イエス・キリストの出来事、イエス・キリストの出来事が起こったときが、とき、時の充満が起こった（ときである）。時が、時が満ちるということが起こった。でこういうことですから、まぁ、この表現を見ると、時の充満が来たということと、そういうこと、つまりこれはまぁ普通には終末と言うんですけど、この「終末」とイエス出来、「イエス・キリストの出来事」――「イエス・キリストのこと」ですね――この場合「受肉と復活」は、まぁ同じ、同時である。同じことである。同時同体であるということが、ここから見ることが出来ますよね。

そしてそれは、そういう、その、そしてその同時同体の出来事はなんのためだったかと言うと、「律法の下にある者をあがないだすため」、あるいは「わたしたちが子たる身分を受けるため」「わたしたちが、アバ父よと呼ぶ」、そういう「身分を受けるためであった」と言うんですから。そうしますと、やはりこの、神は御、イエス・キリストの出来事、このイエス・キリストの出来事のことを（は）実は――イエス・キリストの出来事ですね。あの、十字架に付けられて、ああ、あの、受肉、そして――受肉と十字架ってのはワンセットなんですよ。受肉と十字架ってのは、あの、更に復活も加わって、まぁワンセットになるわけですが、これはまぁキリストの出来事〔板書する〕ですね、出来事。まぁ私が、これは「キリストのこと」〔板書〕と言うんですけれど、キリストのこと。で、このキリストの出来事のことを、そのことを、そのことを、これは、まぁあの「キリストのまぁ〈まこと〉」〔再び板書しながら〕、ピスティス、ピスティス　イエスー　クリストゥー、クリストゥー（πίστις Ἰησοῦ Χριστου）ですね。イエスー　クリストゥー、まぁこういうふうにも言ったわけですね。これ（は）通常（の聖書の訳は）、「イエス・キリストの、に対する信仰」ってやっちゃいますけれど、まぁ、その、私たちはそうは考えないで、これは「イエス・キリストのピスティス〈まこと〉」。これはなにかと言うと、まぁあの太田（修司）さん[註1)]のはね、あれは十字架を指していると言っていましたが、そうですね。まぁ、「キリストの出来事」、これを指している、こういうふうに申し上げたわけですね。

で、今、これがですね、今これがこの4章の4節によると、なにかと言うと、これと同時同体な言い方が、実は τὸ πλήρωμα（ト　プレローマ）、τὸ πλήρωμα τοῦ χρόνου（ト　プレローマ　トゥー　クロヌー）だと、こう言っているわけですネ。これが、従って「時が満ちること」〔板書〕というのはこれを言うんだと、まぁこういう言い方ですネ。τὸ πλήρωμα τοῦ χρόνου〔板書〕、ネ。時が満ちることがこれなんです。ですから、まぁパウロは珍しくこういう表現を取ったわけですが、時が満ちとは、通常はまぁ終末（のことです）。終末ってネ、終末〔板書〕、これはあの時間が終わることという意味です。時間が終わること、時間が終わることってどういうことなんだろう、ネ〔笑い〕。神学を勉強したとき、時間が終わること、終末なんて時間が終わるってどういうことだろうって〔笑い〕。それ以上のことはあの聞けなかったですけどネ。まぁ時間が、これ（を）言い換えると、これは満ちることですよネ。まぁ充満という変な日本語使いましたけど。で、しきりにまぁパウロが言って来たこのこと、キリストの〈まこと〉、ピスティス　イエスー　クリストゥー（πίστις Ἰησοῦ Χριστου）が、実はこれだという言い方をすると、これは恐らくキリストの出来事というのをネ、時間的にあるいは時間論的に言った言い方でなんでしょうネ。あの、時が満ちるという（言い方は）。

§2　挿入　Ⅰコリント 15：51～

［授業資料から］

4a 節）「時の充満」**τὸ πλήρωμα τοῦ χρόνου**：全時間の一点収束、すなわち、同時性（**ἐφάπαξ**）の〈こと〉。

終末　1Co15:51f.

51 ἰδοὺ μυστήριον ὑμῖν λέγω· πάντες οὐ κοιμηθησόμεθα, πάντες δὲ ἀλλαγησόμεθα,
52 **ἐν ἀτόμῳ, ἐν ῥιπῇ ὀφθαλμοῦ, ἐν τῇ ἐσχάτῃ σάλπιγγι·** σαλπίσει γὰρ καὶ οἱ νεκροὶ ἐγερθήσονται ἄφθαρτοι καὶ ἡμεῖς

ἀλλαγησόμεθα.

［私訳］

見よ。わたしはあなたがたに奥義を告げよう。**終わりのラッパが響く刹那において、その瞬間において、**わたしたちは全員が眠っているわけではないが、わたしたちは全員変化（＝復活）させられるであろう。というのは、ラッパが響いて、死せる者（＝眠っている者）は朽ちない者に復活させられ、わたしたちも変化させられるからである。

［授業］

それで、時が終わるというのはどういうことか、ということになるんですけれど、なるんですけど、これでネ、これから先は、あまり他の先生たちがあまり言ってないことですけれど、ですから違ってる、僕の間違ったあれかも知れません。ですが、私自身の考えをやっぱり申し上げるのが――大学院の授業ですから――（よい）と思いますので、やっぱりそれは次のようなことだろうと思うんですネ。

それは、その、これを説明するのは、下に書いてある（ところです）[註2]。まあ有名な第一コリントの 15 章のごく一、一節を取り出して来てるんですけれど。ここはあの「死人の甦り」という大変、大変な章なんですけれど、この中の一節にですネ、こういうパウロの言葉があるんですよ。でそれがネヒントになって、まあ、自分の考えを申し上げますけれど、時が満ちるっていうことはどういうことなのか。「時間が終わる」って、よく言いますけど〔笑〕。時間が終わるってのは…。今、あの時計（は）止まってますけどネ〔笑い〕、6 時ごろ（を）指している。あの時が、ネ、時計を止めることは出来ますけど。これネ、あの第一コリントの 15 章というのは、これだけでもネ、何回もやらないとできない凄く長い章ですし、まあ、ブルトマン[註3]などは、これはほとんどこう無視した。（そのことは）『新約聖書神学』で読みましたネ、我々は。ほとんどここ無視しているんですよ。（その書物には）ちらっと書いてあって、これはぁのあんまり相手にすることないよ、というような書き方なんですけど、実は第一コリントの 15 章というのは、パウロという人の一番の核心部分ですネ。死人の甦りってどういうことなんだろうっていうことを論じてる。

でここが分からないとパウロって本当は分からないんですけど、そのなかの一節に次のようなことが書いてあるんですネ。51 節と 52 節だけ引用しました、そこにネ。ギリシヤ語をちょっと読みますと、ἰδοὺ μυστήριον ὑμῖν λέγω（イデゥー　ミュステーリオン　ヒュミーン　レゴー）、「見よ」、μυστήριον ってのは、これは奥義ってことでしょ。奥義ってことですよネ。奥義ってのは、もうネ、剣道の奥義は一番弟子に伝えるとかいう、あれですよネ〔笑い〕。伝授する。「見よ、わたしはあなた方に奥義を伝授しよう」ってわけですネ。だからこれ（は）大変な科白（せりふ）ですよ、これ〔笑い〕。その次ですけど、πάντες οὐ κοιμηθησόμεθα, πάντες δὲ ἀλλαγησόμεθα（パンテス　ウー　コイメーテーソメタ、パンテス　デ　アッラゲーソメタ）、でこれ（が）続いているんですネ、実際は。分けちゃんてんですが。ἐν ἀτόμῳ, ἐν ῥιπῇ ὀφθαλμοῦ, ἐν τῇ ἐσχάτῃ（エン　アトモー、エン　リペー　オフタルムー、エン　テー　エスカテー）、これは終末、終わりのっていう（意味です）ネ。σάλπιγγι（サルピンギ）、ラッパ。だから、これは終末ってことが言えるんですけど、これはぁのここまでが、ぁの言ってみると二番目の文章ですよネ。二番目の文章は、πάντες（パンテス）、これネ、πάντες οὐ（パンテス　ウー）となってますけど、実際は部分否定なんですネ。「全ての人たち、――まぁこれは主語が『あなたがた』ですから――あなたがたが、みんなが、あなたがたみんなが眠、眠っているんじゃない」って。「しかし、――51 節の後、あっ、お仕舞いの方ですが――しかし、ἀλλαγησόμεθα（アッラゲーソメタ）――これは変化、これ（は）「へんげ」と読むことにしましょうネ。変化（へんか）じゃ変だから――しかし、あなたがた全員が変化（へんげ）させられるだろう」。あなたがた全員が眠っているわけではないが、あなたがた全員が変化させ（られるだろう）。まぁ復活ってことです。復活させるだろう、というのが51節の意味です。

52節は、まだそれが、それが続いてんですネ。ἐν ἀτόμῳ（エン　アトモー）、ἀτόμῳというのは、アトムと（いう言葉で）、みなさんネ、日本語になっています。あれは、もうこれ以上分割されない、分割できないという意味で、最小単位ですネ。刹那、刹那、時間的に。「刹那において」。その次は、ἐν ῥιπῇ ὀφθαλμοῦ（エン　リペー　オフタルムー）、これは文字通りの日本語でいう瞬間ですよ。瞬き、瞬きの間、ネ。瞬きしている間、瞬間ですネ。それから最後のラッパにおいてってことは、最後のラッパが鳴るときにって（いう意味です）。まぁこれ、いずれもネゴシックで印刷したつもりなんですが〔笑い〕、はっきりしないかも知れませんけど。これはあの、刹那において、瞬間において、ラッ、最後のラッパにおいてってことは、あれなので、ちょっと変な日本語なんで、「終わりのラッパが響く刹那において、その瞬間において」と訳しました、ネ。その時、まぁですからこれがあの終末の時ですネ。終末の時、瞬間ですよ。一点、そこにおい、そこにおいて、わたしたちは全員が眠っているんではないが、わたしたちは全員変化（へんげ）させられるだろうと、こう書いてあるんですネ。不思議な言葉ですよネ。不思議な言葉ですよネ。

もう少し読んでみると——というのは52節の後半ですが——σαλπίσει（サルピセイ）、ラッパが鳴るであろう。「ラッパが響いて」、そしてその次ですネ。οἱ νεκροὶ（ホイ　ネクロイ）、「死せる者」は ἄφθαρτοι（アフタルトイ）、ἄφθαρτοι、「朽ちない者に復活させられ」、ἐγερθήσονται（エゲルテーソンタイ）、そして ἡμεῖς（ヘメイス）、「わたしたちは変化（へんげ）させられるだろう」とこう書いてありますネ。不思議な文章ですよネ。謎みたいなこと言っている。

レクイエムっての（があるよ）ネ。11月はヨーロッパは大体、あのあれなんで、日本で言うと死者のことを思う月ですから、あの、モーツアルトやブラームスのレクイエムってのは、あっちこっちの教会で演奏されるんですが、ラッパが鳴るネ、本当にあれは〔笑い〕。レクイエムってのは、鎮魂、鎮魂曲。

この時に、この時にネ、全ての人間が、——あなたがた全ては、（いや）わたしたち全てだ——わたしたち全ては変化させられるだろう。復活させられるだろうと、こう書いてあるんですネ。

でネ、この謎のような科白ですけどネ、まあこれはあの、まあしかしこの科白は、やっぱり中世以来ずいぶん多くの人を考えさせた言葉らしいんですネ。ヨーロッパの聖書の解釈の歴史、あるいは直接に聖書の影響受けなくても。で、こういう不思議な科白ですが、これは、この解釈は、僕はあの、実はカール・バルト[註4)]の解釈から色々教わりました。それでこれから申し上げるのもその影響を受けています。まあこれはもう、これはもう自分の解釈ではどうともできないところですから。で、ですネ、ただ、バルトが言ってないようなところもあるんですけれど。

僕はネ、あの、この、「全ての人間が眠っているわけでない」という、ここがあのポイントのように思うんですネ。全ての人間が眠っているわけでないっていうのは、今起きている人がいるってわけでしょう、ネ。今起きている人がいて、眠っている人がいるってことですょ、これは。で、あの眠っているという言葉は日本語でもそうですけど、まあ死者を指すことが多いですネ。もう今、永遠の眠りにつきました、というような言い方は日本語でもやりますし、ドイツ語で entschlafen（エントシュラーフェン）という言葉は死んだ人も言うんですけどネ。でしかし、眠っているというのは二種類考えられるわけですネ。ひとつは既に眠ったという（意味です）。で、今、眠っているけれど、これから起きて来るという場合も眠ると言うわけですネ。眠っていると言いますでしょう。でそうしますとネ、今起きている人、もう眠った人、これから起きて来る人、まあ三つも言える言葉じゃないですか、これ。で、これはつまりなにかと言うと、死んだ人というのは過去ですネ。今、生きている人は、現在。それからこれから起きて来る、今、眠っているけど、これから起きて来るというのは未来の人ですネ。ですから、実は未来のことも言っているわけです、これ、我々の時間軸で言うと。現在生きている人、もうかつて死、生きてたけどもう死んだ人、それからこれから生まれて来る人。この三つの人をも、つまり、過去・現在・未来、あるいは人間と言わないで時間と言ってもいいんですネ。この時間が、実は、実は、終末においては、終末においては、同時だというのが、この51節、52節の言わんとしていることの意味だと思います。過去と現在と未来が、実は復活において――復活というのは覚えといてください――永遠という意味と同じ意味です、神学の用語ではネ。永遠においては同時である。永遠から見ると、ということは「神から見ると」ということ。人間の生きている時間、過去・現在・未来と、この三つありますよネ。で過去から未来へと時間が流れて行く。あるいは未来から過去へと時間が流れて行くのかも知れませんが、この三つありますよネ。これは日本では、この過去・現在・未来のことを三世(さんぜ)〔板書しながら〕とよくこれ仏教の人たちが言いますが、これ、クロノス、時間の流れです。過去・現在・未来と。でそれが、それがですよ、実は永遠、永遠においては、永遠においては一点だというのがここの言い方なんです。ですから、神様から見ると時間というのは――我々、我々にとって時間というのはネ、無限の過去から無限の未来へ流れて行く。時、まあなんて言いますか、線ですよネ。直線のようにこう表象されますよネ、どうしてもネ。しかし――それは神から見ると一点だと（いうことです)。これは実はヨーロッパ、ヨーロッパの神学、昔からそういう理解の仕方をしてんだよネ。優れた理解の仕方だと思うんですけど。神から見ると一点だ、時間が。でこういうヨーロッパの色んな時間論の中でも、恐らくパウロのこういう言葉が影響与えたのかも知れませんが、「神から見ると」ということは、永遠においては、永遠においては、過去・現在・未来は一点である、人間の生きる時間というのは。で、このことですネ。このこと、このことを言っていると、まぁ私はネ（考えています）。この時間が満ちるという（ことは）、時間が、時間がこぅ一杯になって来るということは、実はなにを言っているかというと、なにを言っているかというと、時が満ちるというのは、このように、まぁ、時間が過去から未来へ、無限から無限へと伸展していると見られる時間が一点に収束すること、それを時の充満とネ言っているんです。ですから、過去・現在・未来の三、三時制って言いますか、この三つの時が同時である。こういうことはまぁ普通にはないわけですけど、まぁ我々が普通に時間の中に生きている間はないわけですけれど、そういうことを言っている。でこの考え方は実は東洋にもあります。そういうことに気づいた人がいるんですネ。日本にもいるんですョ。で、まぁ、このことを時の充満と言う。であの、これを終末、こう呼んだと。時間が終わる。ですから、これは、あの、まぁあのみなさんに今日、今日お配りした授業資料の中で、時の充満というのは「全時間の一点収束」だって、つまり「同時性のこと」だって、わけの分かんないこと書いてありますけど、実はそういうことなんで、これが時が終わること。

そうしますと、まぁこれは一種の同時性ですから、その同時性のことをまぁギリシヤ語で ἐφάπαξ（エファパックス）ですネ。〔板書しながら〕ἐφάπαξ ですネ。でこれはまた、あの、一回、ただ一回というのがあるんですネ。これはあのローマ書のネ、6 章の 10 節に〔板書〕を見れば分かります。ローマ書、パウロはあんまり何回も使ってはいませんけどネ。ここではただ一回と言うんです。まぁただ一回になりますョ、同時ですから。唯一回性〔板書〕。ですから、あの、そういう意味で、時間軸が一点に収束してしまう。で、それをまぁ、その、ἐφάπαξ、まぁ、あぁ、いや、ἐφάπαξ ですネ。それは ἐφάπαξ でもあるし、πλήρωμα τοῦ χρόνου（プレローマ トゥー　クロヌー）、時間の、が満ちることだと、まぁこういうふうに言っているわけですネ。そうしますと、我々はあの、まぁ一般的に言うとネ、あの、終末というのは、色んな学者先生の（言うようなことではないんですネ）。時が満ちるとかなんとか、あるいは満期になるとか言うと、時間軸そのものは全然動かないで、ネ、例えば、定期預金がいつ満期になるというような〔笑い〕。満期になると言うと、それは例えば、明日満期になると言うと、ネ、12月の2日に満期になると言うと、その時時間軸は全然動いてないわけですネ。時間軸はちゃんと固定した上で、この点が満期になる、こういうふうに考えるわけですが、あの、そうじゃないんですネ。ある点で時が満ちると言ったら、その時間軸がその、こう、そこへ、そこに一点になってしまう。それが時間が終わるという意味なんですネ。

ですから、あの、ですからネ、あの、佐竹（明）さん[註5)]の『ガラテヤ書』[註6)]っていうのは非常によくできた書物で――まあ、今は知りません、30年前に書いたから――世界的な水準を持ってたと思うんですネ、ガラテヤ書の学者としてネ。でもあの人の解説（を）読むと、もう、どうも時間、その時間軸を二分するんだという言い方をするんですネ。それがその、こういう点なんだと言う。そうじゃあないネ、これは。時間軸を二分（して）、例えば紀元元年から紀元30年、イエスの生きた時代が、実は世界史というのを二分している（という言い方をしている）。まあそれは時間的にそうでしょうけど、あの、終末というのは、そういうふうにこう、ある点を時間軸のある特定の（ところ）に点を打って、そこでふたつに分ける、ふたつに分かれるというんじゃあなくて、あの一点に収束すると、それがあの、パウロの考え方だったと思うんですネ。だから時間が終わるって言う。時間を分けるんじゃないですよネ。そういうふうな意味では、時間が終わるってのは、これは恐ろしいことですネ、考えると〔笑い〕。そういうこと、で、そのこと、そのことがイエス・キリストの出来事だと、こういうわけですネ。ですからネ逆に言うと、そういう唯一回性の点、あるいは同時性の点というのは、あのその、時間軸がちゃんと先ずあって、その中のどっかの点じゃなくて、どこにでもそういう点があるわけですネ。どこにでも、そういうところに、あの、時間、時間の終わりということがある。こういう議論がすぐ後に出るわけですネ。

で、で、まぁ終末というのは従って「今」なんです。今なんだけど、今ってのは何時でも今でしょ。何時でも、時間軸上の何処でも「今」っていうことです。ですから、そこでは何時でもそういうことが言える、こういうことですネ。で、あのこのことを、まぁそういうふうに考えられると思うんですネ。それで、あの、まぁそういうふうに思っていたんですが、あんまり自信もなかったしネ〔笑い〕、そしたら例の滝沢（克己）先生[註7)]の本を読んでおりましたら、こういうふうに言ってんですネ。「最初で最後のこと」[註8)]、つまりこれ、いわゆる唯一回性のことです。最初で最後のこと、そうでしょ。「僕がニューヨークに行ったのは、あれが最初で最後のことだった」って言ったら、ただ一回ってことですネ。最初で最後のことって、今ここにあるっていうことって、先生（は）よく言うんですょ。それは、あのこういう最初で最後のことってのは唯一回性ですが、それは今ここにあるということで、今ここってのはネ、何時でも今、ここなんですょ。ですから、これは言ってみると普遍性ですネ。唯一回性は普遍性である、時間においては。唯一回性のことは、ちょっとネ、抽象的な話になって申し訳ないですけど〔板書〕、まぁパウロをやるとどうしてもそういうことになるんですが、普遍性である、時間においては。何処でも、ネ。まぁこういう科白を言っていたんですネ。でこれはまぁ僕が前からずっと考えて来たんですが、まぁあの、流石にあの先生には脱帽しましたけど、非常に見事な言い方ですょ。最後、最初で最後のことは今ここにある。どの時間もそうだ。どの時間も普遍、だから普遍性ですネ、時間においては。ですから、どの時間も終末、というふうに言ってもおられましたけど。

そりゃあ、あの、どの時間でも、そういうまぁ、永遠というもの、どの時間でもそういう永遠を孕んでいる、持っている。それで、それで――その、なんて言うかな――どの時間においても、ですからどの時間もイエス・キリストの出来事というものを含んでいる。あの、まぁ孕んでいる。こういうふうな言い方ですネ。で、これはあの、いつもわたしは、キリストの、イエスの十字架をこの身に帯びている。それはイエスの復活、イエスの命や復活がこの身に現れるためであるという、あぁいう言葉（第二コリント 4:10 ～ 11）を考えて見ると、よく当てはまることですネ。つまり、イエス・キリストの十字架と復活ってのは、ただ一回、唯一回。ただ、これはローマ書6章の10節がそうです。ただ一回、イエスは罪に対して死んでいる。そして神に生きた、甦ったと、これが ἐφάπαξ（エファパックス）だと。唯一回、しかしそれは、何処の、何処の時間でもってことは、どの人にもってことと同じことをなんですから、どの人にも起こることだ。こういう言い方。

ですからまぁ唯一回性は、時間においてはってことは、我々の、我々の時間においてはってことで、つまり我々においては何処でもそれが起こる、ネ。で、それが、ですから、そういう意味の極めて充実した「今」というものが、今というものが終末である、こういうことですネ。それ、それを照らし合わせて読むと、なにかこのネ、ガラテヤ書というのも、4章の、この極めて意味、意味深長な、意義の深い言葉というのも、ある程度、みなさんも掴めるんじゃないかなと思う。まぁネ、こういうちょっと、やや思弁的な方向に流れる傾向のあるお話をしましたけど、やっぱパウロっていうのは、やっぱそういうふうな所がありますんで、やむを得ないんですけど。でそんなふうにして思う、あの考えますと、この4節をもう一度見てみると、「しかし、時の充満が起きたとき」、時が満ちる（とき)、そういう意味では時が一点に収束するということが起きたとき、その時は同時に神がみ子を遣わし（たときである)。いわゆるイエス・キリストの出来事です。女から生まれさせた受肉と十字架、その出来事。まぁ十字架ですネ、パウロにとっては。この十字架の出来事は、こういう時の充満ということは、まぁ全ての時間が一点に収束するということである。

でそういうことは、つまりまぁ、私は「イエス・キリストの出来事」と呼んで、あるいは「イエス・キリストの〈まこと〉」――本当の（意味の）〈まこと〉ですネ――〈まこと〉と、πίστις Ἰησοῦ Χριστου（ピスティス　イエスー　クリストゥー）とみたわけですですが、それはなんのためだったかと言うと――5節、ネ――それは、その、律法の下にある人をその解放するためである。もっと、まぁこれはパウロにとっては極めて切実なことですが、我々に即して言うと、神の子たることを受け取る（こと）、つまり、これはあの第二のピスティス（πίστις）ですネ。信仰、まぁ信受する、信じ受ける。そのためであった。ですから、4節は ἐκ πίστεως（エック　ピステオース）。第一のピスティスに対して、それは第二のピスティス、5節はネ。そして第一のピスティスはまた別の言葉で言うと、終末の出来事というわけで（す）。ここであの、まぁ終末と言うとネ、あの時の終わりで、なんだっけ、山は平らにされて、えーっと、谷は、谷は高く上がり（ルカ 3:5）〔笑い〕、太陽や月や光や星は天から落ちるというネ（マルコ 13:24 ～）、あぁいう表象で表現されるものですが、まぁ時間が終わるという、まぁ、そういうことの意味ですネ。それを述べている。なかなかそうして見ると深い意味がありますネ。そんなふうに理解しております。

§3　4：6-7

［授業資料から］

6 Ὅτι δέ ἐστε υἱοί, ἐξαπέστειλεν ὁ θεὸς τὸ πνεῦμα τοῦ υἱοῦ αὐτοῦ εἰς τὰς καρδίας ἡμῶν κρᾶζον· αββα ὁ πατήρ.

7 ὥστε οὐκέτι εἶ δοῦλος ἀλλὰ υἱός· εἰ δὲ υἱός, καὶ κληρονόμος διὰ θεοῦ.

［私訳］

4：6　あなたがたは子であるのだから、神はわたしたちの心の中に、

「アバ、父よ」と呼ぶ御子の霊を送って下さったのである。
4：7　したがって、あなたがたはもはや僕ではなく、子である。子である以上、また神による相続人である。

「時の充満」・終末とは、**ἐκ πίστεως εἰς πίστιν** が生起する〈とき〉をいう。

3：19～4：7を要するに、「〈まこと〉の到来・生起」とは、時間を二分する時間軸上の一点とされるが、実は時間軸の分割ではなく、時間そのものの永遠への収斂（唯一回性）（**τὸ πλήωμα τοῦ χρόνου**）であり、他方それは、時間がそこから展開する根源として、そこから流れ出た時間軸上のどの点においても自己を啓示する（普遍性）（**ἐκ πίστεως εἰς πίστιν**）。

［授業］
そしてもう少し読んでおきましょう、7節までネ。で、（6節）「あなたがたは子であるのだから」、今あの、子たる身分を受けると言いましたけど、それは、子たる身分を受けるということは、言い直せば、父なる神が我々を、我が、我が子よ、我が子よと呼ぶことなんですネ。我が子よと呼ぶことなんですが、それがまあ、それに対して我々は「アバ、父よ」と呼ぶ。まあ「あなたがたは子であるが、神はわたしたちの心の中で、『アバ、父よ』と呼ぶ御霊、み子の霊を送ってくださったのである」。まあこれについてもネ「アバ、父よ」という科白は、まあ比較的パウロでは少ない科白なんですけれどネ、まあ福音書には多いですよネ。あの、福音書には出て来ますよネ。こういう、「御子の霊を送ってくださったのである。（7節）したがって、あなたがたはもはや僕ではなく、子である。子である以上、神による相続人である」。したがって、神と人間との関係が父子の（関係）、そういう関

係になって来る。なぞらえられている。まぁ本当は逆なんですネ。人間、神と人間との関係が、人間の親子関係に反映されたというのが正しいんですけれど、まぁこういうことが言えて来るというわけですネ。

まぁ父よ、と呼ぶというのは、これまた実はローマ書の８章に同じような言葉がありましてネ、これはまぁローマ書を後に書いて来るときに、まぁここから展開されたんだと思うんですが、非常に深い内容が語られているんですけれど、そういう、まあ、神が人間を我が子と呼ぶ。で、まぁこれが子たる身分ですネ。「吾子（あこ）よ」と呼ぶ。それに対して人間が「アバ、父よ」と答える。私たちもその御霊によって答えるわけですから、その、答えているのも我々の内の、内なるキリストですネ。キリストからキリストへ、まぁその、答える方も「アバ、父よ」と答えるんだったらキリストですネ。ですから人間は、「我が神、我が神、なんぞ我を見捨て給いし」というそういう叫びになっちゃうんですが、あのときでも、あのときでも、やはりこの御霊のうめきをもって「アバ、父よ」と言う科白がネ（聞こえて来なければいけない）。「あの恐ろしい断末魔の悲鳴」と田川建三[註9)]が呼んだ、あの断末魔の悲鳴の中に、やっぱりこの「アバ、父よ」と呼ぶイエスの御霊の霊の声が聞こえないといけないですネ。あの、それが聞こえると、あれは単に神を呪って死んだんだというような解釈は出て来ないです。なかなかそうはいかないで、あれは神を呪って死んだんだという解釈をする神学者がいるわけですが〔笑い〕、そうじゃない。人間の科白はあの最後のあぁいう極限まで追い追い詰められて死んで行った場合には、「我が神、我が神、何ぞ我を見捨て給いし」というこういう科白ですが、その、その、それは人間の、人間の霊が語ると言うんですネ。その人間の霊が語る最後の――そらぁ、人間の霊というのはみんなそうですよ、人間が語るのは。でしかし――その裏に、その裏側に「アバ、父よ」と呼ぶ御霊の霊がある。でそれを、それが聞こえて、聞こえて来なければ、あそこは読めない、ネ。あの、そういうもんですよネ。でそういうところに、まぁこういう「アバ、父よ」と呼ぶ御霊の、御子の霊を送ってくださったのである。「したがって、あなたがたはもはや僕ではなく、子である。子である以上、また神による相続人である」。まぁこういう、ややくどくどしい科白がネ出て来ますネ〔笑い〕。そしてまぁ、一応3章から述べて来たのはここで終わることになりますネ。

まぁあの、それで、まぁあのネ、大体どういうことを言ったのかということで、あの今日お配りしたネ授業資料の中には註10)、最後に「3章19節～4章7節を要するに、『〈まこと〉の到来・生起』とは、時間を二分する時間軸上の一点とされるが」、まぁこれはあの、あの、新約学者は大体こういう書き方をする。「実は時間軸上の分割ではなくて、時間そのものの永遠への永遠の収斂、唯一回性であり、他方それは、時間がそこからまた新たに展開する源でもある」わけですネ。「そこから流れ出た時間軸上のどの点においても自己を啓示する」。この普遍性、つまり唯一回性から普遍性へ。でこのことを言っているんで、まぁそれはまた、あの、私がキーワードにしているエック　ピステオース（ἐκ πίστεως）、まぁ第一のピスティス（πίστις）から第二のピスティスへ。これは人間の信仰です。これは時間軸上の人間のネそこへと、いうふうなことが言えるのではないかと思う、思うわけです。

まぁあの、だいぶ抽象的なことを色々お話して（来ました）。まぁ今の若い先生たちは、あまりこういうこと言わないかも知れませんが〔笑い〕、あの、まあ、まぁパウロは、やっぱある程度こういう見る、まぁ、見方をしないとちょっと掴めないですよネ。（それで、以上のようなことを）申し上げました。

これからは、後残りは、4章はそれ程のところはないんですけど、やってしまって、残り5章とかなんかは倫理の問題など入って来まして、それで、ですから後二回で終わると思うんで、一応『ガラテヤ書』は講義としては終わると思いますが。なかなか（私のような）先生に付き合っていくのは大変だと思いますので、お気の毒だと思いますネ〔笑い〕。はい、それじゃあネ、今日はここまでにしましょう。

2

［授業資料から］

4：8–20　パウロの困惑

§1　4：8–11

8 Ἀλλὰ τότε μὲν οὐκ εἰδότες θεὸν ἐδουλεύσατε τοῖς φύσει μὴ
οὖσιν θεοῖς·
9 νῦν δὲ γνόντες θεόν, μᾶλλον δὲ **γνωσθέντες ὑπὸ θεοῦ**, πῶς
ἐπιστρέφετε πάλιν ἐπὶ τὰ ἀσθενῆ καὶ πτωχὰ στοιχεῖα οἷς
πάλιν ἄνωθεν δουλεύειν θέλετε;
10 ἡμέρας παρατηρεῖσθε καὶ μῆνας καὶ καιροὺς καὶ ἐνιαυτούς,
11 φοβοῦμαι ὑμᾶς μή πως εἰκῇ κεκοπίακα εἰς ὑμᾶς.

［私訳］

4：8　神を知らなかった当時、あなたがたは、本来神ならぬ神々の奴隷になっていた。

4：9　しかし、今では神を知っているのに、**否、むしろ神に知られているのに**、どうして、あの無力で貧弱な、もろもろの霊力に逆もどりして、またもや、新たにその奴隷になろうとするのか。

4：10　あなたがたは、日や月や季節や年などを守っている。

4：11　わたしは、あなたがたのために努力してきたことが、あるいは、むだになったのではないかと、あなたがたのことが心配でならない。

［授業］

この間は4章の7節。4章の7節も大体3節、3章とまぁ接続してて、それから4章のですネ、お仕舞いの方、21節から31節まで（は）大体3章の内容なんですネ、続きなんですネ。その間にあるのが、パウロの困惑とか、パウロの当惑とか言う、そういう（ふうに）言われるところがちょこっと入っているんですよ。ですからまぁここのお話をして、それが終わったら21節から4章の最後まで（やりましょう）。これは大体また3章の内容の続きで、従ってまぁ3章のお話が、お話で、まぁこのガラテヤ書の中心部が終わるわけですネ。そんなことで、それでまぁ今日は多少時間的に余裕があると思われますので、あの私の理解と、3章のネ私の理解とそれから一般の、特に佐竹（明）さんに代表されるような理解との違いなどを、少しあのみなさんに申し上げといて、まぁみなさん（に）これからパウロ書簡を読むときのひとつの参考にして頂きたいと思っていますネ。

それで今日はまず——もうですから大体山場は終わっているわけで、後一回1月に行いますのは（残りの二章です）。5章と6章って短いんです。ですからこれは2時間あれば十分出来ますので——今日は少し時間を持たせて、余裕を持たせて3章のお話をしてみたいと思っております。

それでまず4章の8節ですネ。今日お配りした資料集では、あのこれは続いていて、あの8節からですネ、特にギリシヤ語（が）どうのこうのということは余り問題にならないのですが、まぁそれでもやっぱりこういうところでも結構パウロという者を理解するときの鍵になるようなことがネ、結構書いてあって興味深いですネ。8節ですけど、「神を知らなかった当時、あなたがたは、本来神ならぬ神々の奴隷になっていた」。これはまぁガラテヤの人に言っているわけですから、まぁガラテヤの土地の神々のことは考えられるわけですけどネ。あの、でもみなさんあの、まぁ日本は今あんまり―― まぁ京都ですと神社仏閣は沢山ありますけど―― 一般的に言うと、東京なんか特にそうですけど、殆どなんにも信じてないという人が多いんですょネ。あのそれで僕などは若い学生諸君が相手ですので、あの自分の家の宗旨も知らないのが殆どです。学生で一割も知らないですネ。自分の家が例えば「仏教だ」ぐらい（は）知っていますけど、浄土真宗なのか真言宗なのか（知らないですネ）。そういうことだけでなくて、あの要するにこれは、人間、しかしですネ、無神論者であってもなんらかのやっぱり神ってのはいるんですょ。つまりこういうことですネ。あの人間は色んなことでまぁあの喋ったり行動したりする。まぁドイツ語では reden（レーデン）とか handeln（ハンデルン）と言いますけど、喋ったり行動したり、まぁ言動ですネ。そういうときにやはりあることを前提として、それで動いているんですネ、人間というのは。その人間の、我々の言葉、我々の行動、そういうことにはある前提を、前提、みなある前提を持たないで行動するというのは無いんです。まぁ多くの場合エゴを中心に動くわけですけど〔笑い〕、そのときはやはりそのエゴが神様に成ってるわけですょネ。ですから、無神論者、「私は無神論者です」と言う人は沢山いますし、無宗教だと言う人はもっと多いかも知れませんが、でもやっぱり、やっぱりなにかを前提にして人間（は）動いているわけで、まぁ多くの場合それはエゴですけど、その時はやっぱりエゴが神様になっているわけですネ。ですからまぁこれは「神ならぬ神々」と書いてありますけど、そういうものの人間は奴隷になっていたということは、必ずしも例えば、ガラテヤの人がガラテヤのそれぞれの土地の神様の信者だったということではないと思うんです。またそんなふうに採る必要もないわけですネ。ただ、そういう普通の宗教とかあるいは無宗教とかいう場合に、そういう人たちの前提になっている神、あるいは神々というのはやはり、このパウロのように真の神に出会った人から見たら、これは要するに神、神ならぬ神、神ならぬ神ですネ。本当に、本当には存在しないそういう神の奴隷。そうですネ。だから人間って必ずなんかの奴隷になってるんですぇ。なかなかそういう意識って持たないんですけど、ぁの自分はなんの、なんの奴隷にもなってないと、今の現代の日本人（は）みなそうですょ。私はなんの奴隷にもなってない、こういう意味ではぇ。しかし、それでも実際はなんかの奴隷として生きているんですぇ〔笑い〕。だからなかなかそこからぁの解放されないぇ。で苦しんでいるわけですょ、実際は。

その次9節。「しかし、今では神を知っているのに、あなたがたは私を通じて本当の神というものを知っているのに、――その次の言い換えが非常に有名な所ですぇ――否、むしろ神に知られているのに、どうして、あの無力で貧弱な、もろもろの霊力に逆もどりして、またもや、新たにその奴隷になろうとするのか」。この後半はぁのガラテヤに来た、恐らくエルサレムから来たキリスト教の宣教者たちのまぁ一種のユダヤ主義を「この霊力」と言っているんでしょうけれど、その前に、まぁ「神を知っているのに、否、むしろ神に知られているのに」、大変興味深いですぇ。これは「神に知られている」という（ところですが）、これは上のギリシヤ語で言うと、γνωσθέντες ὑπὸ θεοῦ（グノーステンテス　ヒュポ　テウー）、まぁ受け身の不定、不定詞じゃなくて分詞ですけれど、ぁの、これは神に知られているということ（でしょうが）、まぁ僕はこれもう少しぁの簡略化した言い方で、神に知られ、自分は神に知られているということを自覚しているはずだ、知っているはずだ、こういう意味だと思いますぇ。神に、まぁ神に愛されているということを知っていると言っても良いわけで、まぁ同じような科白は実は第一コリントにあるんですけど。

ぁの、人間ぇ、そうなんですぇ。ぁのなかなかその、しかし自分は神に愛されているということを知って（い）ない、なかなか知ることは出来ないんですぇ。本来、キリスト教、パウロ的なキリスト教徒になったらそれを知っていなくてはいけないのに、なかなか知ってないですぇ。ぁのこれは非常に大切なことでぇ、ぁの、自分の体験で言うのも変なんですけど、僕

（は）一時ネ、あの、あるところで２年間ほど非行少年を（が）大量にいる学校で教師をしていたことがあるんですネ。中高でしたけど、そこはあの、あのそこで生徒、生徒指導部の部長をやっていたことがあるんですネ〔笑い〕。生徒指導部ってご存知ですか？　あの生徒指導部ってのは、生活指導って昔言っていたんですけど、もう学業の指導なんか出来ないんですよ〔笑い〕。先ずその前に、その人間の指導というか、生活の指導というかネ、中高生ですから。高校生なんでずいぶん悪いことしますよ、そらぁ。どっかの番長の、どっかで番長やってたなんてのが沢山いたんですから。でこの子たちに共通して言えるのは、あの幼児のときにネ、ちょうどＷちゃんくらいの年だと思うんですけど、あの自分がこの親に愛されたというこう記憶がないというかネ――そういう、そういうなんて言うんだろう――そういう自覚、意識、記憶、そういうものを持ってない、大体欠落しているんです。だからちょっと親がそうだったんだろうと思う。まぁ良く分かりませんですけれどもネ、親のことまでは。必ず幼児のときにネ、親に愛され、愛されているということを幼児ってのはやっぱり気づくんですよネ、愛されていると。例えば、Ｗちゃんはやっぱり両親に自分は愛されているという（ことを）、で、そういうことはやっぱりＷちゃんなりに分かっているんですネ。そういう意味ではネ、彼女は彼女なりにネ自己理解というのを持っているんですよ、ネ。〔教室にいると思われる幼児に話しかけるように〕自分のことを言われているのは分かんないかな？〔学生から笑い声が漏れる〕分かんないですネ。そういう意味のネ自己理解というのを持っているんですネ〔板書〕。自己意識は持ってないですよ、ネ、そういう意識は持っていないけど、でネ〔板書しながら〕コレが欠けちゃっていると、幼時にコレが欠けちゃっているとネ、非行少年になっちゃうんです。どっか、どっか人間（は）崩れるんですネ。親から愛されたという記憶が無いというかネ、あの人間（は）うまく育たないんだなと、そのとき僕は感じましたネ。なんかこうちょっと親が手前勝手だったりネ、仕事が忙しかったりネ、十分にそういう…。で、でこういうまぁ例えばWちゃんが、Wちゃんにそういうふうに育てられたと、まぁそういう自己理解は持ってますから、段々だんだんまぁ成人して来ると、あぁ自分はお父さんやお母さんに本当に愛されたんだという意識として出て来るわけですから。まだ意識として出て来ない、彼女はまだ意識として持っていないと思いますけど〔笑い〕。あの、でネ、大体そうなんですネ。それがないと人間ってこうやっぱうまく育たないんだなと、つくづくそのとき感じたんです。

あのですからその、これは神様に今愛されているという、なかなかそういうことが、愛されているということを、そのまあ、まあ簡単に言えば感じると言っても良いですし、あるいはまぁもう少し難しく言うと、そのように自己を理解すると、ネ、そういうふうに考える、まぁそういうふうに理解するネ、そのように自己を理解する。そういうことが非常に大切なんですネ。それが無いと人間ってのはやっぱり、こううまく育たない。大人では、大人でもやっぱりそれがないとちゃんとした人間にならない。そういうふうにネ、ですから、これは神に知られているのにということは、実は神に愛されているのを知っているのに、そういうことを知っているはずなのに、まぁでも動いちゃうというのは、本当は良く知らなかったんだろということになりますが〔笑い〕、あのそういうことですネ。

で10節は「あなたがたは、日や月や季節や年などを守っている」。これはあの「日や月や季節や」、まぁ詳しいことは良く分かりませんけどネ。あのまぁ幸い京都に来て神社仏閣はものすごい。本当に多いですネ、東京と違って。厄除けとかネ、字をよく見掛けますネ。あの本当はネ、あの仏教のお寺でそういうことを掲げているのは――真言宗あたり（には）あるかも知れませんけど――まぁ浄土系は無いと思いますけど、まぁ掲げているとしたらちょっとアレですネ。それは仏教として堕落ですネ。しかし神道はかなりそういうところが強いですから、厄除けとか、厄年なんていう言葉があるじゃないですか。このあいだどっかの神社の前に書いてあったのは、男42才、女19才って書いてありましたけど、あれやっぱり普通の日本人はあぁいうものを気にする人はかなりいるんじゃないかな。そういうふうに思いますネ。まあただですネ、あのパウロは別にあのそういうものを守ったとしても、それが特にあの霊力まあ、あのに逆戻りしてっていうようなところに行かない限り、特にあのあれこれは言うつもりは無いんですよ。それはあのローマ書にも出て来るんですけど。そういう、ですからまあこの頃はカトリック教会も七五三をやるじゃないですか。みなさんのところやっている？　やってない？　特にあの、アレってことが無ければ構わないんですけど、そうじゃなくて、なんかまあこの頃ネ、あのお寺さんでもクリスマスやりますから、〔高笑い〕幼稚園で。ネ、清水寺の前を歩いていたら、あそこの門前、門前街の、なんですか、おみやげ屋がズラッと並んでますネ。あれジングルベルを鳴らしていたので驚いたんですけど〔みんなが高笑いする〕。みなさん、気が付かなかった？　いや流石に、11月からですよ、僕が行ったのは。まあクリスマスもまあすっかりネ世俗化して来ましたから。まああの「日や月や季節や年などを守っている」、まあ特に非難をして言っているとも思えませんが、あのこれが特にネ、要するに諸々の霊力——9節にあったでしょう——あれに逆戻りしない限りまあ黙認しているという感じですネ。στοιχεῖα（ストイケイア）になっていない限りネ。

11節、「わたしは、あなたがたのために努力してきたことが、あるいは、むだになったのではないかと、あなたがたのことが心配でならない」。こういうふうに書いてますネ。これがまあパウロのこの、後で20節にもネ、ほぼ同じような科白が出て来るんですけど。でもパウロのようにネ、ガラテヤの信徒の人たちが、あのいかにパウロという空前絶後のような伝道者の前で回心、まあ回心したとしても、なかなかそれ程掴めたわけでないでしょうから、やむを得ないと言えばやむを得ないんですけど、あのこういうふうに心配でならないと書いてますネ。

［授業資料から］

§2　4：12–16

12 Γίνεσθε ὡς ἐγώ, ὅτι κἀγὼ ὡς ὑμεῖς, ἀδελφοί, δέομαι ὑμῶν.
οὐδέν με ἠδικήσατε·
12β οὐδέν με ἠδικήσατε·
13 οἴδατε δὲ ὅτι **δι᾽ ἀσθένειαν τῆς σαρκὸς** εὐηγγελισάμην
ὑμῖν τὸ πρότερον,
14 καὶ τὸν πειρασμὸν ὑμῶν ἐν τῇ σαρκί μου οὐκ ἐξουθενήσατε
οὐδὲ ἐξεπτύσατε, ἀλλὰ **ὡς ἄγγελον θεοῦ** ἐδέξασθέ με, **ὡς**
Χριστὸν Ἰησοῦν.
15 ποῦ οὖν ὁ μακαρισμὸς ὑμῶν; μαρτυρῶ γὰρ ὑμῖν ὅτι εἰ
δυνατὸν τοὺς ὀφθαλμοὺς ὑμῶν ἐξορύξαντες ἐδώκατέ μοι.
16 ὥστε ἐχθρὸς ὑμῶν γέγονα ἀληθεύων ὑμῖν;

［私訳］

4：12　兄弟たちよ。お願いする。どうか、わたしのようになってほしい。わたしも、あなたがたのようになったのだから。

4：12b　あなたがたは、一度もわたしに対して不当な仕打ちをしたことはなかった。

4：13　あなたがたも知っているとおり、最初わたしがあなたがたに福音を伝えたのは、**肉体の弱さ**（〈からだ〉の病気　ブルトマン② p.70[註11)]）**の故**（新共同訳：「体が弱くなったことがきっかけで」は不可）であった。

4：14　そして、わたしの肉体にはあなたがたにとって試錬となるものがあったのに、それを卑しめもせず、またきらいもせず、かえってわたしを、**神の使かキリスト・イエスかでもあるように**（or **神の使として、キリスト・イエスとして**）、迎えてくれた。

4：15　その時のあなたがたの感激は、今どこにあるのか。はっきり言うが、あなたがたは、できることなら、自分の目をえぐり出してでも、わたしにくれたかったのだ。
4：16　それだのに、真実を語ったために、わたしはあなたがたの敵になったのか。

[授業]

その次ですが、12節。少し間隔を置いてますけど、段落としては同じでよろしいと思います。12節、「兄弟たちよ。お願いする。どうか、わたしのようになってほしい。わたしも、あなたがたのようになったのだから」。これぇ、実はちょっと後12節のbというのが次に来ますが、ちょっと合わないですよぇ。ちょっと浮いちゃってんですょ。まぁこういうことは彼の手紙には結構あるんですが、まぁこれひとつはぁの口述筆記だったってこともあると思いますけど、「兄弟たちよ。お願いする。どうか、わたしのようになってほしい」というのは、ちょっと具体的にはぁのここだけでは分からない。「わたしも、あなたがたのようになったのだから」。わたしもあなたがたのようになったというのは、わたしも異邦人であるあなたがたのようにぇ。つまり、律法を持たないわけでしょ、異邦人ってのはぇ。「異邦人なら罪人」という言葉が日本の聖書には出て来ますけれど、あの場合罪人というのは、浄土真宗などで言う悪人ということなどではなくて、まぁよくぁの罪人という言葉がぇ、聖書ではぁの、ぁの遊女と並べて出されることから分かるように、大体社会階層的に低い人という意味ですぇ。律法など守れないいわゆる「地の民」と言うんでしょうか、そういう意味であって、ぁの浄土真宗などで言う、あるいは後のキリスト教会が言う深刻な罪の意識を持った人というようなことじゃなくてぇ、ぁの「わたしも、あなたがたのようになったのだから」というのは、まぁわたしもあなたがたと同じレベル——つまりユダヤ教が大切にしている律法ですぇ。

そういうものを捨てたのだから——そのように、わたしのようになってほしい（という意味です）。まぁわたしのようになってほしいというのは、後でその意味が分かって来ると思いますけど、ここはちょっとこれだけちょっと浮いてますネ。

その次ですが（12節b)、「あなたがたは、一度もわたしに対して不当な仕打ちをしたことはなかった。——ここから始まるわけですネ——（13節）あなたがたも知っているとおり、最初わたしがあなたがたに福音を伝えたのは、肉体の弱さの故であった」。あの、これが今の新共同訳はネ、みなさんにはちょっと書いて置いたんですけど、「体が弱くなったことがきっかけで」と書いてあるんですょ。これネ、どうも原文に合わないし、またパウロの意図にも合わないと思いますネ、こういう訳は。これは、あのこれは前の口語訳が「故に」[註12] となっていたと思う。これ元もとはネ、ギリシヤ語は〔板書しながら〕δι᾽（ディ）、これ διά（ディア）という前置詞ですネ。これ、ἀσθένειαν τῆς σαρκὸς（アステネイアン　テース　サルコス)、肉体、体の病気——弱さですか？——病気の故にという意味です。δι᾽、διά というのは対格支配の場合には「～の故に」、英語で言うと because of ということですから、やはりこれは原因、はっきり言うと理由、そういうふうに訳さないとおかしいですネ。これ、どうもおかしいので、聖書、——あの今の日本訳ではありませんけど——聖書の中には「わたしが病気だったときに、あなたたちに最初に、つまりガラテヤに来て福音を伝えたとき、わたしは病気だった」とそういうふうに訳しちゃった聖書まであるんですけど、そうするとスゥーと通りがいいんですけど、これはそういうことじゃないですネ。わたしの肉体の弱さ、まぁこれは病気も含めて言っているわけですが、その故に、わたしの福音があったんだと言うんですから、これは非常に強い意味です。ですから、これはあの、まぁ僕が聖書を見た限りでは、RSV[註13] なんかネ強く訳していますが〔板書〕、「弱さの故に、わたしは…」、そう採るのは（いいですネ）。これは勿論弱さというのは、まぁそれはキリストの十字架のしるしですから、キリストの十字架の故にわたしは福音を伝えたのだと、そう採るべきですヶ。

これはみなさん、3章の初めに――ガラテヤの人たちのお話で、ガラテヤに行ったときに――3章の初めですヶ、あのときなんて言ったかというと、(1節)「ああ、物わかりのわるいガラテヤ人よ。イエス・キリストが、しかも十字架につけられたイエス・キリストが、あなたがたの目の前に描き出されたのに、いったい、だれがあなたがたを惑わしたのか」。これも恐らく最初に行ったときの彼のその事情を言ったんだと思いますが、そのときあの僕はですヶみなさんに、例えば座古(愛子)さん[註14)]と中村(久子)さん[註15)]が(出会ったときのことで)、中村さんが初めて訪ねて行ったときのお話をしたと思うんですが。恐らくあぁいう、あれに似たような状況がヶあって、それでまあ、あのそうですヶ、僕はあの話は福音、福音宣教というものが本来どういうものなのか、非常に良く示していると思っている話なんですが。あれなど――あの話をしたと思うんですが――ここなどもやっぱりそれを裏付けることができる――まぁ裏付けると言いますか――まぁ状況証拠ですけど、(それを)挙げることができるんじゃないかと思うんですヶ。ですからこれは、肉体の弱さの故にパウロが語ったということは、これはイエス・キリストが目の前に、しかも十字架につけられたイエス・キリストがあなたがたの目の前に描き出されたのに、ということにまぁ呼応していると思うんですヶ。ですからそういう意味では、まぁ身を以て説教する人だったんだろうヶ。まぁ実際そうでしょうヶ。そうじゃなきぁなかなかその伝わらないでしょうヶ。そういうところがあったんだろうと、まぁここでもヶ言えるんじゃないかと思うんですヶ。

それで、その次もずっと続きが書いてありますヶ。4章の14節ですけど、「そして、わたしの肉体にはあなたがたにとって試錬となるものがあった」というヶ、この不思議なことが書いてありますヶ。「それを卑しめもせず、またきらいもせず、かえってわたしを」云々と書いてあるわけですよ。あのですからこれは、やはり病気あるいは障がいというものを考えて宜しいんじゃないかと思いますよ。あの、しかもかなり、そのよ、はっきりと見て分かるようなそういうものがあって、ましてやあの、あの昔の話ですからよ。病気とか障がいというのは、そのなんか悪霊に憑かれたとかよ。あるいは日本だとよく言うじゃないですか、先祖に悪い奴がいたから出たとかよ、あのそういう見方をするというのは、まあこれはなにも日本やなんかだけではなくて、世界共通なんですよ。そのイエスと弟子の間にもそういう問答がありますけれど、そういう病気とか障がいとかいわゆるハンディーを背負った人があれこれ言われるということが、その、なんか罰当たりだというようなことでよ。一般的にはそうですよよ。それでそういうものが、あのやはり彼の場合あったんでしょうよ、試練となるものが。まあ今だって、科学的なものの考え方が浸透している今だって、やはりなんか人間（は）ちょっとあるとそういうことを考えちゃいますからよ。そういう試練、それをすぐまあ避けちゃいますよよ。

日本のキリスト教なんかでもまあああのそうですよ。あのキリスト教はしかし割とそういう日本に入って来て、そういう病人の人とか——らい病ですよ。まあ今は根絶したと言われますが——そういうところに入って行ったので、まあキリスト教は割と世間の評価も違うのかなと思いますけど、なかなかあの病気とか穢れとか——今穢れとかいうものをまあ嫌う傾向が強いですよ、日本はよ——あの穢れを払うと言いますから。

まあ話が横道にそれちゃうのでそれ以上はやめますけれど、まあこういうことで、一般のガラテヤの人の感覚から言ったら、あなたは、あなたがたは、そういうわたしを卑しめたり、また嫌ったりしても、わたしは仕方が無かったんだというような（ことが）ちょっとあるよよ。ですからそれがあるから、上の方でよ、12節で「あなたがたは、一度もわたしに対して不当な仕打ちをしたことはなかった」（と言ってますが）、恐らく不当な仕打ちというのは一種の差別でしょうよ。そういう、その弱さを持った人に対してネ、そういうことをあなたたちはしなかったって、ここで言っていますネ。「かえってわたしを、——14節ネ——かえってわたしを、神の使かキリスト・イエスかでもあるように」、これはあの今の聖書の訳です。これはあの ὡς（ホース）というギリシヤ語が使われていますから、この ὡς というのは英語の as というふうにも訳せますので、「神の使として、キリスト・イエスとして迎えてくれた」とも訳せるんです。これはあのパウロはまあガラテヤ書の2章でやりましたように、「キリストと自分はひとつだ」というそういう強い、深い信仰を持って説教をした人ですから、あるいは行動した人ですから、キリスト・イエスとして迎えてくれたというのも悪くないです。そのように僕は思いますけどネ、まああの今の神学者諸氏はそこまで強く言うことには、なんかみんなびびるんで、「キリスト・イエスかでもあるように」というのが大体多数説かなと思うんですけど〔笑い〕。

まあそういうふうに言っといて、（15節）「その時のあなたがたの感激は、今どこにあるのか。——こういうふうに思い出させてますネ、当時のことを——はっきり言うが、あなたがたは、できることなら、自分の目をえぐり出してでも、わたしにくれたかったのだ」。でここからよくパウロはあの眼病だったんじゃないかとか、目が片っ方無かったんじゃないかとか、まあそういう話が出るのは、まあここにこういう記事があるからですネ。できることなら、自分の目をえぐり出してでも、わたしにくれたかったのだ。しかし彼がどういう病気、あるいは障がいを持っていたのか、今日でも勿論これだけの資料しかないから、医学の発達した今日でも分かりません。

16節、「それなのに、真実を語ったために、わたしはあなたがたの敵になったのか」。これは恐らく、ですからこういう真実というのは福音と言っても宜しいと思いますが、——真実ですネ、ἀλήθεια（アレーテイア）——あのこれから見ると、恐らくですネ、あのパウロのまあ反対者というのは、ちょうどこれと逆の姿をとったキリスト教の伝道者だったんじゃないかな、と思いますネ。どっちかと言うと強い――強いキリスト教と言うのかな――と言うのはネまぁ推測ですけど、あんまり見栄えもしなかったらしいからネ、パウロという人は、どうも〔笑い〕。そうして見て、その、まぁかっこ好い伝道者がエルサレムからやって来てれば、ネ、キリスト教というのはこういうんだと言えば、パウロ的な福音が分からない人はそっちへ行っちゃう可能性がありますネ。あの、やっぱりそういう傾向はまぁいつの時代もあるわけですけどネ。ですからまぁこういうふうに肉体の弱さを持ち、その弱さの中に「わたしが弱いときこそわたしは強い」という言葉がありますけど、そういうキリスト教ですからネ、彼の場合は。それが本物なんですけれど、見た目のかっこう好さというようなこと、というものにやっぱりこう、普通の人間は引っかかっちゃうところがありますからネ。

まぁ見た目のかっこう好さということは、例えばこういう人も含めているわけです。あの弁舌が爽やかであるとかネ。彼なんかの場合は、これは第一コリントにありますけど、いわゆる修辞学的なあの弁舌の爽やかさというのを自分は用いなかったというようなことを彼言ってますが、こういうことも含めてあるわけなんだよネ。大体あのまぁ日本でネ、あの牧師さんがジャーナリスティックに騒がれるというようなことは無いですから、殆どそういうことは起きないですけど、欧米なんかに行くと、あのテレビなんかに出て来て物凄い人気を持っているあの牧師さんというのがいるんですネ〔笑い〕。アメリカなんかはすごいじゃないですか。あのメディアを使ってて、そういうメガチャーチでもって、テレビ放送局を使ったりしてやって、こういうところに出て来る牧師さんって、みな若くてかっこう好くて、まぁイケメンででですネ〔笑い〕、それで弁舌も爽やかというようなそういう感じ。まぁこれは恐らく他の国でもそうだろうと思うんですけど、そういうのとはこう全然違うアレですネ、これは。だからそういうのが出て来たら――こうネ、こういうなんと言うか、泥臭いと言うか、こういう人は本当なんですけれど——やっぱりそっちの方へこぅ信徒さん行っちゃうのネ。そういうことはあるかも知れない〔笑い〕。というのが書いてあるネ。

［授業資料から］

§3　4：17-20

[17] ζηλοῦσιν ὑμᾶς οὐ καλῶς, ἀλλὰ ἐκκλεῖσαι ὑμᾶς θέλουσιν,
ἵνα αὐτοὺς ζηλοῦτε·
[18] καλὸν δὲ ζηλοῦσθαι (middle or passive) ἐν καλῷ πάντοτε καὶ
μὴ μόνον ἐν τῷ παρεῖναί με πρὸς ὑμᾶς.
[19] τέκνα μου, οὓς πάλιν ὠδίνω **μέχρις οὗ μορφωθῇ Χριστὸς ἐν ὑμῖν·**
[20] ἤθελον δὲ παρεῖναι πρὸς ὑμᾶς ἄρτι καὶ ἀλλάξαι τὴν φωνήν
μου, ὅτι ἀποροῦμαι ἐν ὑμῖν.

［私訳］

4：17　彼らがあなたがたに対して熱心なのは、善意からではない。むしろ、あなたがたを自分たちに対して熱心にならせるために、（わたしたちから）引き離そうとしている（but desire to shut you out from us）のである。

4：18　（ただ）いついかなる時でも（わたしがあなたがたの所にいる時だけでなく）、善意で熱心に求めるのは、よいことではある。

4：19　ああ、わたしの幼な子たちよ。**あなたがたの内にキリストが形づくられるまで**、わたしは、またもや、あなたがたのために産みの苦しみをしている。

NRS 4:19　My little children, for whom I am again in the pain of childbirth **until Christ is formed in you**,

4：20　できることなら、わたしは今あなたがたの所にいて、語調を変えて話してみたい。わたしは、あなたがたのことで、困惑している。

19節）cf.1C2:2　οὐ γὰρ ἔκρινά τι **εἰδέναι ἐν ὑμῖν** εἰ μὴ **Ἰησοῦν Χριστὸν καὶ τοῦτον ἐσταυρωμένον.**

［授業］

まああのこういうふうに書いてあって、それからぁの17節ですネ。17節を見てますけれど、で「彼らが――っていうことはつまりあれですょ。ガラテヤへやって来た、まぁ恐らくエルサレムからやって来たパウロの敵対する伝道者たちですょ――彼らがあなたがたに熱心なのは、善意からではない。むしろ、あなたがたを自分たちに対して熱心にならせるために、わたしたちから引き離そうとしてるんだ」、こう言ってますネ。パウロ先生もずいぶん人の悪いところが分かる人ですネ〔笑い〕、この人も。彼らが、彼らが君たちに対して熱心なのは善意からやってんじゃないよって、じゃあ悪意からやってんのかということになりますネ。人の悪意が分かるっていうのは、自分も悪いもの持ってるからだと言いますけど、ずいぶん…。ですからこのパウロって人はネ、いわゆる日本で考えてるようないわゆる「聖人」っていう感じの人じゃないですょ。まぁ Saint Paul という言葉はネありますけれど、これはまだガラテヤ書はいいです。ピリピ書なんか凄いですからネ。「あの犬どもを警戒せよ」（3:2）とかネ、なんかこう言ってること凄いですから。あんなこと言う（わけですから）ネ。日本のようにこうネ「聖者」っていうと、聖人とか聖者ってのは、仏教のネ、まぁ良寛さま註16）やなにかのような、こぅイメージが浸透してる所では、ちょっとこぅパウロはそういう感じじゃないって感じがするんですけど。まぁもちろんネ、自分は聖人だなんて思ってやってない（ですから）、後の人が貼ったレッテルに過ぎませんけどネ、パウロにとっては。彼らがあなたがたに対してやってんのはネ、悪い、善意からじゃないって。じゃあ悪意からやってんだということを言ってるわけですからネ。むしろ、あんたたちを、あんたたちが自分たちに対して熱心になる、それを、そのためだ。そのためにわたしたちからシャットアウトしようとしてるんだ。こういう言い方ですからネ。

これはあのどうもそういうことがネ、あのあるんですネ。まあ日本の教会、プロテスタントの教会とカトリックの教会のように、もうあのきちっと制度化してるものを持って来た所では大丈夫なんですけど。あのこの時代は言ってみると、各伝道者がそれぞれにまあ自分で信徒獲得と言うか、まあネこの獲得、まあ変な言葉ですけど。みなさんも使うんですか。ルーテル教会で信徒獲得って、あのちっちゃいからネ。世界的には大教会なんですけど、日本ではちっちゃいですから。あのそうすっとあの各個が、それぞれの人がそれぞれまあ信徒を持つわけですから、そうしますとまあ要するに信徒の奪い合いっていうようなことにもなりかねないですネ。でそういう所でこういう現象が起きる。あの起きたんだろうと僕は思いますネ。

それはあの浄土真宗ってのは、あの京都に来てつくづく分かるんですけど、京都ってのは浄土宗が――法然上人[註17)]がずっと生涯いた所ですから――浄土宗のお寺（が多いですネ）。まあ浄土真宗、東京（に）行くと浄土真宗がものすごく強いんですよ。これは親鸞聖人[註18)]が大体あの若い一番壮年期のときに関東にいたからですが、このとき色んな手紙が残ってましてネ、お互いに――親鸞聖人は後に京都に晩年に帰るんですが――その後、ものすごく信徒の奪い合いをやるんですネ、あの坊さん（たちが）。坊さんと言うよりも、あれは坊さんじゃほんとはないんですけれど、それで色んな異端が生ずるんですが、そのときの記録や手紙を読んでみると、なかなかおもしろいんですネ。今の教会や今のお寺の制度じゃ分からんようなことが分かって来るんです。それで困っちゃって自分の息子を遣わすわけです。あの人は結婚してましたからぇ。その息子がまた信徒を奪いたいために、親父から特別なことを聞いたなんてことを言うわけですぇ。それでえらい混乱しちゃう。親鸞聖人は晩年は非常に不幸で、自分の息子をあの親子の縁を切るんですぇ。「自分は親から特別に聞いたあの救いのあれがある」っていうようなことで、要するに、たくさん弟子が欲しいからやるわけですぇ。まああの事情はこれとは違うんでしょうけれども。まぁしかし今日のような寺の制度とか教会の制度ってのは、きちんと制度化されている時代じゃないですから。そうなって来ると、例えばパウロが建てた教会によその人が来て、しかもまあそのそれによって自分の生活が成り立つというようなことになって来ますと、そういうふうにまぁパウロが獲得した信者っていうものを、今度は自分の方に向かわせようっていうようなまぁ極めて人間的と言うか、そういう誘惑があっただろうと思いますぇ。それでまああの、そういう事情を踏まえるとぇ、「あなたがた彼らがあなたがたに対して熱心なのは、善意からじゃない。むしろ、あなたがたを自分たちに対して熱心にならせるために、わたしたちから――っていうのはまぁ多分パウロが築いた共同体でしょうからぇ――引き離そうとしているだけである」。こういう見方ですぇ。

4章の18節はよくちょっと文意が分からないところなんですけど、ここは少し分かるように思い切って次のように訳しました。ですからここは一般の聖書や一般の個人訳とちょっと違います。ここは佐竹（明）さんも「但し書きだ」っていうふうに書いてるんで、それいいと思いまして、「ただいついかなる時でもぇ、善意で熱心に求めること自体は、よいことではある」。こういうふうに但し書きのように訳しておきました。これこの「熱心に求めるのは」ってのは、じゃ誰が熱心に求めるのかという（ことで)、学者の間で色んな議論があるんですょ。でも、そんなに重要なコンテクストじゃないですから。それから「いついかなる時でも――でその次――わたしがあなたがたの所にいる時だけでなく」と、ここもうまく接続できないので、ここは一応括弧に入れときました。これは原文にはありませんょ。ただそういうふうにしてすっきりとした意味にして、まぁそれほど重要じゃないので、一種の但し書きとして解釈しております。そのことはネ申し上げておきます。

それで19節で非常に重要なことが出て来ますネ。「ああ、わたしの幼な子たちよ」、これはかなりぁの親しい呼びかけですネ。まぁつまり、パウロは信徒に対しては自分は父だ、産みの父だ、父だというそういう自覚があった人ですからネ。それでまぁこういう科白が出るわけですが、「あなたがたの内にキリストが形づくられるまで――ネ、凄い科白じゃないですか。今のキリスト教なんてみんな忘れちゃってる科白ですネ――あなたがたの内にキリストが形づくられるまで」。英訳を書いといたと思いますが、until Christ is formed in you ですからネ。これはまさに「あなたがたの中に」と読むのが自然です。「あなたがたの中にキリストが形成されるまで、わたしは、またもや、あなたがたのために産みの苦しみをしている」。ですからこれは文字通り Christ in you と言うか、このギリシヤ語の言葉ですと Χριστὸς ἐν ὑμῖν（クリストス　エン　ヒューミーン）ですネ。でこれこそぁのやはりこのガラテヤ書、もうガラテヤ書の２章（20節）では例の「わたしが生きてるんじゃなくて、わたしのうちにキリストが生きておられるんだ」というあの有名な言葉、まぁ今日の西洋のキリスト教がほとんど見失っちゃってるこの言葉、それがまたここで出てますネ。ですから僕自身はネ、このガラテヤ書というのはやはり本来主張したかったのはこの Χριστὸς ἐν ὑμῖν、あるいは、Χριστός ἐν ἐμοι（クリストス　エン　エモイ）、「わたしのうちなるキリスト」、それをしっかりとまぁこの言葉を使うと「形成せよ」ということか、あるいは「それを自覚せよ」ということだったんだろうと思っているんですネ。

でこの意味で私はこれを「人基一体（にんきいったい）」なんていうネ変な日本語を作ったんですけど〔板書する〕、これ（は）やっぱり非常に重要なことですネ。

あのこういうことを言うとついあの西洋のキリスト教は、いやそれは神秘主義だと、神秘主義だと、あの神様と自分がひとつであるなんていうようなことは、まあネ、あの真言宗[註19]がそうなんですか？　よく真言宗系の人がそういうことを言っておられるようですけど。よくこういうことをあの言われる、あの神秘主義だ、神秘主義的合一だと、これはネ〔板書しながら〕。こういうふうに言われることを恐れてかどうか、これはあのラテン語でunio mystica（ウニオ　ミスティカ）っていうんですけど、〔板書する〕unio mystica。これはなにも忘我状態になって、忘我状態になって、自分と神様がひとつになっちゃったと、入信体験とかネ、憑依、憑依体験とか、そういう意味でじゃ全然ないです、それは。それは私はですからこれ（を）人基一体と言ってるのは、決してそんなことじゃない。それはみなさん、このパウロ読んでいけばそんなことは全然ないですネ、わたしと神様はある恍惚状態になっちゃっててひとつだっていうようなことは。むしろ第二コリント書の12章では、そういうことは駄目だって蹴ってるわけですから、あのそういう意味じゃないです、これは。でもここに書いてるように「わたしは――19節ネ――わたしの幼な子よ。あなたがたの内にキリストが形づくられるまで、わたしは、またもや、またもう一度、あんたたちのために産みの苦しみをしている」と言うんですから、以前ももちろんそうだったわけですネ。ですからこれはもう明らかにキリスト、Christ in youってことですよ。Χριστὸς ἐν ὑμῖν（クリストス　エン　ヒュミン）、あるいはΧριστός ἐν ἐμοι（クリストス　エン　エモイ）、わたしの内なるキリスト。そこに来ないと、そこに来ないと、やっぱりパウロの、パウロのキリスト教というのは（分からない）。ですからネ、あの僕はあのパウロのキリスト教というのはそんな難しいことじゃなくて、簡単に言えば、〔板書しながら〕キリスト、わたしの外なるキリストがわたしの内なるキリストになるという、まあそれだけですネ。でも、それは別に神秘的合一とか、入信体験であるとか、恍惚状態になるとかいうようなことではありませんで、わたしの外なるキリスト、まあそれ実際わたしが包まれているそのキリストが、わたしを、わたしの中にあるキリスト（へ）、ですから外なるキリストから内なるキリストへ、それですよネ。

それ、ガラテヤ書の２章 20 節のとき（に）お話ししましたよネ。「わたしが生きているのは、もうわたしではない。キリストが、わたしのうちに生きている」というときはこれですネ。でそれはその後に 20 節の b、あの後半は「わたしが今ここに肉体をもって生きているのは、わたしのために死んだ、わたしを愛し、わたしのために死んだ、自らを捨てた神の子の〈まこと〉の中にいるからだ」と。まあですから、〔板書しながら〕キリストから、外なるキリストからキリストへってことなんですよ、ネ。でこれをエック　ピステオース　エイス　ピスティン（ἐκ πίστεως εἰς πίστιν）と、これをこの例のローマ書のローマ書の１章 17 節で言ってるんですネ。〔板書しながら〕神の義はエック　ピステオース　エイス　ピスティン、〈まこと〉から〈まこと〉へ。あるいはその、まあ「信仰から信仰へ」でもいいですけどネ、ピスティン（πίστιν）ネ。エック　ピステオース（ἐκ πίστεως）、これはですから〈まこと〉。〈まこと〉の名前がキリストですからネ。キリストからキリストへ。神の義は、福音においてピスティスからピスティスへと啓示される。与えられる。でこういうふうに言ってるわけでしょ。ですから全部それで、これがパウロのすべてですネ。でこれをずーっとガラテヤ書の――この言葉はローマ書の言葉ですけど、ガラテヤ書ではまだこれだけ簡潔な言葉は語られてはないですけど――全部これを見て来たわけですネ。でここだってあのまた新規まき直しで、あのお前たちの中にこのこれをネ〔黒板をコンコンと叩き〕、こっからネ内なるキリストを自分は産まなきゃならない、まあこれはそう言ってるわけですネ。それでもうお分かりになるでしょ。キリストからキリストへ。元もと人間の中にそういうキリストがいるっていうんですネ。それを、まあですから新たに、新たに産むというこういう表現を使ってますけど、この元もとおられる（こと）、それをはっきりと見出すんだと、自覚させるんだと、こういうことですネ。

あの、これは第一コリントの２章の初めに、これもやっぱりあの第一コリントの２章の初めに、コリントの教会――まぁコリントの教会まだできてないときですネ――（に）行って彼が宣教するときに、あのこういうふうに言ってるわけですネ。その、あっみなさんに出したのも書いてあるでしょ、あの２頁の上の方に19節って、19節って第一コリントの２章２節にネ。ギリシヤ語（が）引用してあるでしょ[註20)]。「わたしが――これはネ――わたしはあなたがたの中に――っていう、これはコリントに行ったときのことですよ。ですから周りは全部異邦人ですよ――あなたがたの中に、イエス・キリスト、しかも十字架につけられたこの方だけを見ることに決めた」って書いてるんですネ。見ようとしたと。これを今の聖書はみなあのそういうふうに訳さないんですよ。みんなこの「わたしの中に」ってのはこう怖くってネ、これは今の神学者の特質をよく出している。これ ἐν（エン）って言ってるでしょ。ἐν ὑμῖν（エン　ヒュミン）って言ってるでしょ。ですから「あなたがたの中に」っていう意味ですよ。これがみんな怖いからネ、「あなたがたの間に」って訳すんですよ。恐らく今の新共同訳もそうじゃないかと思いますけど、〔新共同訳聖書をめくって〕えーっとネ、２章の２節（は）なんて書いてあるか。「なぜなら、わたしはあなたがたの間で」って書いてあるんですよ、ネ。まあ「間で」っていう意味もありますよ、ἐν てのは。でもネ、第一義的に ἐν というのは英語の in ですよ。「中に」と訳すのが普通、普通です。「あなたがたの間に」。ところが僕が調べた限りは、西洋の聖書もみんなあの among you になってるんですネ。ドイツ語では unter euch（ウンタア　オイッヒ）。これはなぜかと言うと恐らくネ、異邦人でしょ、みんな。未信者ですネ。その中にキリストは存在しないという先入観でやってんですよ。実はローマ書、パウロのローマ書はよく読むと、ローマ書の５章はそういうことに対して断固反対してんですが、そこまで読んでる人ってのはまぁ西洋じゃ極めて例外なんですネ。カール・バルトはそういうふうに読んでますけれど。そうすっと「中に」はいないけれど「間に」はいるらしくって。「間に」いるってのはどういうことなんですかネ。よく分からないですけど〔笑い〕、そういうふうに訳すんですネ。但し、但し、この ἐν ὑμῖν というのをこの第一コリントの２章２節で、ἐν ὑμῖν というのを「あんたたちの間に」って訳してるんですが、同じように言っているこのガラテヤ書の中の今のところネ――僕らが今やってるでしょ――今やってるところでは、あの西洋の、西洋の、西洋の聖書はどういうふうに訳しているか、今のところ 19 節、19 節の原文ちょっと見ていただきますと、やっぱりあの Χριστὸς ἐν ὑμῖν（クリストス　エン　ヒューミーン）となってますよネ。そうですネ。これは西洋の、西洋の訳はみんな in って書いてあるんですょ。なぜか。これはネ多分こういう理屈があるんだろうと思う。いったんキリスト者になったわけでしょ。その人たちがまたあの別の宣教者がやって来てこぅぐらついちゃってますよネ。だけどまぁ一旦あのパウロの宣教を信じてキリスト者になったんだから、今度は among とやらないんですょ。（そういうこと）だろうと思う。それで in とやるんだろうと思う。佐竹さんの方がこういう点は一致一貫してるわ。佐竹さんは「間に」って訳してんですからネ〔笑い〕。これも妙な話ですけど。でも第一コリントをもし彼がネ、第一コリントの２章２節を多分訳せば彼は「間に」って訳すでしょうけど。そういう点じゃ一致してますけど、西洋の、西洋の聖書は英訳だろうが独訳だろうが全部こっちは in になってますから。そして、第一コリント、第一コリントの方は全部 among になってますから。一致してないですネ。

でもこれはあのそういうことじゃないと思いますネ。これは「あなたがたの中に」で結構、この場合は問題ありませんネ。「あなたがたの中にキリストを」。ですからそうですネ。神様が、神様が我々に語って来るということは、我々に語って来るんですけど、実は我々の内に、内にあるキリストに語って来るんですネ。そして、キリストが形成されて行く。形成されるということは、つまり自覚されて来るわけです。それで自覚されて来るわけですから。まったく妙なことを押しつけて、それでもって人間の〈こころ〉にあれするというようなことじゃないと思いますょ。それだったら、それだったらあれですょ、宣教じゃなくて、宣伝であり、そして洗脳ですょ、言ってみると。妙なキリスト像を人に押しつけるんだったらネ。そういうことを言ってるとは到底思えないんですが、なにかこうまぁ西洋のネ翻訳書も、あのこう翻訳聖書ですネ、も、今、今の西洋の神学書の特有の浅見と言うか偏見と言うかネ、そういうものに囚われちゃってますネ。そしてそれをまた悪いことに、日本の神学者はそのまま受け入れちゃうんですネ。まぁ僕の方が変なのかも知れませんが、僕や滝沢先生の方が変なのかも知れませんけどネ。あのこれは ἐν（エン）ですから、ἐν ὑμῖν（エン　ヒューミーン）って言ってんですから、「あなたがたの中に」。「あなたがたの中にキリスト」。そうですネ。これこそエック　ピステオース　エイス　ピスティン（ἐκ πίστεως εἰς πίστιν）、〈まこと〉から〈まこと〉へ、キリストからキリストへ。そらぁそうですょネ。そうでない限り妙な…。まぁそこでよろしいですネ。

それで20節で一応この段落がまぁ嘆きの、嘆きの段落ですけどネ、「できることなら、わたしは今あなたがたの所にいて、――まぁ行ってということでしょうネ――語調を変えて話してみたい。わたしは、あなたがたのことで、困惑している」。こういうことを言っているわけですネ。

3

［授業資料から］

4：21−31　二つの契約：約束（サラ）と律法（ハガル）—内容は本来3

21 Λέγετέ μοι, οἱ ὑπὸ νόμον θέλοντες εἶναι, τὸν νόμον οὐκ
ἀκούετε;
22 γέγραπται γὰρ ὅτι Ἀβραὰμ δύο υἱοὺς ἔσχεν, ἕνα **ἐκ τῆς
παιδίσκης** καὶ ἕνα **ἐκ τῆς ἐλευθέρας**.
23 ἀλλ᾽ ὁ μὲν ἐκ τῆς παιδίσκης **κατὰ σάρκα** γεγέννηται, ὁ δὲ
ἐκ τῆς ἐλευθέρας **δι᾽ ἐπαγγελίας**.
24 ἅτινά ἐστιν ἀλληγορούμενα· αὗται γάρ εἰσιν **δύο διαθῆκαι**,
μία μὲν ἀπὸ ὄρους Σινᾶ εἰς δουλείαν γεννῶσα, ἥτις ἐστὶν
Ἁγάρ.
25 τὸ δὲ Ἁγὰρ Σινᾶ ὄρος ἐστὶν ἐν τῇ Ἀραβίᾳ· συστοιχεῖ δὲ τῇ
νῦν Ἰερουσαλήμ, δουλεύει γὰρ μετὰ τῶν τέκνων αὐτῆς.
26 ἡ δὲ ἄνω Ἰερουσαλὴμ ἐλευθέρα ἐστίν, ἥτις ἐστὶν μήτηρ
ἡμῶν·
27 γέγραπται γάρ· εὐφράνθητι, στεῖρα ἡ οὐ τίκτουσα, ῥῆξον
καὶ βόησον, ἡ οὐκ ὠδίνουσα· ὅτι πολλὰ τὰ τέκνα τῆς ἐρήμου
μᾶλλον ἢ τῆς ἐχούσης τὸν ἄνδρα. (Is54:1)
28 Ὑμεῖς δέ, ἀδελφοί, κατὰ Ἰσαὰκ **ἐπαγγελίας** τέκνα ἐστέ.
29 ἀλλ᾽ ὥσπερ τότε ὁ **κατὰ σάρκα** γεννηθεὶς ἐδίωκεν τὸν
κατὰ πνεῦμα, οὕτως καὶ νῦν.
30 ἀλλὰ τί λέγει ἡ γραφή; ἔκβαλε τὴν παιδίσκην καὶ τὸν υἱὸν
αὐτῆς· οὐ γὰρ μὴ κληρονομήσει ὁ υἱὸς τῆς παιδίσκης μετὰ
τοῦ υἱοῦ τῆς ἐλευθέρας. (Gn21:10)
31 διό, ἀδελφοί, οὐκ ἐσμὲν παιδίσκης τέκνα ἀλλὰ τῆς
ἐλευθέρας.

［私訳］

4：21　律法の下にとどまっていたいと思う人たちよ。わたしに答えなさい。あなたがたは律法の言うところを聞かないのか。

4：22　その記すところによると、アブラハムにふたりの子があったが、ひとりは**女奴隷から**、ひとりは**自由の女から**生れた。

4：23　しかし女奴隷の子は**肉によって**（ブルトマン② p.75f.、これについては佐竹 p.423 注）生れたのであり、自由の女の子は**約束によって**生れたのであった。

4：24　さて、この物語は比喩としてみられる。すなわち、この女たちは**二つの契約**をさす。そのひとりはシナイ山から出て、奴隷となる者を産む。ハガルがそれである。

4：25　ハガルという語（τὸ Ἁγὰρ）は、アラビヤ（語）ではシナイ山のことで、今のエルサレムに当る。なぜなら、それは自分の子たちと共に、奴隷となっているからである。

4：26　しかし、上なるエルサレムは、自由の女であって、わたしたちの母をさす。

4：27　すなわち、こう書いてある、／「喜べ、不妊の女よ。声をあげて喜べ、産みの苦しみを知らない女よ。独り者となっている女は多くの子を産み、／その数は、夫ある女の子らよりも多い」。(Is54:1)

4：28　兄弟たちよ。あなたがたは、イサクと同じように、**約束の**子である。

4：29　しかし、その当時、**肉によって**生れた者が、**霊によって**生れた者を迫害したように、今でも同様である。

4：30　しかし、聖書はなんと言っているか。「女奴隷とその子とを追い出せ。女奴隷の子は、自由の女の子と共に相続をしてはならない」(Gn21:10）とある。

4：31　だから、兄弟たちよ。わたしたちは女奴隷（＝律法）の子ではなく、自由の女（＝約束）の子なのである。

[授業]

それでその次ですが、21節以下はさっきも申し上げたように、また内容上は福音、福音って言うか約束と律法のお話で、これは旧約聖書を読む必要があるので、まぁ旧約聖書は一応今日参考資料として刷ってまいりまして、まぁみなさん聖書お持ちですから、いらなかったかなあと思うんですけど。そこですネ。ここ（は）なかなかおもしろいですけどネ。ちょっと読んでみますネ。

（21節）「律法の下にとどまっていたいと思う人たちよ。わたしに答えなさい。あなたがたは律法の言うところを聞かないのか。（22節）その記すところによると、アブラハムにふたりの子があったが、ひとりは女奴隷から、ひとりは自由の女から生れた。（23節）しかし女奴隷の子は肉によって生れたのであり、自由の女の子は約束によって生れたのであった。（24節）さて、この物語は比喩としてみられる。――まぁここから彼のまぁ解釈ですネ――すなわち、この女たちは二つの契約をさす。そのひとりはシナイ山から出て、奴隷となる者を産む。ハガルがそれである。（25節）ハガルという語――言葉ですネ。τὸ Ἁγὰρ（ト　ハガル）と書いてありますが、元もとハガルって女性の名前ですから女性名詞でしょうが、τὸが付いてるから、まぁそういう言葉っていうふうに書いたんでしょうネ――ハガルという語は、アラビヤあるいはアラビヤ語ではシナイ山のことで、――これ（は）あんまり根拠ないそうですけどネ〔笑い〕――今のエルサレムに当る。なぜなら、それは自分の子たちと共に、奴隷となっているからである。（26節）しかし、上なるエルサレムは、自由の女であって、わたしたちの母をさす。（27節）すなわち、こう書いてある、――ここからイザヤ書の引用ですネ――『喜べ、不妊の女よ。声をあげて喜べ、産みの苦しみを知らない女よ。独り者となっている――これ（は）『独り者となっている』と（なってる）けど、まぁ『不妊の女よ』は（が）事実上結びつけられちゃっていますネ。ちょっと、ちょっとまあ――女は多くの子を産み、――まあつまりこれはまあ約束ということですが。福音ということですけど――その数は、夫ある女の子らよりも多い』（イザヤ 54:1）。（28 節）兄弟たちよ。あなたがたは、イサクと同じように、約束の子である。（29 節）しかし、その当時、肉によって生れた者が、霊によって生れた者を迫害したように、今でも同様である。（30 節）しかし、聖書はなんと言っているか。『女奴隷とその子とを追い出せ。女奴隷の子は、自由の女の子と共に相続をしてはならない』（創世記 21:10）とある。（31 節）だから、兄弟たちよ。わたしたちは女奴隷――まあ律法ですネ――の子ではなく、自由の女の子なのである」。

ここで自由というふうに言葉が使われてますよネ、ギリシヤ語で。でもあのこれはサラ、サラのことを自由の女と言ってんですが、あのこの「自由」（という言葉は）まあ旧約にないそうですネ、この「自由」（という）こういう言い方は。確かに旧約聖書に出て来るのは、あの女奴隷まあ女奴隷はあの側女(そばめ)というふうになってますから、まあそれに対して正妻のことを言っているわけで、そういう、そういう言い方はありますけどネ、自由の女という言い方はないですよネ。まあこれはそんなに難しい比喩じゃないですけれど、結構色々と旧約のあれがありますネ。

で、この学校のカリキュラムを拝見したら、旧約なんかすごくちゃんと教えてるんですネ、この学校はネ。あのみなさんそれが分からないでしょ。あれだけカリキュラム組んでて、あのすごいなあと思いましたよネ。僕なんかうらやましいと思いましたよ。そういう教育受けて来なかったから。であのそういう学生のとき（に教育を）受けないと、あの生涯自分の知識の足りなさに嘆かなきゃ、嘆かなきゃならないですけど〔笑い〕。みなさんそんな、そんなふうに感じない？　結構旧約聖書（を）とにかく読めって、色んなものに書いてあってネ。旧約の先生が何人かおられるんでしょ。普通ネ小さな所になってくるとひとり置くのがやっとですから。…

〔学生から、専任教員の数等についての情報提供があるが、正確には聞き取れない〕

…ぁのでもなんかずいぶん…、シラバスから受けた印象かも知れませんけどネ、実態は分からない。僕なんかはネそういうあれ受けなかったから、全部そういうもののせいにしちゃ駄目なんですけど、いけないんですけど〔笑い〕。今でもネすごく知識が足りないと思ってそのまま引きずっちゃってんですけど。なかなかやっぱり原語も違っちゃって来るしネ、ぁのやるべきときにやらないと生涯やっぱりぁのあれしちゃうんですょ。

まぁ同じことが新約聖書についても言えて、ぁの行った学校であまりいい先生がいなかったり、ぁのあまり力を入れてないような所に行っちゃうと、ぁの生涯ぁの不足の知識（のまま）にネ基本的な知識を持たないことになっちゃって、まぁこういう点は日本の神学部とか神学校では、西洋に比べてすごくぁの欠点が多いんですょネ。まぁなかなかそらぁそこまでにいかないけれどネ。特にそれが新約とか、特に旧約がネ。旧約って新約の３倍ぐらい量多いでしょ。で、まぁ、ネ一般に教会では新約に比べてずっと読まれないし、だけど信徒さんはともかくとして、牧師先生はかなり知ってなくてはならんのだけど…。割とネ僕なんか今でもそう思ってる。でも旧約聖書を必ず読むことということが（を）色んな先生が言ってて、そういうあぁすごいなあと思ったんですけど。でもぁのイスラム教なんかの方でも旧約はあれだから…。〔学生に向って〕そっちで教わるってことは？　そっちの授業は聞きに行かないわけ？　イスラム教の先生いるでしょ？

〔学生のひとりが答える〕「あぁ、なんかありますネ。ユダヤ社会のなんか文化だとか。私も興味深いんですけど〔笑い〕、ちょうど他の講義とかバッティングしてて取れないみたいなんです」。

ここですけどネ。今ざっと読んでみましたけど、まぁ４章21節、「律法の下にとどまっていたいと思う人たちよ。わたしに答えなさい。あなたがたは律法の言うところを聞かないのか。――まぁこれはいいですネ。導入文ですネ――（22節）その記すところによると、アブラハムにふたりの子があったが、――今ネ、なんか7人の子あるって歌がありますけどネ――ふたりの子があったが、ひとりは女奴隷から、ひとりは自由の女から生れた」というわけで、これ（は）例のイシマエル、今イシュマエルのあれですネ。

それでネみなさんにネ、あのちょっと刷って来たんですけど。まぁみなさん（は）聖書（を）お持ちですけども。新共同訳ですから同じですけどネ。これは創世記の16章からですよネ。興味深いのでネ、あのちょっと読んでみたいと思いますネ。

（1節）「アブラムの妻サライには、子供が生まれなかった。彼女には、ハガルというエジプト人の女奴隷がいた。（2節）サライはアブラムに言った。『主はわたしに子供を授けてくださいません。どうぞ、わたしの女奴隷のところに入ってください。わたしは彼女によって、子供を与えられるかもしれません。』アブラムは、サライの願いを聞き入れた。（3節）アブラムの妻サライは、エジプト人の女奴隷ハガルを連れて来て、夫アブラムの側女とした。アブラムがカナン地方に住んでから、十年後のことであった。（4節）アブラムはハガルのところに入り、彼女は身ごもった。ところが、自分が身ごもったのを知ると、彼女は女主人を軽んじた。（5節）サライはアブラムに言った。『わたしが――ここが引用されて来るでしょ――わたしが不当な目に遭ったのは、あなたのせいです。――あぁそうじゃないか。もう少し後――女奴隷をあなたのふところに与えたのはわたしなのに、彼女は自分が身ごもったのを知ると、わたしを軽んじるようになりました。主がわたしとあなたとの間を裁かれますように。』（6節）アブラムはサライに答えた。『あなたの女奴隷はあなたのものだ。好きなようにするがいい。』サライは彼女につらく当たったので、彼女はサライのもとから逃げた。（7節）主の御使いが荒れ野の泉のほとり、シュル街道に沿う泉のほとりで彼女と出会って、（8節）言った。『サライの女奴隷ハガルよ。あなたはどこから来て、どこへ行こうとしているのか。』『女主人サライのもとから逃げているところです』と答えると、(9節) 主の御使いは言った。『女主人のもとに帰り、従順に仕えなさい。』(10節) 主の御使いは更に言った。『わたしは、あなたの子孫を数えきれないほど多く増やす。』(11節) 主の御使いはまた言った。『今、あなたは身ごもっている。やがてあなたは男の子を産む。その子をイシュマエルと名付けなさい。主があなたの悩みをお聞きになられたから。(12節) 彼は野生のろばのような人になる。——野生のろばっていうのはどういう意味かな〔笑い〕。ろばっていうと普通おとなしいとかネ——彼があらゆる人にこぶしを振りかざすので——っていうのは結構荒っぽいですネ、これ——人々は皆、彼にこぶしを振るう。彼は兄弟すべてに敵対して暮らす。』(13節) ハガルは自分に語りかけた主の御名を呼んで、『あなたこそエル・ロイ、わたしを顧みられる神です』と言った。それは、彼女が、『神がわたしを顧みられた後もなお、わたしはここで見続けていたではないか』と言ったからである。(14節) そこで、その井戸は、ベエル・ラハイ・ロイと呼ばれるようになった。それはカデシュと——ベレドですか——ベレドの間にある。(15節) ハガルはアブラムとの間に男の子を産んだ。アブラムは、ハガルが産んだ男の子をイシュマエルと名付けた。(16節) ハガルがイシュマエルを産んだとき、アブラムは八十六歳であった」とこういう記事が書いてあるわけですネ。

あのこのイシュマエルというのはまぁ通常イシュマエルと日本で言うんですけど、あのアラブ人の先祖と考えられているようですネ。あぁだからアラブとユダヤの争いってのは、この頃から始まったのかなあと思うんですけど。これはあの、まぁこの大学なんかはイスラムの専門家もおられるようですから、あの、詳しいんじゃないかと思いますけど、あの、あのイシュマエルの記事ってのはですネ、元もとその聖書にあんまりないんですょ、我々の使ってる旧約聖書にネ。これはまぁベドウィンのあれなんでしょうけどぇ。そして、ところがですネ、あのコーランではイシュマエル（は）――イスマエル、イシュマエルですか――これは重要な人物なんですネ。ですから彼はあのメッカに葬られているんだそうです。まあイスラムのメッカっていうとあれでしょう、あのイスラム教の中心地ですよネ。そのカーバというそういう聖域があるらしいんですが、そのすぐ横に葬られていると言うんですネ。

そしてあの例のイサクの、イサクの奉献っていう有名な話がアブラハムにありますよネ、イサクを献げようとしたって。あれはですネ、実際はあのイシュマエルのことなんだと言う、言われてるんだそうです。で、ですからイシュマエルというのは通常は――通常って言いますか、このコーランではネ――あれはユダヤ、いやイスラム教ではその、そのアブラハムと共にその深くその預言者として尊敬されているんだそうです。ですから本当にあのまあ伝説上の人物ですけれど、アラブ人の先祖なのかも知れませんネ。それはまあ両方ともあのアブラハム、アブラハムから出てますから。そして片っ方がアブラハム、イサク、ヤコブということでして、そしてアブラハム、イシュマエルという系統がアラブ人。そしてユダヤ人。それで今でもただならぬ関係にあってネ殺し合いをやっているわけです。まあこういうように言われてますから、あの我々の聖書、我々の旧約聖書ではさらっとしか出てこない人物ですし、まあどちらかと言うと傍系の人物に過ぎませんが、片っ方では大変重要な人物になっているようですネ。

まあそういうことで、旧約聖書ってのは別の意味でなかなかおもしろい書物ですよネ。ただまあ新約聖書で手一杯で〔笑い〕、旧約まではあれできないんですけれど。でそれであの、まああの、こうしてまあですからあれですネ、まあ新約聖書じゃない、旧約聖書の伝統から言うと、ハガルはあくまで側女ですから、まあ二号さんですネ。二号さんの子供が最初に生まれちゃったと。で、まあこれはあのこのパウロの語りかけ、読み方から言うと、肉の関係ですネ。その書いてありましたよネ、23節にネ。「しかし女奴隷の子は肉によって生れた」。これは要するに、肉によってということは自然、自然の関係によってということでしょうネ。自然的な関係によって生まれたんだということですネ。

4

挿入

§1　創世記　18：1–19

［授業］

ところが片っ、もう片っ方のほうはですネ、サラの方はこれは生れるはずのないあれですよネ、老齢ですしネ。両方とも老齢で生れて来たっていうわけですから、これはまったくの奇跡として描かれてるわけですよネ。あのそれについてはその後の 18、創世記 18 章に書いてあるわけですネ。まあまだこのくらい読む時間ありますネ。はい、18 章の方（を）ちょっと読んでみますと、まあこれ（は）みなさんもご存じのとこと思いますが、イサク誕生の予告として、予告がされる——まあ約束ですネ——されるわけですネ。

〔新共同訳聖書の朗読が始まる〕18 章の 1 節は、「主はマムレの樫の木の所でアブラハムに現れた。暑い真昼に、アブラハムは天幕の入り口に座っていた。（2 節）目を上げて見ると、三人の人が彼に向かって立っていた。アブラハムはすぐに天幕の入り口から走り出て迎え、地にひれ伏して、（3 節）言った。『お客様、よろしければ、どうか、僕のもとを通り過ぎないでください。（4 節）水を少々持って来させますから、足を洗って、木陰でどうぞひと休みなさってください。（5 節）何か召し上がるものを調えますので、疲れをいやしてから、お出かけください。せっかく、僕の所の近くをお通りになったのですから。』その人たちは言った。『では、お言葉どおりにしましょう。』（6節）アブラハムは急いで天幕に戻り、サラのところに来て言った。『早く、上等の小麦粉を三セアほどこねて、パン菓子をこしらえなさい。』（7節）アブラハムは牛の群れのところへ走って行き、柔らかくておいしそうな子牛を選び、召し使いに渡し、急いで料理させた。（8節）アブラハムは、凝乳、乳、出来立ての子牛の料理などを運び、彼らの前に並べた。そして、彼らが木陰で食事をしている間、そばに立って給仕をした。（9節）彼らはアブラハムに尋ねた。『あなたの妻のサラはどこにいますか。』『はい、天幕の中におります』とアブラハムが答えると、（10節）彼らの一人が言った。――これがいわゆる約束のひとつですネ――『わたしは来年の今ごろ、必ずここにまた来ますが、そのころには、あなたの妻のサラに男の子が生まれているでしょう。』――約束ですから未来形で書かれますネ。まぁここがポイントになるんですけど――サラは、すぐ後ろの天幕の入り口で聞いていた。（11節）アブラハムもサラも多くの日を重ねて老人になっており、しかもサラは月のものがとうになくなっていた。（12節）サラはひそかに笑った。自分は年をとり、もはや楽しみがあるはずもなし、――子供なんかできるはずがない――主人も年老いているのに、と思ったのである。（13節）主はアブラハムに言われた。『なぜサラは笑ったのか。なぜ年をとった自分に子供が生まれるはずがないと思ったのだ。（14節）主に不可能なことがあろうか。――ここであのなんか三人の男が急に『主は、主はアブラハムに言われた』となっていますが〔笑い〕、まぁ要するに神様のことですネ――来年の今ごろ、わたしはここに戻ってくる。そのころ、サラには必ず男の子が生まれている。』（15節）サラは恐ろしくなり、打ち消して言った。『わたしは笑いませんでした。』主は言われた。『いや、あなたは確かに笑った。』」〔朗読が終わる〕

あのこれなどはこのまぁ旧約に出て来るこの奇跡物語ですが、これなどはまぁあの老人になった老夫婦、もうそれもネ年がうんと行っちゃって、そういう老夫婦。まぁ要するに死、死ですネ。死が生である。それがその〈いのち〉を生み出すということで、死が生であるという、そういう死が生（であるという物語です）。まぁ不可能なことですネ。死即生。それをまぁ言ってると思われますが。それがこういう物語として物語っているんだと思いますが、それがあの、この約束なんですネ。約束の内容。死即生。でですからまぁパウロ的な解釈から言うと、このこれはまさに死者を、死者を生かす者、あるいは無を有と呼ぶ者、それが神なんですネ。それが約束であり、福音なんですネ。あのまぁこれ（は）物語風でネ、あのこのままとることは、今日の人間にこのまま説明する、このままのことを信じろというのは無理ですけども、それも必要ありませんけれど、これがあの死即生。そしてこれが絶対的な奇跡なんですネ。ですからこういう相対的な奇跡のお話をもって絶対的な奇跡を指差してるんですネ、聖書は。相対的な奇跡、まぁ例えばあの老夫婦がですネ80（歳）、90（歳）になった老夫婦が子供を産むなんてことはあり得ないわけですから、あのこれを信じなくっちゃキリスト教じゃないなんて言ったら、そらぁ今の人は無理、無理難題言ってるようなもんです。だからそんなこと言う必要ないんですよ。パウロ的な理解から言えば、これは死が即生である、そういうまぁそういうまぁ死者の復活ですネ。それを言ってるわけですから、それを読み取ってやらないと、あのキリスト教はなんてばかなこと言ってるんだってことになっちゃいますから。時間が来てしまいましたんで。

ただ一旦この話はここで終わってますが、16その次の16（節）、17（節）、18（節）は後であの我々が読んだガラテヤ書で出て来たところなので、ちょっと読ん引用しておきました。そして、あの「全人類祝福の約束」と書いてありますネ。全人類ですよ。で16節は、「その人たちは」って、三人ですが、さっき「主」なんて言っちゃったとこです、書いてあるとこです。「その人たちはそこを立って、ソドムを見下ろす所まで来た。

アブラハムも、彼らを見送るために一緒に行った。（17節）主は言われた。――いいですね。これもまぁ言われたことや約束――『わたしが行おうとしていることをアブラハムに隠す必要があろうか。――はい、その次です――（18節）アブラハムは大きな強い国民になり、世界のすべての国民は彼によって祝福に入るだろう』」。でこれが実はガラテヤ書、まぁ直接にはこれじゃないんですけど、あのまぁこれとよく似たのがやっぱり前の創世記の12章にあるんですが、それを採ってるんですけどね。「世界のすべての国民は――世界のすべての国民って言ってるでしょ――彼によって――我々があのガラテヤ書で見たのは『汝において』ってやつです。ἐν σοι（エン　ソイ）。ここは ἐν αὐτω（エン　アウトー）です。まぁしかし意味はまったく同じです――彼によって祝福に入るであろう」。ἐνευλογηθήσονται ἐν αὐτῷ πάντα τὰ ἔθνη τῆς γῆς（エンエウロゲーテーソンタイ　エン　アウトー　パンタ　タ　エトネー　テース　ゲース）、こういうふうに言ったっていうんですね。パウロにとっては、この言葉がまぁ福音であり、そしてこの言葉が福音の原型ですね。だから旧約聖書の中に福音を見てるんですよ。それがガラテヤ書で論じられる。でガラテヤ書の3章は、今日今日は時間がありますので、次の時間に僕たちはあのそれを見ることになりますけれど、そのときの言葉がここに出て来てるんですね。

19節、「わたしがアブラハムを選んだのは、彼が息子たちとその子孫に、主の道を守り、主に従って正義を行うよう命じて、主がアブラハムに約束したことを成就するためである」。これは副文のような形でくっついてますね。はい、それでまぁあのまぁ今のね18章の17節じゃなくて18節、これはこれとほぼ同じ内容のものがガラテヤ書で取り上げ（られ）て来て、そしてここでもって3章が展開されて来たので、一旦これを挙げておきました。はい、じゃちょっと時間（が）来ちゃいましたので。

§2 創世記 21：8-21

［授業］

はい、それじゃぁね、今日はもう後はもうあんまりないんですけれど、年明けになっちゃうので、もう後は切りがいいので4章で切っちゃいますけど。それで創世記のですね、残りちょっと読んでおきましょう。ハガルとイシュマエルの追放。これは創世記の21章からぁのあるんですけど、まあ21章のまあ8節からですね。まあ普通9節から、あの新共同訳では8節と9節の間（を）切ってるんじゃないかと思いますけど。

（8節）「やがて、子供は育って——子供ってあれです、あのイサクですけど——乳離れした。アブラハムはイサクの乳離れの日に盛大な祝宴を開いた。——って、それからですね。9節、——サラは、エジプト女ハガルがアブラハムとの間に産んだ子が、イサクをからかっているのを見て、（10節）アブラハムに訴えた。『あの女とあの子を追い出してください。あの女の息子は、わたしの子イサクと同じ跡継ぎとなるべきではありません。』（11節）このことはアブラハムを非常に苦しめた。その子も自分の子であったからである。その子も自分の子であったからである。（12節）神はアブラハムに言われた。『あの子供とあの女のことで苦しまなくてもよい。すべてサラが言うことに聞き従いなさい。あなたの子孫はイサクによって伝えられる。（13節）しかし、あの女の息子も一つの国民（くにたみ）、国民の父とする。彼もあなたの子であるからだ。』（14節）アブラハムは、次の朝早く起き、パンと水の革袋を取ってハガルに与え、背中に負わせて子供を連れ去らせた。ハガルは立ち去り、ベエル・シェバの荒れ野をさまよった。（15節）革袋の水が無くなると、彼女は子供を一本の灌木の下に寝かせ、（16節）『わたしは子供が死ぬのを見るのは忍びない』と言って、矢の届くほど離れ、子供の方を向いて座り込んだ。彼女は子供の方を向いて座ると、声をあげて泣いた。——まぁ水が無くなっちゃって、これで命の危険にさらされている場所だしネ――（17節）神は子供の泣き声を聞かれ、天から神の御使いがハガルに呼びかけて言った。『ハガルよ、どうしたのか。恐れることはない。神はあそこにいる子供の泣き声を聞かれた。（18節）立って行って、あの子を抱き上げ、お前の腕でしっかり抱き上げ、抱き締めてやりなさい。わたしは、必ずあの子を大きな国民（くにたみ）とする。』（19節）神がハガルの目を開かれたので、彼女は水のある井戸を見つけた。彼女は行って革袋に水を満たし、子供に飲ませた。（20節）神がその子と共におられたので、その子は成長し、荒れ野に住んで弓を射る者となった。（21節）彼がパランの荒れ野に住んでいたとき、母は彼のために妻をエジプトの国から迎えた」。

急にこう大人になっちゃってネ〔笑い〕、あれこれで終わっちゃうんですけど。まあポツっ、ぽつっとしか記事がないですからネ。こういう記事が21章にあるんですが、ここもあの今の所に引用されて来ている所ですネ。あの僕たちがやってる今そのガラテヤ人への手紙の4章の最後ですネ。まあこういうことを念頭に置いて、パウロはこのように述べたわけですネ。

もう一度4章の21節から読んでみると、「律法の下にとどまっていたいと思う人たちよ。わたしに答えなさい。あなたがたは律法の言うところを聞かないのか。――まあこの律法は、お仕舞いは特に律法は聖書って意味ですネ、これは――聖書の言うところを聞かないのか。（22節）その記すところによると、アブラハムにふたりの子があったが、ひとりは女奴隷から、ひとりは自由の女から生れた。（23節）しかし女奴隷の子は肉によって生れたのであり、自由の女の子は約束――というわけですから、これはまあ後では『霊によって』というふうになりますが、まあ神の言――によって生れたのである。（24節）さて、この物語は比喩としてみられる。すなわち、この女たちは二つの契約をさす。――διαθήκη（ディアテーケー）ってやつですネ――そのひとりは――まあ『その一つは』とも採れますけどネ。まあ『女』を受けるとすると――そのひとりはシナイ山から出て、奴隷となる者を産む。ハガルがそれである。(25節) ハガルという語は、アラビヤ語でシナイ山のことで、今のエルサレムに当る。——『これは今のエルサレム』って言ったのは、恐らくあのパウロの論敵がエルサレムから来てるからじゃないかと、これで出したんじゃないかと推測されてますけど——なぜなら、それは自分の子たちと共に、奴隷となっているからである。(26節) しかし、上なるエルサレムは、——まあ今度は下じゃ下って、今のエルサレムを下とすると、上ですネ——自由の女であって、わたしたちの母をさす。——でイザヤ書の引用があって——(28節) 兄弟たちよ。あなたがたは、イサクと同じように、約束の子である。(29節) しかし、——こっから先(が) またちょっと——しかし、その当時、肉によって生れた者が、——つまり律法遵守の者が——霊によって生れた——今度は『霊によって』になってますネ。さっきは肉と約束の対比でしたけど、今度は肉と霊と、普通は肉と霊ですネ——霊によって生れた者を迫害したように、——どうもこれがそのイサクが乳離れ、乳離れをしたときに、あのもうずっと年上のイシュマエルがからかったっていうのがあるんで、それを言ってるんじゃないかと。でもからかうのと、〔笑い〕からかうのとネその迫害とはちょっと違うと思うんですけど——で、生れた者を迫害したように、今でも今でも同様である。——だから今でも同様であるっていうのは、今のガラテヤの起きている事件を言ってるんでしょうネ——(30節) しかし、聖書はなんと言っているか。——まあこれは今読んだ私たちの(読んだところ) ですネ——『女奴隷とその子とを追い出せ。女奴隷の子は、自由の女の子と共に相続をしてはならない』」。今の読んだ私たちのところは、これはサラの科白として言ってるところですネ。「あの女とあの子を追い出してください。あの女の息子は、わたしの子イサクと同じ跡継ぎとなるべきではありません」(創世 21:10)。まあよく NHK の大河ドラマってのを日曜の夜見るんですけど、まあ今(は) 武田信玄? 色々正妻のほかに色んな奥さんがいて子供がいると、そういうことになるらしいんで〔笑い〕。

（31節）「だから、兄弟たちよ。わたしたちは女奴隷の子ではなく、自由の女の子なのである」。ここであの自由っていうことをしきりに言ってんのはおもしろいですネ。律法は人をまあ奴隷にするって言うか、隷属させるということでしょうネ。奴隷、奴隷とする。しかし福音は人を自由にする、こういうことなんでしょうネ。まあ多分まあパウロ的なネ、パウロ的なあの理解から言えば、律法というのは益々人間を縛りつけてしまう。だけど、福音はそこから解放する。そういうことで、まあ基本的には合ってますよネ。

これ、自由って言葉で思い出すのは、あの有名なマルチン・ルター[註21]の『キリスト者の自由』[註22]（ですネ）。岩波文庫でも出てる。岩波文庫でもネあれネ数十万部重ねたって言いますネ、歴史が長いから。まあこれはあの多くのプロテスタントの教会では、その読書会のテクストとしてよく使われる書物なんですけれど、決して易しい書物じゃないです。まあ内容は素晴らしい書物で（すネ）。これがやっぱりあのガラテヤ書から非常に多くを採ってるんですネ。でガラテヤ書、まあキリスト者の自由って言うでしょう。特にあれはあの戦後のキリスト教会が非常に人々で一杯になったときには（ですネ）。あの戦前のあの窮屈だった時代がありますネ、あの思想的にも色んな意味で。そっからということで、自由、でキリスト教が流行る。流行るってのは変ですけどネ、キリスト教会に人がたくさん来たって（いう時代です）。そこで自由ってことであの書物が大いに読まれたらしいんですけど、『キリスト者の自由』ってネ。で、まあしかし、あのガラテヤ書から採ってるんですが、ガラテヤ書で自由って言ってんのはせいぜい――あのまあ後で出ますけどネ――今までのところはここで初めてだったと思います。そういう意味で人を自由にするという、その重要な概念ですネ。やっぱりキリスト教会で自由ということが問、あの問題になって来たときはいつも、まあパウロそしてまたルターということになるんじゃないかと思いますが、そういう意味では古典ですネ。

まぁ5章以下でまた自由っていうのが出ますので、そのとき（にまた話します）。ここでは単に自由の女ということですが。まぁしかしこれはあの旧約聖書には自由というのはないわけで、要するにこれは奥さん。ハガルのほうは側女ですから。今はネ奥さんになると自由じゃなくなっちゃうからネ。〔笑い〕あの自由の概念と奥さんとは合わないですけど、今の人たちにはネ。まぁこういう記事が書いてありますネ。

5

補足

［授業資料から］

ガラテヤ 3：6–9

旧約聖書（アブラハム）における **ἐκ πίστεως εἰς πίστιν**（第一のピスティス・義認から　第二のピスティス・義認へ）（人間を内包するキリスト G2:20b から　人間に内在するキリスト G2:20a へ）

6 Καθὼς Ἀβραὰμ **ἐπίστευσεν τῷ θεῷ, καὶ ἐλογίσθη αὐτῷ**
εἰς δικαιοσύνην (= **ἀκοή** πίστεως, ἐκ πίστεως **εἰς πίστιν**)·
(Gn15:6)
7 γινώσκετε ἄρα ὅτι **οἱ ἐκ πίστεως**, οὗτοι υἱοί εἰσιν Ἀβραάμ.
8 **προϊδοῦσα δὲ ἡ γραφὴ ὅτι ἐκ πίστεως δικαιοῖ τὰ ἔθνη ὁ**
θεός (= **ἐκ πίστεως** εἰς πίστιν, ἀκοὴ **πίστεως**)· (G2:20b),
προευηγγελίσατο τῷ Ἀβραὰμ ὅτι **ἐνευλογηθήσονται ἐν**
σοὶ πάντα τὰ ἔθνη· (Lxx Gn 12:3; 18:18; auch 22:18)
9 ὥστε **οἱ ἐκ πίστεως εὐλογοῦνται σὺν τῷ πιστῷ Ἀβραάμ** (=

ἐκ πίστεως **εἰς πίστιν**) (G2:20a).

［私訳］

3：6　（聖書に）アブラハムは「**神を信じた。それ（＝アブラハムの信仰・彼の内なるキリスト** cf.V16）**が彼には義と認められた（第二の義認）**」とあるように、

3：7　あなたがたはそれ故、〈**まこと**〉**による者**（＝〈まこと〉を信仰し受容する者・キリストを内に持つ者）こそアブラハムの子であることを、知るべきである。

3：8　**他方聖書は、神が諸国民を**〈まこと〉により**義とされていること（第一のピスティス ἐκ πίστεως・第一の義認・永遠における救い）を、あらかじめ知っていて、**（この原福音を）アブラハムに対し、「**万（よろず）の国民（くにたみ）、汝によりて（ἐν σοὶ ＝ ἐκ πίστεως）祝福せられん**」（LXXGn12:3）と**予告**（＝**約束**）**した**のである。

（聖書は「神が諸国民を〈**まこと**〉**により**義とされている」（**第一のピスティス・第一の義認・永遠における救い**）ということを根本前提・公理とした上で、LXX Gn 12:3 に ἐνευλογηθήσονται ἐν σοὶ πάντα τὰ ἔθνή（→ 3:9 **οἱ ἐκ πίστεως εὐλογοῦνται σὺν τῷ πιστῷ Ἀβραάμ**　第二のピスティス **εἰς πίστιν**・**第二の義認・時間における救い**）と書いているのである）。

3：9　それ故、（アブラハムと同様に）〈**まこと**〉**による者**（＝信仰者・キリストを内に持つ者）（**第二のピスティス εἰς πίστιν**）**は、信仰の人アブラハムと共に、祝福を受ける**というのである（**第二の義認・時間における救い**）。

3：13−14

パウロにおける **ἐκ πίστεως εἰς πίστιν**：第一のピスティス（外な

るキリスト）は、律法（繭化言語）を破繭して、第二のピスティス（内なるキリスト）へと自己を貫徹する

[13] **Χριστὸς ἡμᾶς ἐξηγόρασεν ἐκ τῆς κατάρας τοῦ νόμου γενόμενος ὑπὲρ ἡμῶν κατάρα (ἐκ πίστεως)**, ὅτι γέγραπται·
ἐπικατάρατος πᾶς ὁ κρεμάμενος ἐπὶ ξύλου, (Deu21:23, 27:26)
[14] **ἵνα εἰς τὰ ἔθνη ἡ εὐλογία τοῦ Ἀβραὰμ γένηται ἐν Χριστῷ Ἰησοῦ**, ἵνα τὴν ἐπαγγελίαν τοῦ πνεύματος **λάβωμεν διὰ τῆς πίστεως (εἰς πίστιν)**.

［私訳］

3：13　**キリストは、わたしたちの代わりに呪いとなって（＝木にかけられて）、わたしたちを律法の呪いから解放して下さった。**（聖書に「木にかけられる者は、すべて呪われる」(Deu21:23, 27:26) と書いてある）。**（第一のピスティス）**

3：14　それは、**アブラハムへの祝福が、イエス・キリストにあって諸国民に及ぶためであり**、わたしたちが、霊という約束（＝約束された霊　同格的属格）を**〈まこと〉から信受する**ためである。**（第二のピスティス）**

3：19

律法の機能と限界：律法は〈まこと〉の死角に成立する（19−25）

[19] Τί οὖν ὁ νόμος; **τῶν παραβάσεων χάριν προσετέθη, ἄχρις οὗ ἔλθῃ τὸ σπέρμα** ᾧ ἐπήγγελται, διαταγεὶς δι᾽ ἀγγέλων ἐν χειρὶ μεσίτου.

［私訳］

3：19　それでは、律法は何であるか。**それは違反を促すため、あと**

から加えられたのであって、約束が向けられている子孫（＝キリスト）が来るまでのものであり、かつ、仲介者（＝モーセ　レビ 26:46 等）の手により天使たちによって制定されたものにすぎない。

［授業］

それで一応ですネ、これで4章は終わるんですが、この4章は、今のところもまぁ事実上3章の、に接続するところですネ、約束と律法の問題ですからネ。約束と律法の問題ですから。そこでまぁちょっともう一度、私の奇妙な聖書解釈（に）をネ、毒されるとみなさん（に）よくないので、まぁ最も正当な、と思われるあの佐竹（明）さんのネ書物で、3章はどういうふうに解釈されているか――あのまぁ僕もよく分かんないところあるんですが、人の書物ですから、いくら一生懸命に読んでも分かんないとこってあるんですけど―― 一応あのみなさんにネ、自分は、とはこう違うということを、そして――こちらが主説です。主流ですから――それをお伝えしといた方がよろしいと思って、まぁ今日は少し時間があると思ったのでお話しておきます。

まず、僕の解釈の一番のポイントはですネ、あの、みなさんまたちょっと、授業資料の3章の授業資料見ていただけます？　お持ちですか。3章の授業資料は2枚あったと思いますが、その最初の1の方ですか、1って、1って特には書いてないんですけど、あの03と書いてあります[註23)]。あの、まぁあの一番違うのはやっぱりあの、ピスティス（πίστις）が僕や太田（修司）さんとちょっと違うんですよネ。あのいや、あるいは僕や太田さんがちょっと違うんですけど〔笑い〕、あの彼らと。但しですネ、あの佐竹さんはピスティス（を）必ずしも何々への信仰、あっ、ピスティス　イエスークリストゥー（πίστις Ἰησοῦ Χριστοῦ）（を）「イエス・キリストへの信仰」とや、訳してません。この人はとにかく素晴らしい勉強家ですので、「イエス・キリストの信仰」と言ってますが、まぁどっちとも取れるんですヶ。だから却って良くないんですけど〔笑い〕、両方ともひっかけてるわけですヶ。イエス・キリストの持っている信仰とも取れますし、イエス・キリストへの信仰とも取れますし、ちょっとそういう点で、常にピスティス　イエスー　クリストゥーというのを「イエス・キリストの信仰」とやってます。しかし大体が「イエス・キリストの信仰」というのは、「イエス・キリストに対する信仰」、つまり多くの聖書が採っているやり方で採っておら、事実上採っておられるように思います。ですからちょっとそういう点で、はっきりしないところがあるんで（す）。

それで、あの、それでですネ、あの、うん、それから、もちろんその、私たちのように、イエス・キリストの、——主格的属格と言うんですが——イエス・キリストの〈まこと〉、——信仰とは訳さないで——まぁ僕はあの大体イエス・キリストの〈まこと〉というときは、むしろ同格的属格と採っているんですけど、イエス・キリストという〈まこと〉という（ふうに）採ってるんですけど。あの、そこと関わりがあるかも知れませんが、その第一義のピスティスとか、それから第一義の義認ですネ、とか、当然、あるいは第一のピスティスというような言い方は、彼（佐竹明）の場合は、まぁあんまりはっきりしないんですよネ。「の」とやっちゃってますから、どっちにも取れるようにしてますから。で、それは、しかしこの人のことですから、充分自覚的にやってんだろうと僕は思うんですけどネ。それでですネ、まぁその点は申し上げておきます。僕の方が、僕や太田さんはほとんどこれを、主格的属格ととして採ってる、とくに３章は。大体主格的属格として採っている（の）ですけれど、彼の場合は、まぁ大体やっぱりでも、あの、まぁ目的語的属格と言うかネ、イエス・キリストを信仰すると、「信仰」という採り方じゃないかなと思います。

それで、もちろんそうなって来ますと、ピスティス（πίστις）を事実上ふたつに分けるということはないわけでネ、（そう）じゃあないかと思うんですけどネ、人のことだからよく分からないけれど〔笑い〕。あの、そうしますと、例えば3章の6節のようなのは、「アブラハムは神を信じた。でそれが…」、まぁ「それが」ということは「その信仰が」ということなんですけど、義と認められたという（ことに）、まぁこれはそうなりますネ。それはまぁこれはいいんですが、8節になって来ると、8節のπροϊδοῦσα（プロイドゥーサ）、「聖書は前もって次のことを見た、見ている」、すなわちそれはなにを見ているかと言うと、「神が異邦人——まぁあるいは諸国民でもいいと思いますが——異邦人をエック　ピステオース（ἐκ πίστεως）」、まぁ、僕たちはこれを〈まこと〉によって義とするというふうに訳しているわけですが、そうすっともちろんピスティスというのは、ピスティスを持っているのは神ですネ。「神はその〈まこと〉により」ということになりますが、「〈まこと〉により、諸国民を、あるいは異邦人を義とする、ということを前もって知って」というのは、まぁ少なくとも僕にとっては非常に重要なパウロの旧約聖書の読み方で（す）。旧約聖書が（に）書いてあることは、あの、実際はその、せい、「神が諸国民を——それはすべての国と言ってもよろしいんですが——全人類をピスティスによって義とされているということを前もって知ってる」ってことは、これは私は聖書というのは、そういうものは全体なんだ、というふうに理解したわけですネ。でこれを第一の義とか第一の義認とか言ったわけです。根本的に聖書というものは、その神が〈まこと〉により——これは「信仰により」と訳すと間違えますから——〈まこと〉により、諸国民を義としている。まぁ根本的に人間に対して、yes、——まぁドイツ語でJa（ヤー）ですネ——Jaと言った。こういうことを前提にした上で、次のように言ったんだと。8節の後半がそうですネ。προευηγγελίσατο（プロエウエーンゲリサトー）、前もってその福音を宣べた。なにが、アブラハムに対して。つまりアブラハムに対して色んな約束をしてますがネ。さっき読んだところと関係がありますけど、さっき読んだのは創世記18章の18節でしたが、同じ内容です、12章の3節（と）。アブラハムに対して神は言ったんだと。それは、「汝において――さっきは彼においてでしたが、まぁ同じですょ――汝において―― πάντα τὰ、πάντα τὰ ἔθνη（パンタ　タ　エトネー）――すべての国民（くにたみ）は祝福されるであろう」と、未来形で書いてある。まぁこう言った。よろしいですか。ですからこの、アブラハムに対する約束ですぇ。神様が、汝において、すべての国民は祝福されるであろうと、こういうふうに、神様が前もって福音を宣べた、つまり約束をした。でそのときは結局、その前に書いてあることぇ、つまり、神様はすべての国民を〈まこと〉により義とされているということを、前提としてるんだというのが私の解釈です。太田さんは知りません、ここはどう解釈してるか。

ですから、まぁ事実上ですぇ、（ガラテヤ書３章）８節前半の「神様は、諸国民を〈まこと〉により義とされる」ということ、このこと、このことは、このことのまぁ展開と言いますか、言い換えが、８節後半に出て来る「すべての国民は、汝において祝福されるだろう」（になるわけですぇ）。まぁ祝福されるということと義とするというのは同じ意味と考えられますから、そうしますと、ἐν σοι（エン　ソイ）というところに――この、汝において言うんですけど、これはまぁこのまま読んでいけば、つまり旧約聖書の意味においては、アブラハムにおいてということですし、ユダヤ教はそのように解釈するんだそうですが――この ἐν（エン）というのは、まぁ通常媒介の ἐν、英訳では in とも through とも訳せますぇ。そういうふうに捉えるわけですけど、これは事実上、やっぱり前のエック　ピステオース（ἐκ πίστεως）の書き換えですょぇ。あるいはこの ἐν σοι というのをパウロはエック　ピステオースと採っているわけです。ですからここでは、アブラハムというのが、パウロの理解では、救いの媒介者ではなくて、祝福の媒介者では、というふうな採り方ではないわけですぇ。

それが最もはっきり出て来るのは、実は 14 節。同じ３章の 14 節において、なんと書いてあるかって言うと、これは ἵνα（ヒナ）文の中にあるんですけど、アブラハムの祝福はエン　クリストー　イエスー（ἐν

Χριστῷ Ἰησου)、キリスト・イエスに（と)。今度は ἐν ですネ。キリスト・イエスにあって諸国民に及ぶ、こう書いてあるわけですネ。アブラハムの祝福はキリスト・イエスによって諸国民に及ぶと、こういうふうに書き直されて来ますと、結局この創世記が言ってる ἐν σοι というのを、このようにパウロはエック　ピステオース、またはエン　クリストー　イエスーというふうに見ている。ということはなにかと言うと、ということはなにかと言うと、アブラハムが媒介者、救いの媒介者、祝福の媒介者たる地位を失って、その地位を失って、この、救われる人、祝福される人のい、つまり我々普通の人間の列に入って来るってことですネ。媒介者が被媒介者になる。でそれがあの、実は9節なんですネ。8節の次に出て来る9節。従って、その、あの、〈まこと〉によるもの、まあ信仰者ってことなんですが、これは、信仰のアブラハムと一緒に祝福されるということを言っている。そうしますと、実はパウロが、この創世記を読むにあたって、このアブラハムというのをどう理解したかっていうと、「アブラハムにおいて」とか「アブラハムによって」と言うときには、そのアブラハムの、アブラハムにおいて、実はキリストを見ているということですネ。アブラハムのキリストと言いますか、アブラハムを包み、アブラハムの中へと行く、そういうキリストを見て（い）る。そして、その、その、そういうふうな解釈なわけですよネ。アブラハムと言っても、そのアブラハムにおいてキリストを見ている。

で、そのことが一番明確に出て来るのが、あの、解釈者にとってのアポリアであるあの16節ですネ。3章16節ちょっと見ていただきますと、「さて、約束は、アブラハムと彼の子孫とに対してなされたのである。それは多数を指して『子孫たちに』といわずに、ひとり——これはネ、あの εἷς（ヘイス）というギリシヤ語が使われてるんですネ。これは、ここでは ἑνός（ヘノス）という属格形ですけど。εἷς、ひとり、ひとりとも訳せますけどネ。あの、まあひとりとやっときますと——ひとりをさして、『あなたと、あなたの子孫に』と言っているので、でこれはキリストのことである」というネ、まあ、その佐竹さんの注解によると強引な、強引なことをここで言ってるわけですけど、それは、あの、実はアブラハムにおいて、アブラハムのキリスト、それを、すでに前の方で見ていたわけですネ。前の方で言っていたわけですが、それがはっきり出て来ている、というわけですネ。で、まあ私はそういう読み方をまず第一にしているということをネ申し上げておきます。

ですから、あの、ところが一般の新約学者はどういうふうに採っているかというと、このキリストというのを、アブラハムの後、千数百年後に出て来たあの、まあ普通のキリストと言われる、そこに採るわけですネ。そうすると、この時間差を超えて採るということですから、こういう理解の仕方は（を）、あの、まずそれをやっちゃうんですょ。まずそれをやっちゃうんですょネ。でその理解の仕方は、私にはどうも非常に分からないんですネ。あの正直に言っときますけど。否定はしませんけれど、その、そういうふうに採っちゃうと非常に分からなくなるし、ましてこれを受け入れろと言ってもですネ、これ無理だと思うんですネ、今の日本人に。いや西洋人にだってもちろん。で、でも、あの、パウロを前の方から読んで来ると、明らかにそのはっきりキリストと言ってなくても、段々はっきり言って来てるんですょ、最初ピスティス（πίστις）と言ったり（しますが）。このピスティスの仕方もあの「信仰によって」っていう（ふうに）訳すと、もうこれむちゃくちゃになっちゃうと僕は思うんですけど、〈まこと〉という形で言って来て、そして、それから14節になって「イエス・キリストにおいて」というようなことを言って来る。そういうふうに見たときには、やはりこれは「アブラハムにおいて」と言ってるときは、そのアブラハムと言ってますけどその、アブラハムのキリスト（です）。そのキリストは一者である。一者、ひとりである。一者、これ一者とも訳せますけどネ、これは僕、君たちに、みなさんに渡した訳は「ひとり」とあのおとなしく訳しときましたけどネ、これネ、〔板書しながら〕一体と訳すとよく分かるんですネ。ひとつの〈からだ〉、一体。これ、というのは3章の28節にこれ再び登場するんですネ。キリストの〈からだ〉って意味で登場するんです。ですからこの εἷς（ヘイス）というのは、ここで登場してますけど、3章16節で登場してますけど、3章の最後の方でももう一回登場して来るんですネ。そこでは「キリストの〈からだ〉」という意味です。ですからそれだともっとはっきりするんですが、キリストの〈からだ〉。それはひとつの〈からだ〉。一体。そうしますと、もうすでにアブラハムもキリストの〈からだ〉の中にあると、採っていいんじゃないか。そう、そう、そうした上で、そういう見方をしてるというふうに思えるんですネ。違ってるかも知れませんよ。あのいいですか。で、そういう意味で解釈をして申し上げたんです。

ですから、一般の新約学者の解釈と違います。それはみなさんが、これからネ、Kさんなんか、いやちょうど、いやちょうど新約だし、パウロやってるんだから〔笑い〕、あの宿題にしてください。あのそういうふうにして採りましょう。そうした方が、無理ですよ、千何百年も離れてる人間とこれとがひとつだっていうような主張は、そのままじゃ。私は信仰がないのかも知れませんが、ちょっと受け入れがたいんですよ。まあそういうのを救済史的な解釈って言うんですネ。で、みなさんには救済史という用語は使いませんでした。これは、この書物もやっぱり救済史的な意味って書いてあります。多くの――これは救済史って考え方が大体あの――ドイツ神学が、ドイツの神学者たちが、あの、割と最近になって打ち出した理解の仕方で、よく分からないんですけど、そういう解釈をしてまいりました。でそれが第一点ですネ。そのことをまず申し上げときますネ。

それから、もっと、佐竹さんの解釈と違う、あるいは佐竹さんはもうほとんど、パウロに関しては日本ではもっとも信頼の高い人ですから申し上げときますが、それは3章の19節以後の解釈です。ここでも、まあ、さっき、今申し上げたネ救済史的な（解釈が書かれています）。救済史という概念は僕も一時期、ルーテル学院ではこの言葉を使ってやったんですけども、やっぱり自分がどういうふうにも納得できないんで、納得できないままでネ学生諸君に言うっていうのは混乱させちゃいますので、本学ではめったに言いませんでしたが、本格的には一度も言ってませんけど、色々な書物を読んでもネ、学者によって意味が違ってて分かんないんですよ。で、まあ我々は、聖書の解明に役立つ限りの概念――聖書に出て来る概念じゃないですからネ、これは――概念としては聖書にないですから、それで使わなかったんですけど、あの19節以下は、よく通常ですネ、これは「律法の救済史的な意味」という表題がつけられるんです。律法は、果たして救済史的に意味があったかと。意味があるのかと。そしてこの律法の意味というものの、律法の意味という点でネ、解釈というのは、学者によって色々あるということはこないだ申し上げたと思うんですネ。それでここで、あの、佐竹先生は…。いや、これはもう言っておきますけれど、この書物はネ今は手に入らないんですけれど、まああの私のような人間が読んでもネ、あの、非常に水準の高い書物ですネ。あの、正直言って、日本人の書いたあのパウロの注解書ってのは読まない方がいいくらいな書物が多いんですけれども〔笑い〕、この書物は、その中では、恐らく日本人の書いた注解書の中では最も良いもののひとつですネ。あのまあ今日は、あの、原口（尚彰）君[註24)]なんかが、もう三十年も前にできたから自分が新しいの（を）書いたって言ってましたけど、あの、しかしですネ、この、この書物の――そのなんて言うかな――あの、克明な、それでいて――あの、まあ克明すぎるんですけどネ――あの、それでいて、まあ素人が読んでも、まあ一生懸命読めば分かるという非常に立派な書物だと思うんで、思うんで（す）。なかなか、あの日本ではたくさん翻訳者は出てますけどネ、日本人の書いた最高のその聖書注解書のひとつだろうと思ってますが、この書物でもネ、あの、こういうふうに書いてあるんですネ。

この律法ですけれど、いや、あー、そうだ、この律法と並んで、あぁ、律法の意味はどうかという（こと）、律法の（意味）はどういう（ことかと）——19節ネ——もう一度見ていただくと、律法はなんであるかと、それでは律法はなんであるかと、どういう意味を持っているかと、でそれは、「違反を促すために後から加えられたものであって、——というのはそうですネ——約束が向けられている子孫——これはキリストですが——来るまでのものである」。まぁこれが基本的にはパウロの考え方と見ていて、で私はですネ、これはあの救済史的なあの、（見方ではないと思います）。通常はそうなると、まぁ紀元、紀元元年だか紀元、マイナス紀元か知りませんけれど、（そこ）から三十年まで、までのことであって、というふうに採るんですよ、通常は。あの、まぁこれが恐らく救済史的な見方だと、なんだろうと思うんですけれど。で佐竹さんの採り方は、でやっぱり基本的にはそれなんですネ。基本的にはそれで、そのときに、そこに、まぁキリストが来られた（と）。ですから彼は、ここにおいて、人間の歴史、人間の歴史（は）——広く言うと世界史ですネ、Weltgeschichte（ヴェルトゲシッヒテ）——は二分されたって言うんですネ。ふたつに分けられた。まぁこれは伝統的なキリスト教の教会の見方じゃないかと思うんですネ。で特に佐竹さんに新しいってわけじゃないんですけど、まぁ非常に綿密にやっておられるので、そういうふうにとれる。と同時にですネ、と同時に、またあの、ところが、キリストが来たという言い方はしてないんですネ。信仰が来たって言ってんですネ、彼の訳からいうと。まぁ、僕らのあれから言うと〈まこと〉が来たっていうことになるんですが、ですからこれはあの人間の信仰が来たという意味でも採れる。つまり、世界史を二分する点であるとともに、この信仰が来たという言い方、ピスティスが来たという言い方は、それは個人の歴史、——個人史と言いますネ。パーソナルヒストリー——そのパーソナルヒストリーを二つに割る。二分する。そういう点で、そういう点で重なって、重なっている。その重なっているのをこういう形で表したんだと言うんですェ。よく考えられていると思いますけど、よく考えられていると思うんですけどェ。でどうも、彼が救済史というのはそのことを言ってるらしいんですけどェ。救済史はどういうのかという定義はしてないんですょ。これだけ綿密にやってるんで、救済史という言葉を使ってるんですけどェ。救済史とはどういうものかと、ずっと述べてないんですょ。ただ恐らくそういうことなんだろうと思うんです。

それで、あの、まあ僕があの、僕があの、彼に疑問を呈したいと言うよりも、分からないのはそこなんですェ。で、彼の他の書物なんかを読むと、あのイエスの十字架、イエスが殺されたっていうことは、世界史的な大きな事件から見りゃ小さな事件に過ぎないと。それがしかし実に重要な出来事として、まぁ言ってみると最も重要な出来事として世界史を二分したんだ、それがこれなんだと言うんですけどェ。それは要するにそういう主張をしているだけで、よく分からないんだ。それで、そぅ、それが僕（には）ェ、――彼に、彼に対するェ、まあ彼の言ってる（ことは）綿密で、非常によく勉強されていて、非常によく教えてくれる、実際あの、非常によく教えてくれる本なんですが――あの、それ、そこんところがとにかくちょっと理解できない。世界史を二分するっていうのは、それ、あのキリスト教徒の意見かもしれないけど、主張かもしれないけど、それを、その、ちょっとこう受け入れるってことはできないんですょェ。あの、こういうことですょ。つまり、確かに歴史的な事件ですェ、だったでしょう、十字架ってのはェ。で確かにこれはあった事件ですェ。だって世俗の、世俗の本にも書いてあるんですから、このときナザレ人が殺されたってことは。間違いない事実でしょう。でもそれが神の事件だという、神の出来事だという、神的な出来事だということは、ということになって来ると、それは主張であって、それを、その、そういう主張は、その、そこだけ…。その、まあ、歴史の一点ですょェ、一点。ソクラテスも殺されてるんですェ、四百年ぐらい前に。しかしイエスの出来事、これだけがその、あれだという主張は、どうなんだろう。そこだけ絶対視するということが、果たして日本、日本（で）──まぁ我々（は）特に日本にしか住んでないですから──通用するんだろうかと思うんですネ。そこを、あの、決断によって受け入れないとキリスト教じゃないと言われたら、非常にこう、正直言って、あの、分からないですネ。まあああの、そういうことまで言ってませんよ、彼は、言っときますけど。だけどそれは明らかに、そういうことを前提として、こういう論を展開していると思うんですネ。

それで、あの、それでネ、あの、この、歴史をそういうことで二分するということ、それから個人の歴史もそのあるい、ある時だけが特別なときで、それ以後と以前とであの、違うという（主張はよく分からない）。確かに大きな事件って人間（には）個人的にはありますよ。でもネ、それによってまったく別の時代が来るかって言うと、ずいぶん古いものも引きずるんです、人間というのは。で、佐竹さんの本を読むと、二分したって──ページ忘れちゃったんだけど──というところで、その、キリスト以前には信仰の可能性はない、こういう書き方をしてるんですよ。信仰と、──彼の言う意味でその信仰ですけど──キリスト以前には信仰がないが、その要するに西暦紀元以後だと思うんですけど、その、それにはあるということですネ。これなんか、こういうこと書いてありますネ。「キリストの時代の到来が、信仰の到来として──まぁ確かにそういう言い方してるんですがネ──捉えられるということは、キリスト以前の時代に信仰が存した可能性が否定されるということである」。[註25)] でこういうことが、こういうことを言ったら、まぁ我々が、実際は3章の8節などで読んで来たような読み方ができなくなっちゃう。そうすっとアブラハムにもないってことでしょう。ですから、これは非常に極端な言い方で、あの、こういうことはちょっと私には受け入れがたいんですネ。大変申し訳ないんですけどネ、そういう意味では。それで、あのしかし、その、パウロが一体そこまで、パウロ、パウロにとって、「パウロにとってキリストの時代の到来が、信仰の到来としてとらえられるということは、キリスト以前の時代に――ってことは、これはアブラハムの時代もそうですネ――信仰が存していた可能性が否定されるということである」、そういうこと言えるんですか。やはり、これはそうしますと、アブラハムにも、まあ極端なこと言うと、パウロ的な信仰はなかったってことになりますネ。そうじゃないですか。そうするとですネ、パウロはここで明らかに、自分の信仰の先例として、先の例としてアブラハムを取り出して来てるわけですネ。そして自分たちはアブラハムの子だと言ってるわけです。で、これと違って来ちゃいますしネ。それで、まあ、こういうふうに、その歴史を二分する点、あるいはパーソナルヒストリーでも結構ですけど、そこを二分する点として、そういうふうに採ることはやはりまあ無理だろうと思うんですネ。まあこれは僕の正直な感想です。

そして、こないだ申し上げましたけど、4章になって来て、例のあの、時の、時が満ちてというのを、時の充満が来てという、時の充満が起こってという、そういうところが4章の5節、4節、5節（と）来るわけですネ。であのとき僕は、これは第一コリントの15章を引っ張って――あれは終末のことを言ってますから――これは時間を二分するんじゃなくて、時間が一点に終焉する、収束することだとこう言いましたけど。そしてそれが、それが実はキリストの出来事と、キリストの出来事が起こるときは、その、時の二分じゃなくて時が収束する、そういうふうにパウロは考えてるんじゃないかと、まあそういうふうな解釈をいたしましたけど。そうしますと、この時の収束ということは、まあ、〔しばらく、えーという声が繰り返される〕その、それがその、キリストが来たということである。あるいは、まあ結局、時の収束、時の充満が起こったということが、その、まあ佐竹さんの訳ですと「信仰が来た」というこういう言い方ですと、それは明らかにひとつの長い時間軸があって〔黒板の方を向いて線を引く音〕、これが非常に固定され、これが固定して、これを固定して言ってるんですネ、彼はネ。でこの時だけこういうふうに切れて二分している。個人的な歴史、例えばパウロの場合は、これが仮に仮に紀元33年、30年とすると、まぁパウロはこれから紀元元年ぐらいから60年ぐらいまで生きて、それで人生終わってるわけですから、そうすっと彼は33年ごろ、この個人的にあれしたら、これと前と後ろで違う。これもキリストが来る前と違う。こういう…、我々もまぁこっちの方にいるわけですが、ある時、その、あった、そういう、なんと言いますか、入信体験があったっていう場合に、〔黒板に書いたものを指す〕これとこっちが（違って来る）。で我々（は）いつも古い人間を引きずってるんですけど、で、こういうふうな見方になっちゃうんじゃないかと思うんですよネ。これはある意味で、西洋人のキリスト教の、まぁ、あの、どうもその、あんまり、その、私などには受け入れがたいところでネ。それを割とこの素直に出しちゃってるように、こう、見えるんですネ。

そんなんでネ、これ（は）しかしあの、こういうんじゃなくて、このキリストの出来事が起こったという、ということは、そういう時間軸がきゅっと固定されてて、それはその上でのどっかの点じゃなくて、それは、あの、こういう出来事が起こるというのはやはりこの、あの、時間が収束（する）出来事ですから、これ言ってみるとこういう出来事というのは、イエス・キリストの出来事というのは、イエス・キリストの出来事というのは、結局言ってみると、時間内に、のある一点で起こる時間的な出来事じゃなくて、ネ、こういう言葉使うと嫌がられるけど、非時間的な出来事〔板書〕、実はあの第一コリントの15章の51節以下はそのことを言っているわけで、非時間的な出来事、まぁ永遠な出来事と言っていいんですけど、それを言ってんじゃないかと思うんですネ。それを言おうとしてる。でそれは、それは、ですからこれはイエス・キリストの出来事であり、また僕が「キリストの〈まこと〉」と言ったものです。〔板書しながら〕キリストの〈まこと〉。〈まこと〉、本当のこと。イエス・キリストの出来事。でこれは非時間的な出来事、あるいは永遠の出来事と言ってもいいんですが、どうしてもそういうふうに考えないと、そういうふうに考えないと、こう、この時間軸だけが絶対として考えちゃうと、これは結局永遠の世界を、というものを、落としちゃってるんですね。その上で、こういうふうに、この中でどの一点がそうかと、でこれだって言ってるけど、これだっと言って来たときに説得力がないんですよ。まあ非常に綿密に聖書の一字一句に関して、もうほんとに顕微鏡——虫眼鏡どころじゃない——顕微鏡で見るように、あの解釈（を）書かれてる方ですから、この書物見てもね、これガラテヤ書の何百倍ってあるような厚さですけど〔笑い〕、まあ注解書はみんなそうですけど、どうもね、それをなくしちゃってると（説得力がないですね）。

で非時間的な出来事なんてのは、新約学者が実は認めない概念です。非時間的な出来事というような言い方、これは、あの、教義学者も——まあ教義学者はよく分からないんですけど—— 一般的には非時間的な出来事というのは、出来事である以上時間の中に起きるのが当たり前だという、こういう前提の上で仕事してるのが、一般的な、一般的な新約学者だと思うんですけど。その、そういう見方だけからやって行くと、これはパウロってのは、結局、彼らの視野に本当のところは入ってこないんじゃないか（と思うんです）。そんなこと言ったらあの復活なんて出来事はですね、復活なんてことは時間、時間的な、あるいは歴史的な中で起きる出来事じゃないですよ。時間や、時間とか、——まあその時間の世界を扱ってるのは自然科学がそうですね。医学だって自然科学だって人間の復活なんてことは認めないですから——しかしこれは、やはり出来事としては非時間的な出来事、それをなんとか言おうとしているわけで、そこのところがねどうも、そこんところがどうも（見落とされている）。その、ですから、パウロがこういうふうにアブラハムというところに見てるもの、それはすでにアブラハムにおいてキリストが、——もちろんナザレのイエスにおいてもキリストは、もちろんその通りですけど——やっぱりアブラハムにおいてキリストが、それがやっぱり基本的にないとネ。でそのことを例えば3章の8節では、「すべての国民は、すべての国民(くにたみ)を神は〈まこと〉により義とした」(と言った)。「〈まこと〉は」ですから、ここにすでにもうキリストは隠れてるわけですネ。そういうふうに読まないと、そしてそれが、旧約聖書の――書いてないけれど――それが旧約聖書の前提である、根本的な前提である、というふうな読み方をしたんだというふうに考えるんですけどネ。そうすると、あの、そんなにこう、無理をしないでいいんじゃないかと思うんだけど〔笑い〕。

だって、第一、第一、2章では、「わたしのうちにキリストが」というように認めてるわけですからネ。はっきり言ってるわけですからネ。それをアブラハムに、今度は、その2章が終わって3章に来て、アブラハムが出て来るわけでしょ。で、アブラハムの中においてもキリストが、当然出ると思うんですネ。ですからそれがごく普通の読み方なんですけど、佐竹さんのこれだと時間を二分しちゃって、る、二分して来るのは紀元元年から紀元30年までということになっちゃうと、アブラハムにはキリストは認められないことになっちゃうんじゃないですかネ。少なくとも、アブラハムの信仰というのはちょっと別の(信仰になってしまう)。しかしそれは、ちょっと無理でしょう。そういうことを、ふうに。ネ、その点があのはっきりしない。そういうような、まあ僕の方の理解が、ばかり述べてしまいましたけど、もちろん僕のような読み方をすると、あの、色々(と)新約学者から叩かれます。叩かれるでしょう。聖書はそんなこと言ってんじゃないと。これは必ずそうなっちゃいますけど。ただ、そうしないと、ということでネ、〔笑いを大きくして〕これは、もう、これはネ、まあ、これは、ちょっと、授業に出てくださってるみなさんの頭を混乱させるだけなんですけど、なんじゃないかな。

ただ、この本は、この本をあのあれするためにやってんじゃなくて、あの、ただこの本の解き方とここでは大きく違いますので。そしてこの本が、まぁ今日日本のやはりスタンダードですね、ガラテヤ書、あるいはパウロ理解の。まぁ彼がね、ローマ書の注解書を書いてくれりゃほんとに良かったんですけど。まぁローマ書の注解は日本人の書いたものとしては、松木（治三郎）[註26] という関西学院の先生のがずいぶん前にあるんですけど、まぁ内容はほとんど大したことないので――こういうこと言ったら叱られちゃうかもしれないけど、関西学院の人にね、いないでしょうここにはね――あの、大したことはないので。まぁあの、後は翻訳ですよ、ね、ケーゼマン[註27] なんかの翻訳が出てますけど。どうも、ここのところは納得できないんでね。世界史と個人史を二分する点、それは来たんだ（と）。僕の見方はあのみなさんに教えたように、あの、お教えしたように、あの、律法は、まぁ律法は大して意味を持たなかったという解釈が（を）彼もやってますから。律法にはそんなに大きな意味はないということを彼も言ってますから、そういうときは同じなんですけど。僕はやっぱりこれは、律法というのはなぜあるかと言うと、それはやはり本来、本来ある、本来来ているところの――本来来ているんですよ――本来来ているところのその神の恵み、神の義、それが見えないところ――つまり死角ですね―― その死角において成り立つということをここで言ってるんだろうと、僕は思うんです。それでみなさんには、その死角ということを申し上げた、てたんですけど、見えない範囲ですね。そこで成立して来るんであって、それ以外に積極的な意味はないという（ことを申し上げました）。積極的な意味はないという採り方は、佐竹さんと同じです。ただ佐竹さんの場合はですね、死角と言うよりね、なんかある点（を強調する）。じゃあ、キリスト以後にはどこにも信仰があるか、キリスト以前じゃあ全然なかったか、というとそんなことないですね。紀元前には、こういうパウロ的な信仰ってのはなかったか。紀元後にはあるか。簡単にそんなこと言えないでしょ。そう思うんですね。あの、それがまぁ疑問です。

しかしまぁ、これはあのあくまでも、こういう立派な書物に対して、色々自分が教えてもらったので、その感謝の念の方が強いです。ですから、素朴な、素朴な疑問なんですネ、これは〔笑い〕。ただ、まぁ私なんかの読み方から言うと、素朴な疑問なんですょ。そういうことでネ、まぁみなさんが聞いてくださったので、この有名な書物に対して、自分がこう思っているということを申し上げた方が、違いも分かってよろしいんじゃないかと思ってネ、申し上げました。

じゃあ、まぁ、今日はそんなにやることはこれで終わっちゃったので、一応年内はこれでということで、お聞き苦しい授業をネ、一生懸命我慢して、土曜日忙しいのにありがとうございました。

ガラテヤ書　第5章

1

［授業資料から］

5：1　直説法と命令法

[1] Τῇ ἐλευθερίᾳ ἡμᾶς Χριστὸς ἠλευθέρωσεν· στήκετε οὖν καὶ μὴ πάλιν ζυγῷ δουλείας ἐνέχεσθε.

［私訳］

5：1　自由（「この自由」─新共同訳）へと、キリストはわたしたちを解放して下さったのである。だから、あなたがたは（この自由の中に）堅く立って、二度と奴隷のくびきにつながれてはならない。

［授業］

はい、それでは、あの今日は最後で、もう難しくなくて、残りの部分で(す)。まぁなかなか聖書の注解をやると終わらないことが多いんですけれど、まぁこれは短いということもあって、ネ、終わることができそうです。今日は5章と6章ですが、あぁ6章は短いですし、5章ももうネ山が終わっちゃっているという感じで、そうは難しいところはないんですけどネ。

最初見ていただきますと、「直接法と命令法」なんてネいかめしい題名をつけちゃいましたけど。5章の1節というのは、今の新共同訳は前の4章に組み込んで、4章の段落に組み込んで、5章の1節で切ってますネ。これ、いいと思いますネ。なにも章、章が変わったからと言って別にあのあれってわけじゃないんで。これは、まぁしかし僕の場合は切っちゃいましたけど。「自由へと」、新共同訳は、前の、あの、前の段落というのか、（そこ）に入れましたので、「この自由」と書いてありますね。「この自由」っていうのは律法からの自由、つまりハガルとサラの話が出たわけですけれど、ハガルは奴隷女である。その奴隷女というのは律法のことを言っている。こういうふうにパウロは解釈したんですけど、それからの自由ということですね。（1節）「この自由へと、キリストはわたしたちを解放して下さったのである」というわけで、律法からの自由。で、5章の1節は「から」、「からの自由」。まぁ普通こういう自由っていうのは「何々からの自由」という意味で使うわけですね。それが書いてあるわけです。というふうに書いてあって、「だから、あなたがたはこの自由の中に堅く立って、二度と奴隷のくびきにつながれてはならない」。逆戻りしてはいけないってことですね。まぁつまりガラテヤに、「割礼を受けた」と、そして「律法も守れ」と、こういうふうな福音の宣教者たちが来たので、これに対してガラテヤの人たちがまぁ動揺していると。それに対して送った手紙ですから、まぁこういうことですね。まぁあの直接法と命令法というのは、あの、これは元もと文法用語でして、西洋語では、直接法 indicative というのと imperative というのがありまして、まぁ接続法というのもありますけど、法っていうのは表現方法という意味なんですけれどね。普通に事実を事実として述べるのが直接法。命令法はまぁみなさん知っていますね。

この神学上の考え方は非常に大切な考え方で、この考え方を知っていると他の宗教を勉強するときもよく分かるので、知っておいてください。基本的に直接法っていうのは、事実を事実として述べるわけですから、まぁパウロの場合、これ（が）典型的に現われるんですけど、例えばこういう形で出るんですね。「あなたがたは罪に死んでいる」、死んだ、だから罪に死ね。あるいは「あなたがたは罪に対して死んで、神に対して生きている」、だから罪に対して死ね。そして神に生きろ。まぁ復活しろと。まぁこういうようなことを、まぁ例えばローマ書などでは言っているわけですが、これなどがそうですね。直接法というのがあって、命令法が出て来る。これはあの、キリスト教、特にプロテスタントキリスト教において非常に大切な考え方だと思うので――プロテスタントに限らないと思いますけどネ――しっかり知っておきましょう。事実を事実として、事実がある事実を述べる。従って、その事実に従って生きなさいということですネ。

ですからネ、あの、宗教、特にキリスト教というものを、なんかひとつの信念のように思ってネ、あの信念とかイデオロギーのように思っている人が世の中にものすごく多くて、クリスチャンと言われる人たちの中でもそういうふうに思っている人が多いんですよ。あの、そうじゃないんです。まぁ少なくともパウロ的なキリスト教は、事実を事実として――まぁ事実と言っても、いわゆる科学的な事実というそういう意味ではありませんけれど、もっと深い事実ですネ――事実を事実として述べている。まず（事実が）あって、それをしっかりと認識せよ。従って命令法っていうのは、もう基本的にはパウロの場合はその「事実認識」です。事実をしっかりと認識せよ、事実はこうである、我々を取り囲んでいる現実、事実というのはこうである。その深い、その現実のことをパウロはイエス・キリストと呼んだわけです。ですから、それに今度は、それをしっかりと認識して、それに従って生きよ。これが命令法というわけで、まぁ、まぁ、新しい律法とか、キリストの律法というのが今日出て来ますけれど、そういうのは、まぁこの、この意味の命令法ですネ。

ですから、事実に従って生きる。なんか、なんか、これこれこうだと思い込むとか、こういうふうなその、こういう世界観であるとかいうようなネキリスト教を、多く、そういうふうに捉えてしまう人が多い。世間の人はなおさらそうですけど、そうではないんで、これはあのよく注意していただきたい。でその場合、事実を事実として述べるのは直接法ですネ。普通の、まぁあの英文法やドイツ文法などでは、ごく普通の文章はみな直接法ですけど、それは「事実はこうだから、こうこう、これをしっかり認識して、これをしっかり守っていきなさい」というのが、これが命令法。ですから直接法がまずあって、それから命令法。こういう（のが）ごくごく自然でネ、「事実はこうだから、これをちゃんと認識しなさい」っていうのは、これは科学がやっているやり方ですネ。科学がやっているやり方ですよ。それを、あの…、ただ科学と方向が違うのは、あの科学の場合は一般的に「主観」というものを設定して、その上で向うに立つ「客観」ていうのがあって、で主観と客観というのをまず前提（に）しておいて、それで確定して行くんですけれど、キリスト教の場合そう、そういうよりも、もっともっと深くネ主観ていうものを、――主観ていうものを立てちゃうと、いわゆる科学的な見方になってしまいますから――もっとその、その主観を、まあ没主観と言いますか、主観をこう切っていくわけですネ。その我というものを切っていくわけ（です）。あのこう、そして、そこに出て来るところの、現れて来るところのものを、現実というものをキリストと言っているわけです。ですから、「もはやわれ生くるにあらず」（2：20）。まあこれ、我々がやっているガラテヤ書でやったわけですネ。「キリストが」と言ったときには、そのもういわゆる普通の主観、科学やなんかが言っているような主観、まあ普通〈こころ〉とか、私とか言うものですけれど、それがもう滅却している。そして出て来たものがキリスト。でそこで見ているわけですネ。

ですからキリストがキリストを見る。現実を見る。キリストがキリストを見る。でこういう、このときに出て来る、現われて来る世界が事実、本当の事実、本当の現実というわけで、それを述べるのが直接法ですよ。で、そこのところをネ、そこを、それをしっかりと見ると、当然それをまあ見ると言うか、それをしっかり見ろと。でこの見るのは、一度見ればすべて分かっちゃうというようなことじゃないわけですネ。科学だってそうでしょう。もう、いまだに究極的な科学的真理というのは見つかっていないわけですネ。ただこの方法でやっているわけですネ。ニュートンが出て――まあよく分かりませんけれど、僕は――それでずいぶん色んなことが分かったけど、アインシュタインが出て来てまたこうなって、というようなことですから、ずっとその歩みはもうほとんど、こぅ無限にやらなければならないわけですけれども、ちょうどよく似ているんですネ。あの顔と顔とを合わせて見るというわけにはなかなかいかないんですょ。ですが、基本的な構造はそうですネ。よろしいですネ。それを直接法と命令法（と言う）。まぁここにもそれは出ている。まぁもっと典型的なのはあのローマ書に出て来るんですけれど、まぁここにも出ていると言う新約学者の先生が、新約学の先生が言うので、一応僕も「直接法と命令法」と書いておきましたけど〔笑い〕、この一節だけですけれどもネ。詳しいことはローマ書の6章に出て来るんです。

2

［授業資料から］

5：2–6　割礼を受けようとしているガラテヤ人へ

2 Ἴδε ἐγὼ Παῦλος λέγω ὑμῖν ὅτι ἐὰν περιτέμνησθε, Χριστὸς
ὑμᾶς οὐδὲν ὠφελήσει.
3 μαρτύρομαι δὲ πάλιν παντὶ ἀνθρώπῳ περιτεμνομένῳ ὅτι
ὀφειλέτης ἐστὶν ὅλον τὸν νόμον ποιῆσαι.
4 κατηργήθητε ἀπὸ Χριστοῦ, οἵτινες ἐν νόμῳ δικαιοῦσθε, τῆς
χάριτος ἐξεπέσατε.
5 ἡμεῖς γὰρ πνεύματι **ἐκ πίστεως** ἐλπίδα δικαιοσύνης
ἀπεκδεχόμεθα.
6 **ἐν** γὰρ **Χριστῷ Ἰησοῦ** οὔτε περιτομή τι ἰσχύει οὔτε
ἀκροβυστία ἀλλὰ **πίστις δι᾽ ἀγάπης ἐνεργουμένη**.

［私訳］

5：2　見よ、このパウロがあなたがたに言う。もし割礼を受けるなら、キリストはあなたがたに用のないものになろう。

5：3　割礼を受けようとするすべての人たち（口語訳、新共同訳も）（割礼を受けている人たち＝ユダヤ人キリスト者—佐竹 cf.6:13）に、もう一度言っておく。そういう人たちは、律法の全部を行う義務がある。（佐竹氏はパウロ自身による挿入句と取る）

5：4　律法の中で義とされようとするあなたがたは、キリストから離れてしまっている。恵みから落ちている。

5：5　わたしたちは、御霊の助けにより、〈**まこと**〉（＝第一のピスティス）**から**、義を頂く希望（＝第二の義認）を鶴首して待っている（＝第二のピスティス）。

5：6　**キリスト・イエスにあっては**、割礼があってもなくても、問題ではない。尊いのは、**愛の実践を伴う信仰**（＝第二のピスティス）だけである。

第一のピスティス (ego in Christo) → 第二のピスティス (Christus in me) → 愛（アガペー）の実践

［授業］

はい、それで、それから2節からまぁ、いわゆるあのガラテヤ書の5章の本、本、本題の方に入って行くわけですね。それで2節から——まぁみなさんにお配りしたので分かりますが——6節までは、これはガラテヤ人（びと）へ宛てた段落だというふうに私は採りました。まぁ、多くの人はそう採っています。それから7節から12節は——そのガラテヤの人たちの背後にいる恐らくエルサレムからの宣教者たちですね。単数だか複数だか分かりませんけれど——そういうまぁガラテヤ教会の煽動者たちへと。こういうふうに——まぁパウロは名前も知っていたでしょうネ、多分ネ——そういうふうにふたつに分けて書いておきました。ここで、あの5章の前の、前の部分はこれで終わってしまうわけですネ。でまず、その煽動者たちのゆえにですネ、動揺している、つまり「割礼を受けようかな」と思っているガリ、ガリラヤ、じゃない、ガラテヤ人へ、というところを見てみることにしましょう。

（2節）「見よ、わたしパウロがあなたがたに言う。もしあなたがたが割礼を受けるなら、キリストはあなたがたに用のないものになろう」。まぁあの、元もと背後にいる人ってその、キリスト、つまりあるいは十字架と、こういう律法というのはどういう関係にあるかなんてことは、そんな詳しいパウロのような深い思索があったわけではありません。ましてやそれを聞いていた、割とまぁ素直なガラテヤの人たちは、そういう深い内省はまったく分からなかったと思いますけど、ここであなたが、パウロが言うのは二者択一ですネ。どちらかだと言っているんです。あんたたちが考えているように、両方持ってて、両方持っていればいいというようなものじゃなくて、割礼を受けて律法の世界に入って行くというなら、キリストはもう用のないもの、救いにとって用のないものになる。こういう二者択一ですネ。それを言うわけです。割礼を受けるなら、キリストはあなたがたに用のないものになるだろう。

5章の3節、これは口語訳、新共同訳に従って「割礼を受けようとするすべての人たち」と訳しました。みなさんに書いたのは、あの、佐竹さんや一部の新約学者さんたちは（の訳で）、これは「割礼を受けている人たち」（と採っています）。まぁ、確かにネ、ギリシヤ語はどっちかって言うと、こっちに近いんですよ。割礼を受けている人たちを言っているんだ、という採り方もあります。その場合には、当然背後にいる人たちについて言っていることになりますが、これはネ、あの2節と、それから4節、3節の前後は「あなたがた」って言っていますから、これはガラテヤの人たちですゝ。その間にちょっとこういうことを言っているんで、これは背後にいるユダヤ人キリスト者を言ったんだというふうに採った方がいいっていうのが、新約学者の考えだと思いますけど。まああのそう採ってもいいんですが、そう採っちゃうと、これを括弧に入れなきゃならないですね。括弧に入れなきゃならないので、いちいち面倒くさいから、まあこれは「受けようとするすべての人たち」というふうに口語訳や新共同訳が採っているんだと思います。それで結構だと思いますから、別にどう、どう採ってもどうってことないんですよ〔笑い〕。「割礼を受けようとするすべての人たち（に)、――つまり、あんたたちってことですよ――もう一度言っておく。そういう人たちは、律法の全部を行う義務がある」。相当きつい言い方ですね。割礼を受けたからって、律法の全部を行うってことは、ユダヤ人も考えていなかったと思いますよ〔笑い〕。その、そういうこと（は）できないですからね。でも、まあこのように、まあパウロのように、なんて言うか、まじめな人はそう思ってやっていたんでしょうね、自分も若い頃は。「割礼を受けようとするすべての人たち、――まあこの場合は口語訳、新共同訳は（の）『あなたがた』という、というのと同じと採っていますが――そういうあなたたちは律法を全部行う義務がある」。

そしてね、4節、「律法の中で――まあ『律法によって』でも結構です。ἐν（エン）ですからね。ἐν νόμῳ（エン　ノモー）ですから、――律法の中で――『律法によって』でもいいですけど――義とされようとするあなたがたは、キリストから離れてしまっている。恵みから落ちている」。あのこういうふうに律法ということとキリストということを、厳しく対立するもの、相互に排除し合うもの、二者択一、あれかこれか、こういう形で厳しく捉えて来るのはパウロに特徴的で（す)。その、これはパウロが一所懸命律法をやった、そしてこの律法を捨てた、という、その律法の道を捨てたということと（つながることです)。まあ、まあそこでキリストっていうものに会うわけですよね。ここ、ここが、まあですから結局パウロという人のポイントですネ。

パウロという人のキリスト教というものは、このように従来の宗教というものを捨てているんですネ。従来の宗教、まぁこの場合はユダヤ教ですが、その延長線上にということはできないんですょ。ですからこれは、まぁある意味でユダヤ教が宗教の典型というふうに考えているユダヤ、ユダヤ教の人たちから見ると、——これはユダヤ教ではもちろんないわけですが——パウロから見ると、これでは本当の救いには達しない。こういうような宗教の否定者ですネ。こういう宗教の否定者というのは宗教の世界の中には必ずいて、大体こういう人の跡を継ぐ人はたいていまた元に戻しちゃうか、あるいは本当の革新運動を始めるか、どっちかなんですネ。まぁパウロの場合はこういうふうに「律法の中で義とされようとするあなたたち」、だから律法の中で義とされようとして、律法によって救われようということでしょう。律法によって救われようとするあなたたちは、キリストから離れて行く。ですからこれは、この場合は「恵みから落ちていく」（ことと）同じです。

で、パウロの場合は、このキリストというのがもう一番のポイントで、キリストとしっかり結びついている人間。この、まぁ私はこれを「人基一体（にんきいったい）」と言ったんですけど、という言葉を使っているんですけれど、この人基一体、〔黒板に書きながら〕こういう変な日本語で申し訳ないんですけど、ここから離れる——まぁここから人間が離れるということは本当はできないんです。パウロ、パウロ的なあれから言うと、考えから言うと、本当はできないんですけれど——まぁあの主観的にネここから離れちゃう。でそれを罪と言うんですネ。それを罪と言っているんですネ。

で、実はパウロのキリスト教ってのはここにポイントがあるとまぁ私は見ているんですけど、残念ながら、今の西洋の多くのパウロの注解者たちはあまりこれを強調しないんです。強調しないと言うよりも、これは、こういうのは神秘主義とかなんとか言いまして、非常に嫌うんですネ。これは神秘主義でもなんでもないです、パウロの場合は。もう人間というものは、人間というものは、キリスト、キリストとひとつであるというのが、これが人間ということで（す）。人間というものをキリストからはずして考える、私というものを立ててしまう、そういうことはもう（本当はできない）。そして、その私が迷っていると思い込んで、今度は律法によって救われようと、こういうふうに思うというふうな、まぁそういう生き方を完全に否定するのがパウロで（す）。パウロの場合は、人間はキリストの中にある。

これはあのガラテヤ書で言うと、2章の20節の後半がそうですネ。「わたしが今肉体にあって生きているのは、わたしのために、わたしを愛し、わたしのためにご自身を棄てた神の子のピスティスの中にある。生きていんだ」と、こういう言い方がありますが、これが実はこの人基一体なんですネ。人基一体と言っても、まぁキリストの中に包まれている。エン　クリストー（ἐν Χριστῷ）、in Christ。これがもう根本認識です。で、これが、これが、**このことを**義認と言っているわけですネ。このことを、ですから、人基一体のことを義認と言っているんですよ。

ただ私がこれは、あの、これは〔板書する〕、この義認と言うのは二通りの意味で言っているので、まぁ私はこれは第一の義認、もっとも根本的な義認と、こういうふうに見ているわけですけど。基本的に人間はすべて（この中にある）。でそのことはガラテヤ書では、そういう意味でこの一番基本的な考え方っていうのは非常にはっきり出ている。今申し上げたように2章20節もそうだったし、みなさんに（と）やったところでは3章の8節もそうでした。「神は異邦人を義とされる」、3章の8節で「『神は異邦人を義とされる』ということを聖書はあらかじめ知っていて」って、こういう言葉があります。神はネ、――異邦人とも訳せますけど、すべての、すべての国民（くにたみ）ですネ。すべての国民（こくみん）、全人類ってことですよ――それをエック　ピステオース（ἐκ πίστεως）、〈まこと〉により――まぁこの

〈まこと〉を後でキリストと言ってくるわけですけど――〈まこと〉により義としている、義とする――あるいは義としているということでも結構ですけど――ということを聖書はあらかじめ――聖書って旧約聖書ですょ――旧約聖書はあらかじめ知っている」、こういう言い方ですネ。

そしてまたこのことが、そしてこの言葉をですネ（が）、あの例のローマ書あるいはガラテヤ書に引用されて来るじゃないですか。ハバクク書2章の4節、「義認、義人は信仰によって生きる」とか「信仰による義人は生きる」とか聖書に訳されていますけど、ローマ書のネ1章17節やガラテヤ書に引用されて来るわけですが。あの、「義人は信仰によって生きる」と通常訳しますが、エック　ピステオースネ。これはネ、「すべての人間は義人とされる」――「義人とされる」というのは「義人として生きる」と同じことですけど――それはエック　ピステオース、〈まこと〉による。えっと、このハバクク書の引用ですネ。彼が好んでやったと思われるこのハバクク書の引用も、すべて同じことを言っているんですネ。ですから旧約聖書は根本的にこの上に立っている。そしてこれを証ししているというのが――この時代（は）新約聖書はありませんから、聖書って言うかネ――彼の聖書観なんです。そのことをローマ書でも言い、そしてガラテヤ書でも何度もはっきり言ってますネ。聖書は前もって――「前もって」っていうのは、聖書に、聖書は、もうこれが根本的な公理としている、前提としているってことですネ――人間はピスティス、神のピスティスによって義とされている。あるいは神は人間をエック　ピステオース、〈まこと〉により（義としている）。

これは「信仰により」っていうように訳すでしょ。だから「人間が信じることによって」って、まず人間が、人間の決断が入って来ちゃうんですょ。これで西洋の神学は多くひっくり返って来るんですネ。こういうふうに、ただ西洋の神学っていうのは、カール・バルトのような人はちゃんとその点は、ちゃんと（していて、そういうふうには）採っておりません。そういうふうに採っちゃうと、主観性の神学って言って、近代の西洋のプロテスタンティズムに落ちて行く。ですから、これはなにも僕の独創ではありません。ただ、あの、新約学者というのは不思議なことに、あの、大体組織神学を馬鹿にしますから。でも組織神学者って多く（の場合）馬鹿にされてもしょうがないんですよ、聖書（を）読まないから。しかし逆に言うと、古いあの、さらにその時代のもっと前の古い組織神学の影響（を）受けちゃってんですネ〔笑い〕。それはちょっとネ、おかしいなと思うんですけど。まぁ西洋のことはよく分かりません。我々は我々として読んで行けばいいんで。

まぁピスティス、このように、まぁ僕はネ太田（修司）さんなんかに賛成で、これは多く〈まこと〉というふうに解釈して来たことは、みなさま（が）ご存知だと思いますけど、この場合もそうで、神の〈まこと〉によって――まぁ今のガラテヤ書ネ、３章８節ですけど――神の〈まこと〉によって、神は異邦人たちを、あるいは諸国民を義としているということ。まぁ、これは、あのネ、義人は〈まこと〉によって生きるという、あのハバクク書と同じ（こと）の言い換えですけどネ。これが根本である。ですから人間というものを〔黒板の方を振り向きながら〕ここから離して考えない。ここから離して考えない。もちろん、この論、このときのキリストっていうのは、歴史的なナザレのイエスを言っているってことにはならないです、これは。もっと広い、そして深い概念なんですネ。ですからそれはちょっと――パウロの場合、そうですよネ――ナザレのイエスを指しているということは極めて例外的でしかないです。そしてこのキリストですけど、人間はこれとひとつである。で、これははずしようがないというのが彼の考えです。ですが、主観的に人間はここから離れちゃうんですネ。でそれを罪と言う。ですから律法の中で、律法の中で、つまり律法によって義とされようというふうにこう思ったとたんにキリストから離れちゃう。こういうわけですネ。元もと義とされているわけですネ、パウロ的な意味から言うと。ただ、ただ、それがはっきり掴めていないんです。はっきり掴めていないんですネ、大部分の人は。で、そんなことで5章（4節）の言うように、「律法の中で義とされようとするあなたがたは、キリストから離れてしまっている。恵みから落ちている」。

で、その次ですけど、5章の5節、「わたしたちは、御霊の助けにより、〈まこと〉から——これも「信仰から」とは採りません。エック　ピステオースはもう例外なしに〈まこと〉からと——〈まこと〉から、義を頂く、義を頂く希望——義とされる希望ですネ——それを待っている」。でこれは第一の義認によって我々はすでに救われているわけですけど、しかしそれが分からないわけですからネ。それで、それが、その、それに頷くと、それに頷くというのがその、いわゆるピスティス、信仰になるわけですけど、その信仰、そしてそれに頷くと、その信仰に対して神様が、その信仰は義と認められると、こういうふうに言ったわけですから、これを第二の義認と言ったんですネ。ややこしいですけど、申し訳ありませんが、まあこれはローマ書、じゃない、ガラテヤ書3章（を）やったときに色々申し上げました。

で、第二の義認、これは私が勝手に言ったんじゃなくて、あのときも申し上げましたけど、パウロの語法を検討して行くと、そういうふうに第一と第二というのがどうしても出て来るんですネ。だって「ピスティスによって義とされる」、これは第一のピスティスですけどネ、神のピスティスによって義とされる。そしてそれを受け止めた。で、そしてアブラハムは、そしてそれを信じた。で、そのアブラハムの信仰が義とされたと言うんですから、この場合に、義と、義とするピスティスと義とされるピスティス。義とするピスティスは第一のピスティス、神のピスティス。義とされるピスティスは人間のピスティスということで、第一と第二と分けざるを得ないし、それから神様が、もう初めからすべての人間を義としているというのは、第一の義認と言わざるを得ないとすれば、その、アブラハムは神を信じた、それが、その信仰が神に義と認められたというときは、この第二の、第二の義認ですネ、と言わざるを得ないですネ。

で、この第二の義認については、滝沢（克己）先生の例を出してお話をしたと思いますけど、これは従って、僕が勝手にこう作り上げた概念じゃなくて、そのパウロ書簡を読んで行くと、そういう二種類の使い方をしているわけですネ。でやっぱりこの第二の義認、第二のピスティス、これがないと――これはちゃんとした自覚ですからネ――キリスト者とは言えないわけです。まあキリスト者という言葉はこの時代ありませんので、あまり言いたくないですけど、いわゆる信仰者となれないですネ。そして自覚がないと力にならないですょ、人間っていうのはやっぱりネ。「人間はすべて救われてるんだよ」、じゃ、これじゃやっぱり、そういうことを一般的に言っているだけじゃ、なんの力にもならないですょ。本当に自分で分からなければ――座古（愛子）さんがそうですネ――それが本当に分からなければ、やっぱりその、力にならない。自分の力にならないし、他人（ひと）の力にもならない。ですからやっぱり、それはちゃんと自覚する必要があるんですネ。で、そういう意味で、第二の義認というのが極めて大切です。しかしそれは第一の義認があるからできるんでネ、あるいは第一のピスティスがあるからそういう第二のピスティスができるんでネ。第二のピスティスだけをやたら強調する今のなんと言うか、キリスト教――まあ日本のキリスト教はほぼ西洋のキリスト教のまあコピーに近いですけど――それをやっていると、いつの間にか自分の思い込みがいつの間にか入って来ちゃうんで要注意ですネ。

はい、そこでもう一度５章の５節を読んでみますと、「わたしたちは、御霊の助けにより、〈まこと〉から、――これはもちろん第一のピスティスです――義を頂く希望、義とされる希望ですネ、第二の義認を待っている。この「待っている」ということが第二のピスティス、つまり信仰なわけですが、ただ漠然と腕を、腕組みして待っているんじゃないということは、後で、後で、その愛の実践というところで出てまいります。

はい、それで5章の6節ですが、ここがこのポイントの中で一番重要でしょう。「キリスト・イエスにあっては、——ネ、原文を見てみるとエン　クリストー　イエスー（ἐν Χριστῷ Ἰησου）。このエン　クリストー、キリストの中にあってって、これをまぁ人基一体（にんきいったい）と私が呼んでいるんですけど、ここが決定的なんですネ——キリスト・イエスにあっては、割礼があってもなくても問題ではない。——つまり、そうですネ——尊いのは、愛の実践を伴う信仰——でここで信仰というのが出て来る。ピスティス、第二のピスティス。まぁ前にも出て来てますけど、ピスティス、ピスティスを信仰と訳したわけです。第二のピスティス——尊いのは、愛の実践を伴う信仰だけである」。「だけ」というのはもちろんこれ（は）原文にはありませんけどネ。原文には πίστις δι᾽ ἀγάπης ἐνεργουμένη（ピスティス　ディ　アガペース　エネルグーメネー）と書いてありますネ。働く信、愛を通じてと言うんですが、この義というのは、まぁ大体 ἐν（エン）と同じ意味です。愛という形で働い、働く、そういうピスティス、そういう人間の〈まこと〉である、信仰である。で、キリスト・イエスにあっては、まぁあの誰でもキリスト・イエスの中にあるわけですけれど、それをしっかりと自覚するのがピスティス、第、ネ第二のピスティスですネ。でそれは愛の実践に出て来るというわけです。でここから彼の、まあ、あの、倫理学ですネ、が、の、が出て来るわけですネ。

そうしますと、みなさんにお配りした資料に（書きましたが）[註28]、第一のピスティスというと、それが第二のピスティスへ。これがあのピスティスからピスティスへ。エック　ピステオース　エイス　ピスティンというあのローマ書の1章17節の——「信仰から信仰へ」と日本語では訳していますけど——まぁ〈まこと〉から〈まこと〉へ、神の〈まこと〉から人間の〈まこと〉へ、神の〈まこと〉から人間の信仰へ。で、この信仰がこの愛という形で実践されるんだという、こういうまぁ図式が出て来るわけですネ。

第一のピスティス、まぁ第一のピスティスというのは、あの、これ人間がキリストのうちにあるということですから——これ、誰でもあるわけですけど——誰でも、そのキリストのうちの中にある（という）そういう深い、深い現実の中にあるんですが、それになかなか気づかないネ、第二のピスティス。なかなか、これ（に）気づくの（は）大変なんですネ。

〔学生が手を挙げたと思われる〕はい。

〔質問〕愛の実践という言葉の中に、律法的なものをちょっと感じてしまう…。

〔小川〕そうです。ここは、ここから律法が出て来るわけですネ。あの、そうです。ただこの律法は、「これによらなければ救われない」というような律法じゃないです。だからやっぱり律法は出て来るんです。そうです。その通りネ。ですからこれからやるのは新しい律法のネ問題になるわけです。やっぱり、そりゃ律法というのは出ますよ。ただそれは救われるためにやる、とかなんとかではなくなって来るんですネ。そういうあれとかではないです。でもやっぱり非常に厳しい律法が出るんです。まぁ例えば山上の垂訓がそうですネ。非常に、イエスが言ったのはものすごい厳しいですネ。第一のピスティスから第二のピスティスへ。まぁエックピステオース　エイス　ピスティン。ここから愛の実践。まぁこれが愛というものを一番基本的に考えるわけですから。

まぁ、でこれはただしちょっと13節から取り上げられて来るわけで、ちょっとその間に「ガラテヤ教会の扇動者たちへ」というところが六つの節で書かれていますネ。これはいわば本当の彼の論敵です。

3

［授業資料から］

5：7–12　ガラテヤ教会の煽動者たちへ

7 Ἐτρέχετε καλῶς· τίς ὑμᾶς ἐνέκοψεν [τῇ] ἀληθείᾳ μὴ πείθε-
σθαι;
8 ἡ πεισμονὴ οὐκ ἐκ τοῦ καλοῦντος ὑμᾶς.
9 μικρὰ ζύμη ὅλον τὸ φύραμα ζυμοῖ.
10 ἐγὼ πέποιθα εἰς ὑμᾶς ἐν κυρίῳ ὅτι οὐδὲν ἄλλο φρονήσετε· ὁ
δὲ ταράσσων ὑμᾶς βαστάσει τὸ κρίμα, ὅστις ἐὰν ᾖ.
11 Ἐγὼ δέ, ἀδελφοί, εἰ περιτομὴν ἔτι κηρύσσω, τί ἔτι διώκομαι;
ἄρα κατήργηται **τὸ σκάνδαλον τοῦ σταυροῦ**.
12 Ὄφελον καὶ ἀποκόψονται οἱ ἀναστατοῦντες ὑμᾶς.

［私訳］

5：7　あなたがたは（正しい道を）よく走り続けてきたのに、だれが邪魔をして、真実にそむかせたのか。

5：8　そのような説得は、あなたがたを召している方から出たものではない。

5：9　少しのパン種（＝反対者の説得）でも、粉のかたまり全体（＝教会）をふくらませる。

5：10　あなたがたはいささかも（わたしと）違った思いをいだくことはないと、わたしは主にあってあなたがたを信頼している。しかし、あなたがたを動揺させている者は、それがだれであろうと、裁きを受けるであろう。

5：11　兄弟たちよ。わたしがもし今でも割礼を宣べ伝えていたら、どうして、いまなお（ユダヤ教徒から）迫害されるはずがあろうか。（だが）そうしていたら、**十字架のつまずき**は、除去されたことであろう。

5：12　あなたがたの煽動者どもは、自ら（さらに）去勢までもしてしまうがよかろう。

［授業］

で、その次に、ガラテヤ教会の煽動者たちについて、どういうことを彼が言っているかネ、見てみることにしたいと思うんですけど。

まず7節ですけどネ。7節、「あなたがたは正しい道をよく走り続けてきたのに、だれが邪魔をして、真実に――あるいは『信義に』とも訳せますネ――に背かせたのか」。まぁ福音ってことです。

（8節）「そのような説得は、――まぁつまり、あんたたちをこんなふうに間違った方向へやっちゃう、追いやった説得は――あなたがたを召している方――って神様のことですネ――あなたがたを召している方から出たものではない」というわけですネ。

そしてその次は、（9節）「少しのパン種――これ（は）大体、あまりいい意味では使わないんですョ。これ、これ、ことわざだったらしいって言うんですけどネ――少しのパン種でも、――まぁこの場合は、反対者の反対ですネ――粉のかたまり全体――まぁこれは言わばガラテヤの教会、あるいは教会ですネ――教会を膨らませてしまう」。そしてさらにですネ、やっぱりこれ、依然として「あなたがた」と言ってるんです。（10節）「あなたがたはいささかもわたしと違った思いを抱くことはないと、わたしは主にあってあなたがたを信頼している」。とにかくあなたたちは（に）、一応自分としては、あの、自分としては――なんと言うか――信頼を持ち続けている。「しかし、あなたがたの背後にいる人、あなたがたを動揺させている者は、それが誰であろうと、裁きを受けるであろう」。

（11節）「兄弟たちよ。わたしがもし今でも割礼を宣べ伝えていたら、どうして、いまなおユダヤ教徒から迫害されるはずがあろうか。だがそうしていたら、十字架のつまずきは、除去されただろう」。ということで、まぁこれから見ると、まぁエルサレムのユダヤ教という、いや、キリスト教というのは、やはり周りがユダヤ教の本拠地でしたから、周りをしょっちゅう気にしてなきゃならなかったんだろうと思うんですね。ですから、なんか新しいこと言っている奴がいるけど、てんでまぁ警戒の目で見られていた。でその中で生き延びるためには、まぁ最低限、まぁある種の割礼というようなことを言っているか言っていないかということで、まぁ見られてたんじゃないかと思うんですね。ですから、この割礼を外すというのは（容易にはできないことだったんですね）。あの、割礼を、仮にですね、ガラテヤに来た人たちが本当に大して、本当に信じていなかったとしても、やっぱりそれを言わないとエルサレムではなかなか受け入れられなかったということもあっただろうと思いますけど。まぁ、その代わり割礼を宣べ伝えないと、あるいは律法遵守と言い換えてもよろしいと思いますけど、まぁ仮に律法遵守なんてことは（あったとしても）、ユダヤ人だってできないわけですから。まぁしかし、それは一応公式にはね、そういうことは宣べ伝えないと、やっぱりその、迫害された（でしょうね）。

で、でもパウロの場合はもう宣べ伝えないだけじゃなくて、このように批判しますからね。批判し、否定し、拒否しますから。で、その理由は、十字架のつまずきが除去されてしまう。こういうまぁパウロ的な福音理解から言うと、割礼を宣べ伝え、律法遵守を宣べ伝えなければ、宣べ伝えたら、十字架のつまずきはなくなっちゃうことに（なる）。十字架のつまずきっていうのは、これ、「十字架というつまずき」と私は理解しています。十字架というつまずき。つまずきというのは人をはねつけるものですけれど、十字架、十字架のそういう強い性格、そういう性格ですね、それを…。

でね、あの十字架のつまずきって、私の理解はですよ、私の理解は、その我々の現実ですネ。我々の現実、我々の現実の、そういう厳しい面を、厳しい面を十字架、あるいは十字架のつまずきと、このように言っていると私はいつも理解しております。あのイエスが十字架に掛けられたということが、まぁこれは木にかけられた者はどうのこうのってんで、よくそういう説明を新約学の先生たちはやるんですけれど、パウロの場合はもっと深くネ、我々の現実というのは、なかなか厳しい現実を生きているわけですネ。まあ、最近のように、あまり、その、いわば、いわば、あの、食べ物に困るとかですネ、そういうむき出しのあれ（現実）は、あの、見えにくくなっている（のかも知れませんが)、最近の日本の（場合はネ)。(ただし）日本ですょ。世界は、全体は依然として厳しいわけですけど。そういうときにはなかなか理解しがたいのかも知れませんが、日本や先進国のネ（場合はネ)。キリスト教国って先進国が多いですからネ。

でもネ、我々の現実をみれば、あの、これはやっぱり死の現実ですネ。イエスの死をこの〈からだ〉に帯びているという言葉がありますけれど（IIコリント 4:10)、〈からだ〉ですょネ。そういう〈からだ〉っていうのは現実を言っているわけですが、パウロの場合は。その現実は、イエスの死というものを、その、その、我々の現実の背後―― 一皮むけばネ――死の現実だと（言っている)。そうでしょう、ネ。そういうものに直面するのは我々は嫌だからネ。嫌ですけれども、そりゃそうですネ。そういう現実を持っている厳しい面、それを十字架のつまずき（と言う)。で、あの、パウロ的な、パウロ的なキリスト教というのは、その現実というものと向き合うというところから来るんで、その向き合うところ――その現実の厳しさということが鉄の現実、十字架のつまずき――そこを避けちゃって、なんか宗教の世界に入っちゃう。あるいは律法の世界に入っちゃう。そして「これをやれば救われますょ」というそういう世界じゃないんですょ。

その、たいてい宗教というのはそういう「あなた、色々な問題あるでしょうけれども、まぁとにかくこれこれこうやれば救われます。これやってごらんなさい」というのが多く、あの宗教と言われるもののあれですネ、実態ですネ。みんな色んな苦しい面があるから宗教の世界に行くわけですが、そうすると「これをやんなさい」と、「そうすれば救われますよ」というのが（多くの宗教の実態です）。しかしパウロの、パウロの宗教、パウロのキリスト教というのは、そういう言わば我々の持っている私の〈からだ〉には、イエスの死、イエスの死をこの身に帯びていると――この、この十字架ですネ――この十字架のつまずき、ここの中に、まあここに落ち着いて、――ここに落ち着くと言うか――腰を落ち着けて、ここから逃げないでいる。これを、まあ、なんと言いますかネ。これをその、ひとつの跳躍台にして、反転させて行くというのは彼のキリスト教ですから、我々の現実というものを非常に大切にしなければいけないんですネ。そこから目をそむけてどこか天国の方に、こう、なんかこう、神様を想像して、死んでからそこに行って会おうなんていうようなキリスト教、そういうキリスト教じゃないんですネ。そういう宗教じゃないんです。ですから、十字架のつまずきというのは実は非常にきつい。きついですけれど、実はこれは復活に至る重要な跳躍台なんですネ。我々の現実というのは、そういう意味で、投げ捨ててはいけないんですネ。

で、あの、多くの宗教が、あるいは律法宗（教）、――律法、まあ律法というのは、まあ我々の時代、我々の国ではあまり律法宗教というのはよく分かんないけどネ。律宗（りっしゅう）というのがあるんですが、あれはどうなんですかネ〔笑い〕。色々やっぱり戒律（を）守っている。よく分かりませんが、あまり盛んじゃないようですネ――そういう生き方で、色んな宗教的な生き方というものを、この我々の現実のゆえに否定し、あの、我々の現実から逃げるという方向で「そっち行っちゃだめだ」というのがパウロの考えですネ。これ正しいですネ。十字架のつまずきがなくなるということは、これはそうすると〈いのち〉に入る道を自分から閉ざしちゃうってことになっちゃうネ。でこれをまあ、…まあそうでしょうネ。よく分かりません。でまあこういうことを述べて、まぁこれがガラテヤの教会の煽動者たちへ、を、まぁ間接的に言っていますネ。

そして12節ですけれど、あっ11節、そうですネ、12節、「あなたがたの煽動者どもは、——そんなに割礼、割礼と言う、言う、言うならば——いっそのことちょんぎっちゃったらどうだ」とネずいぶん露骨なネ言い方をしていますけれど〔笑い〕、そこで一旦これは終わるわけですネ。

4

［授業資料から］

愛の勧告（5：13–6：10）

5：13–15　愛への自由

13 Ὑμεῖς γὰρ ἐπ᾽ ἐλευθερίᾳ ἐκλήθητε, ἀδελφοί·
μόνον μὴ τὴν ἐλευθερίαν εἰς ἀφορμὴν τῇ σαρκί, ἀλλὰ **διὰ τῆς ἀγάπης δουλεύετε ἀλλήλοις**.
14 **ὁ γὰρ πᾶς νόμος ἐν ἑνὶ λόγῳ πεπλήρωται, ἐν τῷ· ἀγαπήσεις τὸν πλησίον σου ὡς σεαυτόν**.
15 εἰ δὲ ἀλλήλους δάκνετε καὶ κατεσθίετε, βλέπετε μὴ ὑπ᾽ ἀλλήλων ἀναλωθῆτε.

［私訳］

5：13　兄弟たちよ。あなたがたがは、実に、自由へと召されたのである。

ただ、その自由を、肉の働く機会としないで（only do not use liberty as an opportunity for the flesh —NKJ）、**愛をもって互に仕え**

なさい。

5：14　というのは、全律法は、「自分を愛するように、あなたの隣り人を愛せよ」という、一つの言葉として、（キリストによって、）成就されているからである。

5：15　しかし、気をつけるがよい。もしあなたがたが互にかみ合い、食い合っているなら、あなたがたは互に滅ぼされてしまうだろう。

［授業］

はい、それでこの5章の、これから5章から6章にかけての、まぁ今日の、まぁそして最後の、あれに、このガラテヤ書のテーマに入って来るわけです。それは既に、さっき6節で言った「アガペーの実践」ですネ。それが述べられて来る。これはローマ書にもこういうところがありますネ、終わりの方でネ。

そして「愛の勧告」といたしまして、5章から6章にかけて述べられているところですネ。ちょっと読んでみましょう。「兄弟たちよ。あなたがたがは、実に、自由へと召されたのである」。これは1節で同じことが書いてありますネ。ただ1節では「律法からの自由」と、「からの自由」ということは述べたわけですが、今度はもっと積極的に述べていますネ。13節の後半ですが、「ただ、その自由を、肉の働く機会としないで、愛をもって互に仕えなさい」。ですから今度は「愛への自由」ですネ。freedom from から freedom to と言うのかな。freedom to とか freedom toward、そういう「〜への自由」、積極的に書いていますネ。変えられていますネ。そしてみなさんお分かりだと思いますが、そしてキリスト教の強みはここなんですネ。仏教などもこの「〜からの自由」ってことは非常にすごいものを持っているんですけど、積極的にそれをこう打ち出さないですから、なかなか――まぁ他宗教のことは批判することはないですけれど――なかなかマザーテレサのような人は生み出せないですネ。あの、なかなか生み出せないせいか、ある禅の和尚さんは一生懸命お金をためてマザーテレサに送ってるそうですけどネ〔笑い〕、自分はやらないから。でも偉いですネ。もうマザーテレサも亡くなりましたけど。まぁこの「愛の実践」というのが「アガペーの実践」ですネ。まぁこれがキリスト教というものの、まぁ他の宗教と比べてみるとネ、まぁ言わば、その光っている点だと私は思いますけど。これはまぁこういうふうに、「信仰」というものを「愛の勧告」へ結びつけて行くこのパウロの理論的な展開をみておいてください。よろしいですネ。ここで転換が起こっているわけですネ。

そして、このネ、今13節で「愛をもって互いに仕えなさい」という言葉が出ましたけど、14節は、これは同じことの別の表現ですよネ。でもここはちょっと僕、普通の学者先生の訳、あるいは（彼ら）と違った補い方をしているんで（す）。それは5章14節ですけど、括弧に入っているところです。「キリストによって」と入れましたけど、これを入れるとハッキリするんで、まぁあんまり本文に手を加えるというのはよくないんですけれど、まぁこれはみなさん相手の授業ですし、やってみる（ことにします）。「というのは、全律法は、『自分を愛するように、あなたの隣り人を愛せよ』という、一つの言葉として、キリストによって成就されているからである」。こうすると意味がはっきりすると思うんですネ。あのネ、これあの、まぁ佐竹さんのもそういうふうには書いていないんですけれど、これはネ、あのちょっとこういうふうに書いた理由を説明しておきますネ。あのネ、実はこれによく似た言葉がローマ書にあるんですネ。みなさんには、配んな…、あの（授業）資料集にはあの書くの、入れるのを忘れちゃったんですけれどネ。ちょっと聖書をお持ち？　じゃあ開けてみようネ。ローマ書のネ13章9節。〔ここでページをめくる音〕ローマ書13章というのは、特に初めの部分はネ、権威に従わなきゃなんないというのでネ、田川建三さん[註29)]をいたく怒らせるところですけれど〔笑いながら〕。こういうぁの上の言う通りに従えっていう（ところですネ）。

はい、その次ですけれど、（ローマ書13章）8節から「互いに愛し合うことのほかは、だれに対しても借りがあってはなりません。人を愛する者は、律法を全うしているのです。――その次ですが、9節ネ――『姦淫するな、――これは具体的に挙げているでしょう、十戒をネ――姦淫するな、殺すな、盗むな、むさぼるな』、そのほかどんな掟があっても、『隣人を自分のように愛しなさい』という言葉に要約されます」。よく似た言葉なんですが出て来るのがこの9節。この9節はですネ、その、「すべての律法は」とは書いてありません。具体的に挙がっていますけど、「姦淫するな」云々ネ。まあ、これは律法の代表格が挙がってるわけですネ、十戒でネ。これは、これは、この愛の律法に要約される（と）、まあそういうふうに総括されると、こう書いてあるんですネ。確かにギリシヤ語もそうなんです。ところがですネ、このローマ書とは違って、ガラテヤ書ではなんて書いてあるかと言うとですネ、ちょっとみなさん、原文を見てくれる。14節ネ。ὁ γὰρ πᾶς νόμος（ホ　ガル　パス　ノモス）と書いてあるでしょう。「全律法」は ἐν ἑνὶ λόγῳ（エン　ヘニ　ロゴー）「一つの言葉において」、πεπλήρωται（ペプレーロータイ）と書いてあるんでしょう。これはネ、これはネ「成就する」という意味です。その受け身です、完了のネ。成就されている。律法は成就されている。まあつまり、律法は実践されているということですネ。律法は満たされているということです。ですからこれはネ「要約する」という意味じゃあないですよ。これは多くの人がネ「要約する」と、このローマ書に書いてあるのと同じ意味に採ってんですよ。基本的に今の出ている註解書もそうです。でもネ、これはネ、「成就する」と書いてあるんでネ。その次に、まあその次はいいや。その次は ἐν τω（エン　トー）と書いてあって、これはあの「一つの言葉とは」の説明ですネ。その言葉とはなにかと言うと「自分を愛するように、あなたの隣人を愛せよ」。ですからこれは一つの言葉において、すべての律法が一つの言葉において成就されているというのはネ、まぁ普通は「要約されている」というふうに採るんですが、私はこれはなんか不自然に思うんですネ。あの「成就する」というのは、律法を成就するというのは人間がやることです。人間がやることであって、言葉において成就されるって変ですよ。ですからこれは当然、この受け身形は、誰によって成就されているかっていうことは言うまでもないんです、これ。「キリストによって」という言葉が抜けているんだと僕は思います。ですからそれをそういうふうに（補いました）。そうすると、実は後色んな説明がしやすいんです。そのように、で実際、あの、まあ、あの実際のキリストがそうでしたけど、全律法は一つの言葉、一つの言葉にまとめられた上に、そしてその言（葉）、――その、つまり隣人愛ですネ――そしてその隣人愛はキリストによって成就されている。そういうふうに採った方が自然だと思うんですネ。その方が後の説明も変な理屈を考えなくていいので。

でこれは、5 章の 14 節は元もとネ、細かい議論で申し訳ないんですけれどネ、14 節はあの二番目に γὰρ（ガル）と書いてあるでしょう、γὰρ。これは理由を表すんですネ。because ということですよ、これ。「というのは、全律法は、全律法はこの隣人愛の律法にまとめられた上で、キリストによって成就されたから、あんたたちも同じ律法を行いなさい」と（いうこと）で 13 節に行くわけですよ。愛の律法にネ。まぁ「愛をもって互いに仕え合いなさい」ということと「自分を愛するように、あなたの…」は分からないけど、実質的には同じですネ、これは。

ですから、そして、でこれを、これをネ、実は 6 章の 2 節――まぁ後でやりますけれど――6 章 2 節になって来てなんと言っているかというと、「キリストの律法」と言ってる。「キリストの律法」というこの表現はここでしか出て来ないです。もう後出ないです。ἔννομος（エンノモス）という言い方もコリント書（Ⅰコリント 9:21）にありますけれど、それを除けばはっきりと「キリストの律法」という形はここでしか出てない。そうしますと「キリストの律法」という意味は――6章（を）後でやりますけれどネ――キリストによって成就され、そしてキリストによって我々、我々へと命ぜられている律法ということになるんですネ。でさっきあのネ、I君が言ったやっぱり律法なんですよネ。こういう（ことを）後で言い直すでしょう、ネ。「互いに重荷を担い合いなさい」という形でネ。6章（2節）です。まあ全部同じ内容ですよ、これは。それを「キリストの律法」と言う。そらあ「キリストの律法」というのは、キリストによって命ぜられた律法という意味だけじゃなくて、「キリストによって既に実現されている」（律法という意味がある）。ですから、キリストによって実現されているから、もう――あの、まあこれを律法成就と言って、あのバルトなんかこれを非常に大切にするんですネ――キリストによって既に律法は成就されていると。約束は成就され、かつ律法も成就されたということ、こういう言い方をするんですけれど。「全律法は、キリストによって、成就された」というこういうパウロの見方ネ。よろしいですネ。そうすると、我々としてはそれに、それに従って愛の律法というのは命ぜられて来る。でもそれは成就された律法、成就されていると、こういうことですネ。

そして、よろしいですか。そういうふうに採っ、そういうふうに採っておきましたから、従ってこの「キリストによって」というのを括弧して補いましたけど、その意味だと理解しておいてください。そうでないと、「すべての律法は、一つの律法の中に成就されている」というのは言葉として変ですネ。13節、あっローマ書13章と同じ意味です。（ただ、同じ）意味も持ってますけれども、それだけじゃないと思いますよ。ローマ書13、13章（9節）の方は、「すべての律法はこの律法の中に要約されている、総括されている」という意味です。これはこれで意味が通っていますネ。でも、その総括された上で、さらにそれを実現しているというのがこの（ガラテヤ書です）。そこまではローマ書は言っていないです。まあガラテヤ書の方が先に書かれてますけど。まあパウロの場合はネ、あの比較的初期に書かれたガラテヤ書にしても、まぁあのほぼ死ぬ前に書かれたローマ書にしても書かれた年代が近いですから、ほんの数年ですからネ、あまりどっちがどうという必要はないと思いますけど。それは「キリストの律法」として申し上げておきますネ。

5章15節ですが、「しかし、気をつけるがよい。もしあなたがたが互にかみ合い、食い合っているなら、あなたがたは互に滅ぼされてしまうだろう」。まぁこれはあのまぁ、ここではただあの教会内の人たちに言っていますから、いわゆる広い意味のネ隣人愛じゃありませんネ。教会員同士のあれでしょう。そういうわけですネ。

なおネ、律法全体を、この愛の律法、これ（は）元もとレビ記19章から来てんですけどネ、総括させる考え方というのはまぁ別にパウロに固有のものではないことはみなさんも知ってますネ。イエスもそういうような総括をしたとされていますネ。マルコ伝の12章の28節あたりやその並行箇所があるわけですネ。マルコ伝の12章の28節、〔ページをめくる〕「彼らの議論を…——このマルコ伝の12章の28節は——彼らの議論を聞いていた一人の律法学者が進み出、イエスが立派にお答えになったのを見て、尋ねた。『あらゆる掟のうちで、どれが第一でしょうか。』イエスはお答えになった。『第一の掟は、これである。『イスラエルよ、聞け、わたしたちの神である主は、唯一の主である。心を尽くし、精神を尽くし、思いを尽くし、力を尽くして、あなたの神である主を愛しなさい。』第二の掟は、これである。——ここが出て来ますネ——『隣人を自分のように愛しなさい。』この二つにまさる掟はほかにない』。律法学者は云々」という話ですネ（マルコ12:29–31)。この並行記事の中にまぁ有名なルカ伝のあの良きサマリア人の話が出される——まぁあれはあの相手に言わせるのかな——というところがありますけれど。

それと、当時のユダヤ教もやっぱりこれを律法の総括としたと。律法ってたくさんあったのでネ、結局なにが一番ポイントかということは多く議論になったらしいけど。その、有名なラビ・アキバ[註30)]、これはまぁ、あのパウロより後の時代の人ですけれど、レビ19章の18節をもって律法の総括としたと言われていますから、まぁこれはごくみなさん、みんなが知っていたことだったでしょうネ。でパウロもまぁこのように総括をしているわけですネ。

まぁあのこのように、「愛の律法」というのは律法の中の律法とされ、しかもキリスト教の伝統ではキリストによって成就、成就されたと考えられるわけですから、「この全律法はキリストにおいて成就した」ということになるんでしょう。よく、あの、キリストは「約束の成就」であり——これもネ、はっきりと約束の成就だということをネ、読み取れるのは少ないんですよ。ガラテヤ書3章の16節を私たちはそのように理解しましたけれど——それから「全律法の成就」であるというのもまぁ多分ここでしょうネ、パウロによってはネ。そういうふうに言えるわけですネ。

そして、まぁこれは、あのまた6章で、6章の初めの方に総括されるので、そこに行ってからまた振り返りますけど。

5

［授業資料から］

5：16–26　御霊は肉を十字架につける

§1　5：16–23

16 Λέγω δέ, πνεύματι περιπατεῖτε καὶ ἐπιθυμίαν σαρκὸς οὐ μὴ
τελέσητε.
17 ἡ γὰρ σὰρξ ἐπιθυμεῖ κατὰ τοῦ πνεύματος, τὸ δὲ πνεῦμα

κατὰ τῆς σαρκός, ταῦτα γὰρ ἀλλήλοις ἀντίκειται, ἵνα μὴ ἃ
ἐὰν θέλητε ταῦτα ποιῆτε.
18 εἰ δὲ πνεύματι ἄγεσθε, οὐκ ἐστὲ ὑπὸ νόμον.
19 φανερὰ δέ ἐστιν τὰ ἔργα τῆς σαρκός, ἅτινά ἐστιν πορνεία,
ἀκαθαρσία, ἀσέλγεια,
20 εἰδωλολατρία, φαρμακεία, ἔχθραι, ἔρις, ζῆλος, θυμοί,
ἐριθεῖαι, διχοστασίαι, αἱρέσεις,
21 φθόνοι, μέθαι, κῶμοι καὶ τὰ ὅμοια τούτοις, ἃ προλέγω ὑμῖν,
καθὼς προεῖπον ὅτι οἱ τὰ τοιαῦτα πράσσοντες βασιλείαν
θεοῦ οὐ κληρονομήσουσιν.
22 ὁ δὲ καρπὸς τοῦ πνεύματός ἐστιν ἀγάπη χαρὰ εἰρήνη,
μακροθυμία χρηστότης ἀγαθωσύνη, πίστις
23 πραΰτης ἐγκράτεια· κατὰ τῶν τοιούτων οὐκ ἔστιν νόμος.

［私訳］

5：16　わたしは命じる、御霊によって歩きなさい。そうすれば、決して肉の欲を満たすことはない。

5：17　というのは（**もしあなたがたが御霊によって歩かないなら**）（＝あなたがたが旧き人間・宗教的人間なら）、その肉はその霊に反して欲し、その霊はその肉に反して欲することになる。こうして、二つのもの（＝旧き人間の霊と肉）は互に相さからい、その結果、あなたがたは自分でしようと思うことを、することができないようになる。

5：18　しかし、もしあなたがたが御霊に導かれるなら（＝あなたがたが新しき人間なら）、律法の下にはいない。

5：19　肉の働きは明白である。すなわち、【不品行、汚れ、好色、

5：20　偶像礼拝、まじない、敵意、争い、そねみ、怒り、党派心、分裂、分派、

5：21　ねたみ、泥酔、宴楽、および、そのたぐい】である。わたし

は以前も言ったように、今も前もって言っておく。このようなことを
行う者は、神の国をつぐことがない。
5：22　しかし、御霊の実は、【愛、喜び、平和、寛容、慈愛、善意、
誠実、
5：23　柔和、自制】であって、これらを否定する律法はない。

［授業］

その次の10、16節かな。16節から少し読んでおきましょうネ。「御霊は肉を十字架につける」というわけで、まぁいわゆる「霊と肉」ですネ。(そ）の問題ですネ。「わたしは命じる」、まぁこれは今の新共同訳は「わたしが言いたいのは、次のことだ」というふうに直してますネ。直してますと言うか変えてますネ。佐竹（明）さんの説もやっぱり大体こうですネ。つまり、「御霊によって歩きなさい。そうすれば、決して肉の欲をみたすことはない」。

「というのは」、この次ですネ。17節がネ、実はちょっと合わないんですョ、前後とネ。でもネ、あの、決してそういうことはないように僕は思うんですネ。「御霊によって歩きなさい」って言ってるでしょう。で、18節は「もしあなたがたが御霊に導かれるなら」とこういう言い出し、言い方をしてんですネ。その間に17節があるからネ。17節は、僕は括弧の中に入れたような言葉を補えばよく理解できると思うんです。「御霊によって歩きなさい」。18節は「もしあなたがたが御霊に導かれるならば」でしょう。ですから17節はネ、「もしあなたがたが御霊によって歩かれ、歩かないならば」「御霊によって導かれないならば」というふうに補ってみたんです。そうするとネ、そんなに難しくないんですョ。でネ、ここの5章の17節はちょっと前後関係が合わないというんで、学者先生たちはなんかこれを括弧に入れちゃうんですけど、その必要はなくてネ、でネ、細かい議論をして申し訳ないんですけど、16節は「御霊」というの、「御霊」という

のは 16 節の上に πνεύματι（プネウマティ）と書いてあってネ、あの定冠詞が付いてないんです。「御霊」というのは「神の霊」のことです。18 節もまた εἰ δὲ πνεύματι（エイ　デ　プネウマティ）と書いてあってネ無冠詞なんです。ところがネ、17 節は二回この πνεῦμα（プネウマ）というギリシヤ語が出て来るんですが、いずれも定冠詞が付いているんですよ。τὸ（ト）とかネ。τὸ とか τοῦ（トゥー）とか。ですからここに着目しまして、「その」と訳してみました。括弧に入れたのは、括弧に補った（のは)、「もしあなたがたが御霊によって歩かないならば」（と)。あなたが、「その肉は」というのは、そういう「御霊によって歩かない人間」というのは、要するにこれは「旧き人間」と言うんですが、――「旧き人間」、「新しき人間」に対してネ――「新しき人間」という言い方はパウロに似た言い方があるんですが、「旧き人間」という言い方は特には出て来ない、パウロ書簡には。でもまぁ新しき人間があるんだから旧き人間もあるわけで（す)。これは神学用語です、旧き人間。「その肉はその霊に反して欲し、旧き人間は、旧き人間の霊と旧き人間の肉は互いに相反し、ネ、その霊はその肉に反して欲することになる」ということになるでしょう？　まあこの、この定冠詞を無理にと言うか、まぁ訳すとネ。「こうして、二つのもの」とは、旧き人間の霊と肉です。「互に相さからい、その結果、あなたがたは自分でしようと思うことを、することができないようになる」というふうに読めますよネ。文法的にどこまで正しいかはちょっと自信はありません。ギリシヤ語はよくできないので。

でもこういうふうに訳すとですネ、5 章 17 節は実はローマ書、有名なローマ書 7 章で言っていることに合うんです。佐竹さんは、これはローマ書 7 章とは違うと言ってんですけど、僕自身は（佐竹説を）読んではありません、本が入手できないんで。山谷（省吾）さん[註31]のローマ書（註解）には、これは、10、10、この 17 節はどうもローマ書 7 章と関連づけて論じているらしいんですが、僕はそれは正しいと思うんですネ。ローマ書７章はどういうことを言っているかと言いますと、ローマ書７章は（が）言っていることは旧き人間のこと、宗教的人間のこと、律法的人間のこと（です）。よろしいですか。旧き人間というのは、パウロにとって「律法的な人間」というのは旧き人間なんですね。で、ローマ書８章は「新しき人間」、これがパウロが見出した人間像ですが、これを言っているわけですが。ローマ書７章は旧き人間。で、その旧き人間は、旧き人間なりに宗教的な人間ですから、律法的な人間ですから、それなりに自分の霊を持ち、またもちろん肉も持っているわけです。そしてその旧き人間の——「旧き人間の」ですよ——肉と霊が相争ってどうにもならなくなっちゃうということが、７章が言わんとしていることなんです。どうにもこれで救いようがない。

そしてローマ書８章は、この旧き人間の「霊と肉」、旧き人間の霊と肉を、共にローマ書８章ではこれを全部「肉」と言うんです。そして新しき人間というのは、つまりこれはキリスト・イエスにある人間です。ローマ書１章、８章１章に、１節に出て来る（んです）。新しき人間、キリスト・イエスにある人間は、こういうような旧き人間の霊肉共に否定するかたちでローマ書は、ローマ書の８章はそこで終わるんですね。ローマ書の前半はそれで終わる（んですよ）。ですからその旧き人間が、人間が旧き人間である限り、やはりそれなりに霊も持っているんですよ。そして肉ももちろん持っている。その霊肉が相争ってどうにもならなくなっちゃって、いわゆる宗教的人間のですね、深い懊悩——それを謳って、謳ってるっていうんじゃなくて、謳っているっていうのは変ですけどね——そういうことを語っているのがローマ書７章です。ですからローマ書７章はよく、どうもうちの、うちの学校の神学者諸氏のを読むと、ローマ書７章にこう書いてあるからと言うんですけど、ローマ書７章に書いてある人間像というのはパウロは否定しているんです、８章に来て。「これじゃあダメだ」って言ってんです。そして新しい人間、キリスト・イエスにある人間、人基一体の人間、それが本当の人間だ、それじゃなければ救いはないと言ってんですが。あの、こういう深い、こういうローマ書７章は、の人間というのは、霊と肉との争いで非常に深刻な自己矛盾に陥るんですネ。その、その深刻なその罪の意識やなんかは、それは非常に大切だというふうに、なんかしかしルーテル教会の人、先生たちはみな、だけではなくて、多くの人が読み間違えちゃって――ローマ書７章に書いてあるのは、あの救われない人間なんですょ。救われていない人間、宗教的人間ってのはネ――それがなんかパウロの人間像だというふうに採っちゃっている人が多いですけれど。これはあの浄土真宗の罪の意識の深い親鸞かなんかの逆、逆作用で、つい日本人はそういうふうに採っちゃうんですけど、あのそれは非情に危ないところです。

ローマ書７章はちょっとよく読んでみると、最後にわたしはどうしようもなくなっちゃった、これを救ってくれたのはキリスト（だと）、イエス・キリスによって救われたって、ローマ書の７章の最後で展開して８章に入って行くんですけど、そこんとこは読まないんですょ。ネ、７章の深刻なところだけ――まぁ自分にも思い当たる節があるんでしょうネ〔笑い〕、罪の誘惑ネ――そこだけ読んじゃってると、パウロは、あの、とんでもない誤解をされますんで、よく注意してください。で、そういう人間を、まぁ５章、このガラテヤ書（５章）17節でピタッと言ってんのは、ローマ書７章の人間というものを一節で言い換えてますネ。たった一節ですょネ。これを僕はそれは正しいと思ってんですけどネ。山谷さんがそう解釈していることは、それは正しいと思ってるんですょネ。「もしあなた（がた）が御霊によって歩かないなら」ということはまぁ普通の人間のことですが〔笑い〕、旧き人間ということですネ。旧き人間はそれなりに、旧き人間も霊を持っており、肉を持っていると。そして救われたいと思っている。そして律法的（なこと）をやる。そして色んな宗教に入って行く。でもその結果はどうなるかと言うと、その結果がどうなるかと言うと、いっこうに救われないままに終わっている、こういうことですネ。このことをここで言っていると。まあこの授業はローマ書の、ローマ書の授業ではありませんから、これ以上深入りはしませんけど。

で、18節。「しかし、もしあなたがたが御霊に導かれるなら、——つまりこれは、いわゆるあなたがたが新しき人間なら、つまりキリスト・イエスにある人間なら、人基一体の人間なら、ということです——そういう人間はもう律法の下にはいない」。まあ「御霊に導かれるなら肉の下にはいない」と言ってもいいわけですけど、まあ、この場合は律法的イコール肉ですネ。律法の下にはいない。

でそして、そして、もうネ、ちょっと時間がなくなっちゃったから後は読むだけにします。後の話は午後にいたしますが、(19節)「肉の働きは明白である。——この、このネ訳語は全部口語訳です。いま新共同訳を見るとだいぶ違った訳を使ってますネ。両方見とくと参考になっていいでしょうネ。まあこれは口語訳ですから——肉の働きは明白である。すなわち、不品行、汚れ、好色、——こっちはなんてなっているかな。これは悪徳のカタログと言うんですネ。まあパウロも色んな言葉をよく思い出すネ、これネ。あのぱあっと言ったんだろうから、あんまり学者が細かく分析しても意味はないと思うんですけど、まあ大体これ（は）あの口述筆記ですからネ。今の口語訳ですと、じゃない、今の新共同訳だと「姦淫、わいせつ、好色」となってるネ。

それから20節は、「偶像崇拝、まじない、——これがネ今の訳ですと偶像崇拝、魔術。はい、それから——敵意、争い、そねみ、怒り、党派心、分裂、分派、ねたみ、——それから後の二つはアルコールですネ——泥酔、宴楽、——こっちの訳ですと、まあ泥酔は同じか。酒宴か——および、そのたぐいである。でわたしは以前も言ったように、今も前もって言っておく。このようなことを行う者は、神の国をつぐことがない」。これは肉の働きとしてネ——これ Lasterkatalog（ラスターカタログ）と言いまして、Laster とはドイツ語で悪徳という意味ですけど、カタログはみんなが（知ってる）カタログネ。悪徳のカタログ——これらネ、あの、これ持って来たけどあの〔本を開く音〕、これ一つひとつの単語をネ、あの、佐竹さんは非常にこう丁寧に分析してるんだけどネ。だけどパウロはこれは恐らく思いつくままに言ったんだと思うよ〔大きな笑い声〕。まああのこれ、あの色んな分類の仕方があるんだそうです。佐竹さんの分類（は）いいんじゃないですか。あの最初のネ「不品行、汚れ、好色」はネ性的不道徳。これは順序に則って言っとくから。それからその次の「偶像崇拝と魔術」というのは、これは言わば異教ですネ。それから「敵意、争い、そねみ、怒り、党派心、分裂、分派」、それからもうひとつ「ねたみ」。これは大体あの言ってみると、人間のあれですよ、党派性ですネ。これ（は）あの職場に行くとそうだネ。みなさんの職場は、ちゃん、あの、あの…。まあでも牧師さんたちも一緒になって来ると、やっぱり党派を組むようですけどネ〔笑い〕。もっと執拗なあれになるかも…〔笑い〕。大学の説教者もみなそうだネ。お互いにネ、党派を組んで別の派の悪口を言っているとかネ。

あのこれあの聖徳太子の『十七条の憲法』に「人皆党あり（ひとみなたむら）」。「たむら」というのは「党」という字を書くのネ。党、党派の党ネ。Partei（パルタイ：ドイツ語で党派）。人皆党あり。「たむら」って古い日本語らしいんですけれど、本当にそうだネ。そしてお互い同士でネ酒飲みながら相手の悪口を言う。ネ、まあ極めて人間的ですけど。

それから最後のふたつ、「泥酔と宴楽」は、これはアルコール。あんまりよそさまの宗教を言っちゃいけないけれどネ、日本仏教は酒で堕落したんだと僕は思ってるんですよ。あのネ、本当に僕はお坊さんとの付き合いが多かったんですけれど、あれなんですよ。アルコールの機会（が）ものすごく多いんですよ。聖者の代表みたいに言われる良寛も酒が大好きだったんです。あの、キリスト教はどうかな。カトリックのあの修道院なんか（に）行くと、あのでも、酒の、アル中に近い人がいるそうですけれど。あんまりばれないかも知れない〔笑い〕。アルコールにはネ、やっぱり用心しないといけない。仏教の場合、ほら、お葬式でもお酒が出るでしょう。それからお坊さんにお酒を持って行くときはネ、安いもの持っていかないでしょう、みんな。だからネ、口が奢っちゃうんだネ。で割と持って来るからネ。まぁキリスト教はあまり酒飲むという人はいないことを望みますけれど、これネ。

（21節）「わたしは以前も言ったように、今も前もって言っておく。このようなことを行う者は、神の国をつぐことがない。（22」節）しかし、御霊の実は、愛、喜び、平和、寛容、慈愛、善意、誠実、――この誠実がピスティスという言葉を使っていますネ。でこれでピスティスという（言葉が）まず出る。それから23節が――柔和、自制であって、これらを否定する律法はない」、ネ。

時間が来ちゃったので、その次ちょっと重要なんで、次の時間からにしましょうネ。

§2　質疑応答

さっきは、悪徳表ともうひとつ、22節以下は「徳目表」って言うんですネ。あんまり徳目表ってのは出て来ないんですけど、まぁ悪徳表はローマ書にたくさんありますよネ。まぁこれらのことの細かい説明は〔笑いながら〕、佐竹（明）先生がいちいち書いたんで驚いちゃいましたけど、興味のある人は読んでください。

〔学生からの質問が出る〕

［質問者］ひとつ質問があるんですが。

［小川］　はい。

［質問者］あの、先ほどの説明の中であの旧い霊と肉は対立をしているということで、

［小川］　はい、旧い人間ネ。

［質問者］はい、はい。で、旧い人間というのは、古い霊と古い肉とその対立関係にあって、それをまとめてその「肉」というかたちで総括すると（いうことなんでしょうか）。

［小川］　あのですネ、こういうことなんです。旧い人間は自分が旧いなんて別に思ってないわけですネ〔笑い〕。宗教的人間なんですけど、これはやはり自分はあの救われたいと思って善なるものを求める。「善」とはこの場合は救いですけど——ローマ書７章ではネ——ところが現実にやることは全部あの逆が出て来るんです、逆が。そして旧い人間というのは、まあ自分は旧い人間とは思っていないです。まあパウロの立場から見たら旧い人間なんですけど。その人間は自分なりに救いを求めて一生懸命実行をやるんですけど、出て来る結果はいつも悪、つまり救いじゃないです。それが深刻な自己矛盾として、あの、ローマ書７章に出て来るんですネ。それは、やはり自分が善を求める、つまりこの場合救いを求める、そういう人間。普通の宗教的人間はみなそうなんですけれど、それは、あのその面では彼はやっぱり霊を持っているんです、霊をネ。しかし現実にはいつも、その結果自分が意欲しないもの、すなわちまあ悪ですが、救い、救いにならないものですネ、そういうものを得てしまう。滅びを得てしまう。でそういうことで絶望に終わるというのが７章の「旧き人間」の——なんて言うか——葛藤なんですネ。そういう苦しみが書いてあるんです。ですがこれはあくまで旧き人間のことであって、旧き人間にも霊と肉があり、まあ、あの、それがお互いに相争ってあのどうにもならなくなるというのが７章のまあ大雑把なストーリーなんですネ。

ところが８章になって来ると、それじゃなくて「新しい人間」、この場合は「キリスト・イエスにある人間」、つまり僕の言う

「人基一体の人間」ですが、それが登場して来るとそういう葛藤はないんです、もう既に。でそれはなぜかと言うと、旧き人間を全部否定しているんですネ、新しき人間というのは。そのとき旧き人間は、あの旧き人間としては霊、霊と肉なんですけれど、今度は新しき人間から見ると、新しき人間こそ霊の人であって——よく出て来ますネ、これからも出て来る——霊の人であって、そこから見ると、旧き人間は要するに肉なんですネ、実質的にネ。ですから旧き人間の内部にも霊と肉があり、それが相争うというのは7章のストーリー。8章になって来るとそうじゃなくて、新しき人間が出て来ると、旧き人間が全体としてこれは肉に過ぎない、肉の人間に過ぎない（ということになる）。肉の人間が自分が霊があると思って、自分の霊、〔以下聞き取れない〕あの、…あてにしないという見方が変わるんです。そのことを言ったんですネ。

［質問者］例えばその著者の実際的な生き方の中で、あのそういう自己矛盾を感じることっていうのは、あの…

［小川］ものすごく多いです。

［質問者］多いですネ。それはある意味で対立関係でしょうか。

［小川］ですから、キリスト教徒と言っても教会にいる人たち、まぁ我々を含めて、あの実際は旧き人間であるのが大部分です。なかなかそれは突破できないんです。あのそれで疲れ果てちゃって、段々教会に来なくなっちゃうという人も多いわけですが、あの、それに対してなかなかあのネ牧会者も対処できないんですよネ。あの、そういう、そういう、まぁ宗教的な人間が大部分です、そういう意味では旧き人間でネ。なかなか諦めちゃっているという（ことがある）。それはまず、信仰生活をかなり長いことやっている人ですよ。誰でもそういう面はあるんで、あるんですけれど、あのそれ

をさらに突破してってというのは非情に難しいんですけれど、でもㇹ、ぁのやっぱりそういう人はいるわけでㇹ。座古（愛子）さんなんかそうですょ。まぁあの人は苦悩が烈しかったからㇹ、ぁの突破して行ったんですけれど、そうなって来ると本当の喜びとして出て来るんです。後でまたお話ししますけれどㇹ。そういう人がなかなかまぁ少ないんですけれど。

だから7章で、7章がこれこそパウロの人間観だというふうに考えちゃうと間違えるんですㇹ。ところが8章というのがあるわけです。8章で言っている「新しき人間」という言葉は出て来ませんけれど、「キリスト・イエスにある人間」というのは、今日これから（やる）27節、24節がそうですょ。それは宗教的人間を克服して出て来るんですㇹ。ぁのそれはこのパウロという人の素晴らしいところですㇹ。それがキリスト教の信仰の奥深いところで（す）。

［授業資料から］

§3　5：24–26

24 **οἱ δὲ τοῦ Χριστοῦ [Ἰησοῦ] τὴν σάρκα ἐσταύρωσαν σὺν τοῖς παθήμασιν καὶ ταῖς ἐπιθυμίαις.**

25 Εἰ ζῶμεν **πνεύματι, πνεύματι** καὶ στοιχῶμεν.

26 μὴ γινώμεθα κενόδοξοι, ἀλλήλους προκαλούμενοι, ἀλλήλοις φθονοῦντες.

［私訳］

5：24　キリスト・イエスに属する者は、自分の肉を、その情と欲と共に十字架につけてしまったのである。

5：25　もしわたしたちが**御霊によって**生きるのなら、また**御霊に**

よって進もうではないか。

5：26　互に挑発し合い、互にねたみ合って、己を高ぶらせ他を馬鹿にしてはならない。

［授業］

はい、それで、24節。さっき23節までネ。24節、これがそうなんです。「キリスト・イエスに属する者は」。今度は「属する者は」と書いてありますけれどネ、これは「キリスト・イエスにある人間」、8章、ローマ書8章では「キリスト・イエスにある人間」という、そういう言い方をしているところです。これは属格ですけど、οἱ δὲ τοῦ Χριστοῦ Ἰησοῦ（ホイ　デ　トゥー　クリストゥー　イエスー）、「キリスト・イエスに属する人間は」ってことは「キリスト・イエスの中にある人間は」と同じことです。「この人間は、―― τὴν σάρκα（テーン　サルカ）――肉を、十字架につけてしまった、情、その情と欲と共に」。この「自分の肉」というのは、あの、これはさっきあのＩ君が言ったようなあの宗教的な人間全体を（意味する）「肉」です、これは。人間あの、我々がキリスト者になるということは、まず宗教的な人間になることなんですよ〔笑いながら〕。救いを求めてそういう世界に入って、なかなか分かんなくて。で、そういう「その肉を、情と欲と共に十字架につけてしまったのである」、これですネ。あのこれが新しき人間なんですネ、パウロの言う。で、これこそ本来のクリスチャンです。これこそローマ書8章で…。

ですからさっき言ったけど、5章のネ、5章の17節（を）上で言ったじゃないですか。これは旧き人間のことなんですよ。5章17節ネ。それで18節は「あなたがたが御霊に導かれるなら、新しき人間（なら）」（とありましたが）、この新しき人間のことをもっと正確に言うと「キリスト・イエスに属する人」「キリスト・イエスの中にある人」（のことです）。でその、そこでは、その肉というものは、この場合に肉とは「旧き私」ということで「旧き人間」ということです。「旧き人間を、情と欲――まぁ、これはなくてもいいんですけれどネ――と共に十字架につけてしまった」。ですからそれは完全に、まぁ言ってみると「殺してしまった」ということですネ。あのそう、ですからこれが新しき人間なんですネ。これがあれなんですょ。パウロがあくまでも人々に勧めているのはこれなんです。

ところがネ、宗教的人間で止まっちゃうクリスチャンが、教会人がほとんどなんですょ。そこは半殺しの人間ですから、半分殺されちゃってる。半分死んじゃって半分生きてるというような、そういう人間が多いの〔笑いながら〕。でこれが崩れて来ると、ネ、色々とネ、嫌な面になるわけです。ですから、あのこれを、この「キリスト・イエスに属する者は、自分の肉を、その情と欲と共に十字架につけてしまったのである」、これはなかなか難しいんですネ。この、そうすると深い喜びと、深い、あの、なんと言いますか、霊性に満ちたあの本当の、本物が出るんですけれど、なかなかここまで行かないんですょ〔笑い〕。でもあくまで目標はこれなんですネ。あのまぁ、日本の教会は小っちゃいからできるだけたくさんネ、洗礼を受けさせて、会員を増やして、それであと放っちゃって、新しいとこってんで〔笑いながら〕、古い人はそのまま置き去りになっちゃって、段々分かんなくなっちゃって来なくなっちゃったりするんだネ。

〔学生からの質問が出る〕

[質問者] 憎しみの感情とか、そういう例えばこぅある病気をしたときに絶望を味わったり、当然肉から出て来る感じだと思うんですけど、やっぱりそういうものは、そのまぁ、例えばその、見えないところで自分はキリストにあって旧い自分は死んだということを認めたとしても、現実的にはそういうその感情があって（葛藤が残るのではないでしょうか)。

[小川] そうです。ですから旧い人間というのはなかなか、あのいつも人間（は）引きずってんですょ。完全に新しい人間になっちゃて、こ

こで、ここでは切り捨てちゃったって書き方でしょう。でもやっぱり人間（は）引きずってんですけど、やっぱり一度克服した人間ってのはね、旧い人間の方が優位に立っちゃって、それであれしちゃうということはないんです。やっぱりそれはありますよ。あの、なぐられればカッと来るしね。あのでもあのやっぱりどこかそれが、今度旧い人間が昔のようにそれが中心になっちゃって動くということはなくなるんですね。だからこれは、生涯やっぱりそういうふうに闘いがあるわけね、自分の中でね。なかなかそうです。だから後でずっと今日6章で、これからやるけれどね。あのずっと出て来る。御霊、せっかくその、ここに書いてある25節に「御霊によって生きるのなら、今度は御霊によって進もうではないか」というのは、この「御霊」ってのは「新しき人間」と言ってもいいんです、霊のね。そのことです。

〔ここで質問に答えが終わる〕

24節。ちょうど今ね、彼がいい質問をしてくれたんでちょうどうまく合っていますけど、「キリスト・イエスに属する人間」というのは「新しき人間」ということです、これ。「自分の肉を、その情と欲と共に十字架につけてしまったのである」。でも一旦とにかくこういうことで新しき人間というものが見出され、それが勝利すると、今度は旧き人間が復活して来ても——まあ復活という言葉をこういうときに使ってはいけませんけれど——蘇生して来てもね、またそれに蹂躙されてしまうということは段々なくなって来るんです。いいですね。

でね、ただ5章24節は一般にあの新約学者の註解を見るとそういうふうに書いてないんです。「これは洗礼のことを言ってんだ」と書いてあるんです。キリスト・イエスに属する者になるのは洗礼でしょう？　洗礼を受けると聖霊が降って来て、当然自分の旧いエゴがその情と欲と共に十字架につけ（られ）たと。これは洗礼のことを言っているんだという解釈が大部分です。でもなんかそれじゃ物足りないネ。それ（を）否定はしないけれどネ。

それから洗礼と共に、あの、あの、これはあの先学期ブルトマンを読んだときも、ブルトマンがそういうことを言ってんでおかしいと僕は言った憶えがあるんですけど、洗礼と共に聖霊が降るというのはパウロの意見ではありませんで、これはパウロのいたこの時代の一般のキリスト教会の意見なんです。それをそのまま彼は引用しているところがあるんですので、これをパウロの意見と採ることはできません。まあ、あまりこういうことを言うとネ、無教会、無教会を支持しているみたいですから〔笑い〕。「洗礼はいらない」という考えでしょう、あれは。

はい、それで 25 節、「もしわたしたちが御霊によって生きるのなら、また御霊によって進もうではないか」。これなんかそうですよネ。「御霊によって」ということは、それによって、常にその御霊によって――まあ「御霊は肉を十字架につける」という表題をつけましたけれど――「その御霊によって進もう」というのは、一旦じゃあ新しき人間として生まれ変わった人間はもう大丈夫かと言うと、そういう位とか身分というようなことはあり得ないんです、一旦そういうものになれば。でもやはり、人間というのは弱いですからネ、いつもそういう意味では生きている限りはやっぱりあの闘いで、それがあるわけですネ。

最後 26 節、「互に挑発し合い、互にねたみ合って、己を高ぶらせ他を馬鹿にしてはならない」。本当にこれ、あれですネ。人間の社会に行くと、己を高ぶらせ、他を馬鹿にするという、侮るというネ、そして互に挑発し合い、互にねたみ合うということが多いですネ。

ガラテヤ書　第6章

1

［授業資料から］

6：1–2　キリストの律法（キリストが成就し、キリストが命ずる律法）

1 Ἀδελφοί, ἐὰν καὶ προλημφθῇ ἄνθρωπος ἔν τινι παραπτώ-
ματι, **ὑμεῖς οἱ πνευματικοὶ** καταρτίζετε τὸν τοιοῦτον ἐν
πνεύματι πραΰτητος, σκοπῶν σεαυτὸν μὴ καὶ σὺ πειρασθῇς.
2 **Ἀλλήλων τὰ βάρη βαστάζετε καὶ οὕτως ἀναπληρώσετε
τὸν νόμον τοῦ Χριστοῦ.**

［私訳］

6：1　兄弟たちよ。もしもある人が軽率にも何らかの罪過に陥ったなら、**霊の人であるあなたがたは**、柔和な心をもって、その人を正しなさい。それと同時に、もしか自分自身も誘惑に陥ることがありはしないかと、反省しなさい。

6：2　**互に重荷を負い合いなさい**（Einer trage des anderen Last）。そして、**このような仕方で**（in this way —NRS）、**あなたがたもキリストの**（成就された）**律法**（5:14）**を成就しなさい**。

［授業］

それで5章が終わりますが、これは続いてんですゝ。もう少しですから、続けてしまいましょう。で6章に入りまして、まあ「キリストの律法」と打っときましたが、これはずっと続いてるわけで、やはり愛の勧告なんですけど。

（1節）「兄弟たちよ。もしもある人が軽率にも何らかの罪過に陥ったなら、霊の人であるあなたがたは」、この「霊の人」って出て来ましたネ。

πνευματικοὶ（プネウマティコイ）という形ですネ。「あなたがたは」、これはあの「霊の人」、まあこれは今の新約学者の注解書を読むと、これはガラテヤの人たちが「霊の人」、自分たちのことをπνευματικοὶと、こういうふうに自称してたので、それを採って言ったんだと、ですから多少の皮肉やあれも込められているんだ、なんてネ書いていますけど…。「霊の人であるあなたがたは、柔和な心をもって、その人を正しなさい。それと同時に、もし自分自身も誘惑に陥ることがありはしないかと、反省しなさい」。まあこれもよろしいですネ。

そしていよいよ最後に、まああの愛の勧告の最後ですネ。（2節）「互に重荷を負い合いなさい」。これはあのみなさんにも書いておいたかな。あの、ルター訳が有名なドイツ語なんですネ。Einer trage des anderen Last って…。〔資料をパラパラとめくる音〕そういう訳をつけてますけどネ。〔独り言のように〕あっ、書かなかった？　あっ、書いてあるネ。「互いに重荷を負い合いなさい」、Einer trage des anderen Last という「他者の重荷を人は皆負うべし」と。これはまあ隣人愛の言い換えですよネ。「そして、このような仕方で、あなたがたも――自分の、じゃない、キリストの律法ですネ――キリストの成就された律法を成就しなさい」。この場合成就するというギリシヤ語はやはり人間が主語でしょ。ですからさっきのように、あの言葉が、言葉が成就するというのは変ですよネ。あなたがたはキリストの律法を成就しなさい。これが普通ですからネ。キリストが成就された律法で終わるわけですネ。これでまあこの Einer trage des anderen Last、他者の重荷を負い合いなさいと、これで一応まあ愛の勧告は三回ぐらい続いてネ、断続的に続いていますネ。ということがあって、ここでその、まあ大体終わるんですけれど、まあ後もちょっと続いてますけどネ。

2

挿入　宮沢賢治

［授業資料から］

宮沢賢治「雨ニモマケズ」

雨ニモマケズ　風ニモマケズ　雪ニモ夏ノ暑サニモマケヌ　丈夫ナカラダヲモチ　慾ハナク　決シテ瞋ラズ　イツモシヅカニワラッテイル　一日ニ玄米四合ト　味噌ト少シノ野菜ヲタベ　アラユルコトヲ　ジブンヲカンジョウニ入レズニ　ヨクミキキシワカリ　ソシテワスレズ　野原ノ松ノ林ノ蔭ノ　小サナ萱ブキノ小屋ニイテ　東ニ病気ノコドモアレバ　行ッテ看病シテヤリ　西ニツカレタ母アレバ　行ッテソノ稲ノ束ヲ負イ　南ニ死ニソウナ人アレバ　行ッテコワガラナクテモイヽトイイ　北ニケンクヮヤソショウガアレバ　ツマラナイカラヤメロトイイ　ヒデリノトキハナミダヲナガシ　サムサノナツハオロオロアルキ　ミンナニデクノボートヨバレホメラレモセズ　クニモサレズ　ソウイウモノニ　ワタシハナリタイ

［授業］

まぁそれでちょっと余談になっちゃいますけどぇ。あの、このアガペーの実践ということでぇ、あの、みなさんぇ、あの僕は前からこう思ってたんだけど、僕はあの以前東北の大学にいたことがあって、ちょうどそのころあの宮沢賢治[註32)]の生誕百年だったんですょ。彼はぇ1896年に生まれますから、丁度今からぇ十数年前に生誕百年があったんですが、そのころ東北のテレビ局などはしきりに彼の放送をして、学生たちも非常に関心の高い時でした。あの有名な宮沢賢治の「雨にも負けず」という詩がありますネ。これは恐らくあの日本人の、日本人の知っている、みんな知ってる詩ですよネ。あのまあこういう意味で国民的な詩と言ってもいいんじゃないかと思うんですネ。これはみんなが知ってる詩ってのはそんなにないと思うんですよ。（島崎）藤村の例のあの「千曲川旅情の歌」とか、この「雨にも負けず」ってのは非常に有名ですよネ。でこれ、あのちょっと持って来たんで読んでみますとネ、まあみなさん知ってるでしょう。

〔詩の朗読〕

雨ニモマケズ　風ニモマケズ　雪ニモ夏ノ暑サニモマケヌ　丈夫ナカラダヲモチ　慾ハナク　決シテ瞋ラズ　イツモシヅカニワラッテイル　一日ニ玄米四合ト　味噌ト少シノ野菜ヲタベ　アラユルコトヲ　ジブンヲカンジョウニ入レズニ　ヨクミキキシワカリ　ソシテワスレズ　野原ノ松ノ林ノ蔭ノ　小サナ萓ブキノ小屋ニイテ――これは東北地方、まあ僕は自分の家が栃木の北部でネ、東北陸奥の入り口なんですけどネ、よく分かるんですネ、この「野原ノ松ノ陰ノ」。赤松（が）多いですからネ――小サナ萓ブキノ小屋ニイテ　東ニ病気ノコドモアレバ　行ッテ看病シテヤリ　西ニツカレタ母アレバ　行ッテソノ稲ノ束ヲ負イ　南ニ死ニソウナ人アレバ　行ッテコワガラナクテモイヽトイイ　北ニケンクヮヤソショウガアレバ　ツマラナイカラヤメロトイイ　ヒデリノトキハナミダヲナガシ　サムサノナツハオロオロアルキ　ミンナニデクノボートヨバレ　ホメラレモセズ　クニモサレズ　ソウイウモノニ　ワタシハナリタイ

〔朗読が終わる〕

あのこれは彼があの死後、彼の死後、あの彼の手帳の中からそういう記述が見つかったんですネ。ですから晩年に書いた詩ですけど、これはまあ、まあ宮沢賢治には色んな詩があって、有名なまあ、まあこれほど有名な詩は他にないと思うんですネ。これみてみなさん、我々からみるとこれ、キリストのことを書いているみたいですよネ。あの我々からみると、これはキリ

ストのことを言っている。どうも昔からそう思えたんですネ。これはまあ、まあまあアガペーの実践の詩ですけれど。でネ、あのこれは、なにかこのモデルがいたんじゃないかということは、まあずいぶん言われてたわけですが、まああの宮沢賢治は、ご存じのようにお父さん（は）浄土真宗だったけど、自分はそれに反逆する形で法華経の行者になるわけですネ。法華経の行者になるんで、法華経の影響じゃないかということがまず考えられるんですネ。で法華経の中にどういうのがあるかと言うとですネ、こういう菩薩が出て来るんですネ。〔タンタンと板書しながら〕あの常不軽菩薩（じょうふきょうぼさつ）、〔えーと、えーネと言いながら、しばらく考え込む〕不軽菩薩と言うんですネ。不軽、軽い、このあの常というのは…。不軽菩薩、これは軽んじない、人を軽んじない菩薩という意味で（す）。あのこれはどっか、あのある菩薩というのは元もと仏教の修行者を菩薩と言うんで（すが）、今は菩薩というのはものすごく偉い人のことを言うんで、――今の仏教の世界じゃ菩薩なんで言われるような人はいないですけど、誰も――あの誰をも軽んじないという、まあ元もとは色んな意味に解釈があるらしいんですが、普通は他を軽んじない（という意味です）。さっきあの自分を、自分をこの高めて、人を軽んずるな、というようなことがありましたネ。書いてあったでしょう。で会う人ごとに、この、その人はどんなあのくだらん奴に出会ったとしても、この人もちゃんとした仏の仏性を持っているというんで、こう深々とその礼拝をしたと、会う人ごとに。そういうことをずっとやってて、初めはみんなに嫌がられたけど、段々あのみんなが認めるようになったと。いつもやってたんで「じょう」――「じょう」というのはあの常（つね）という字を書くんですネ――常不軽菩薩と言われたというんですが、でそれじゃないかとまあ言われて来たわけです。

であの、でもネ、これちょっと考えると、これはただこの人は礼拝してるだけですょ、色んな人に対してネ。だからあんまり合わないですょ。それからあのいや、これはあの良寛のことをモデルに言ったんだと、そういうふうな考えもあったんですネ。ところがネ、あの最近これは実はあのみなさん知ってる？　斉藤宗次郎[註33)]という人知っている？　名前聞いたことがある？　ないでしょ。斉藤宗次郎という人がモデルじゃないかとネ言われる説がある。〔名前を板書する〕それであの斉藤宗次郎という人がモデルじゃないかという説がこのところ急激に強くなって（来ているんです）。

まああの京都に日文研という国際日本文化研究所というのがあるんだそうですけど、そこの所長をやっておられた有名な宗教学者で山折哲雄[註34)]という人がいるんです。まだ生きていますけどネ。京都にお住まいだと聞いていますけど。この人が、まあこの人があのモデルだとはっきりは言っていないんですけれど、あの、最近、二、三年前かな、岩波文庫から、この岩波文庫じゃない、岩波書店から斉藤宗次郎の日記をネ――大部の日記です――を出版したんですネ[註35)]。この学校の図書館もどっかで買ってあるはずです。

あので、これはどういう人かと言いますと、実は宮沢賢治が、この人の生まれはネ、1700、1800、1877年ですから座古愛子さんとひとつ違いです。そして死んだのは、長生きして91歳で亡くなったというのは1968年ですから、まあ今からネ、今から40年くらい前ですネ。まあ生きていたんですネ。でこの人は実は花巻の最初のクリスチャンなんですょ。で、賢治が1896年生まれですからネ。この人は大体あの座古さんから影響を受けた中村久子さんとほぼ同じ頃の生まれですネ。で、でこの人は座古さんとほぼ同年の生まれですょ。で、この人ネ、元もとネ、あの花巻の生まれなんですょ。花巻の禅宗のネお寺さんの三男坊です。当然あのお坊さんになって良かった人なんですが、20代の初めぐらいに内村鑑三[註36)]の影響を受けたと言うんですけど、クリスチャンになったんですネ。そしてあの内村鑑三に最後まで忠実に仕えたんですけど、この人が（を）ネ、あの実は賢治がすごく尊敬してたらしいんですネ。でこの人の日記を読むとそれが出て来るんですネ。で長寿だった上に、克明な日記を残したんで大変な資料が見つかったんですネ。で山折さんがその一部をあの岩波書店で出版したんですけど、それによるとですネ、あのこの人はあのクリスチャンになるんですが、かなりネ、あのすごいクリスチャンなんですよネ。あの、まあこの明治時代のクリスチャンというのはすごいですネ。座古さんにしても、〔笑いながら〕西の座古さんにしても、北のこの人もネ。その、当時耶蘇教でしょう？　耶蘇教と言われてまあある嫌がられたわけですネ。そしてあのしかもお寺の出でしょう？　ですから親から勘当されるわけですよ。道を歩いても石を投げられたって言うんですネ。それからあの小学校の先生をやってたんですが、あの日露戦争などに内村鑑三などは反対したんだけれども、これをはっきり反対したり、納税を拒否したりしたから、県の当局からも睨まれたり、それから小学校も結局もう先生をやってられなくなるわけですネ。首になっちゃうんですよ。で首になって気の毒なのは、そのひとり小さな娘がいたんですけど、その子はあのやっぱりいじめに遭うんですネ。いじめに遭って、男の子に腹をけられて、腹膜炎になって亡くなっちゃうということまで起きるんですネ。あの、そしてまあ言わば、言わば、但しそこから、あの、その、その花巻の町から逃げないんですネ。

そこでまあある心配した内村鑑三が訪ねてまで来るんだそうですが、彼はここであの内村鑑三の勧めもあって新聞の配達をやるんですネ、新聞配達。新聞配達をやるんで、毎日朝早く起きて、一日40キロ――40キロと言ったらすごいですよ、ネ――それを走ったって言うんですよ。で、あのその中で、あのそういう生活ぶりだったらしいんですネ。そしてその、まあこの詩に書いてあるように、その病気の子供があれば行って看病し、――まあ恐らく新聞配達をやってということは、そういう色んな情報が入ったんでしょうネ――「西ニツカレタ母アレバ　行ッテソノ稲ノ束ヲ負イ」というようなことをやってたらしいんですネ。そして心ある人は従って、あのまあ心ある人はみなこの人の偉大さが段々分かって来るわけですネ。で花巻のトルストイとまで言われるようにまでなったそうですが、それがですネ、あの日記にありまして、あるとき小学校に集金に行くわけですネ、あの新聞配達のネ。そしたら、そのとき出て来たのが宮沢賢治。宮沢賢治の家はネ、その元もと宮沢賢治っていうのは花巻のかなりお金持ちの息子ですょ、あれは。だから当時あの蓄音機などを買って、ベートーヴェンだのチャイコフスキーだのって、〔笑い〕レコードを買い集めて、コロンビアだったかどこだったか知らないけど、それは花巻でやたら注文して来る人がいるっていうんで〔笑い〕、特別な表彰をした、したっていうくらいあの彼はあのそういういわゆる洋楽ですネ、洋楽を聞いていたんですけど。でお金をまぁあの集金に来たら、彼がこぅ自分の部屋ネに入れて、一緒にそのベートーヴェンの第八シンフォニーかなんかを彼と聞いたという記述があるんですょ、あの彼の日記にネ。でそのとき自分に詩を見せてくれたと。これがあの例の「永訣の朝」というあの自分の妹が死んで行ったときの、まぁ宮沢賢治の中では最も有名な詩です、「雨にも負けず」以上にネ。あの、なんと言うか有名、有名さではかないませんけど、こっちに。非常にこぅ激しい詩なんですけど、それであの書いている詩で、宮沢賢治はまぁこういう人物ですから、当時はあの、あれですネ、宗教こそ違うけれども、えらくこのこの人には深い感銘を受けていたんですネ。でこの、この斉藤宗次郎さんというのは、まぁ賢治よりも20（歳）くらい上でしたけど、有名だったし、まぁこぅ10メートル走っては神様に祈り、10メートルまた走っては神様に祈りって、そういう新聞配達をしてたんでしょう。で、困った人にはいつもこぅ喜んで手を差し伸べる人だったって言いますから、その深い影響をどっかで受けてたらしいんですネ。

であのいよいよまぁあの1926年だそうですけど、あの、この花巻の地を去ってネ、この斉藤さんが内村鑑三の下に行って、東京に上京して行くときが来ると、あのその日は誰も駅などには見送りに来てくれないだろうと思って駅に行くと、そうするとですネ、その頃はもう評価が変わっちゃって、町長を初め町の有力者、学校の教師、生徒、神主、坊さん、それから乞食[註37)]に至るまでが彼を見送ったって言うんですょ。そういう記事があって、その見送った人の中に30歳になっていた宮沢賢治がいたって言うんですネ。であの、で最近、ですからこれぁの21世紀になってから出て来た、有力になって来た説ですけど、山折さんが書いている（説によれば）、この「雨にも負けず」のモデルはこの人じゃないかと。どうも、どうも僕もネ、これ見てみるとネ、あのこの「雨にも負けず」の「ソウイウモノニ　ワタシハナリタイ」と言うわけですけど、この「デクノボー」、この「デクノボー」ってのはまぁアガペーの実践をやっている人ですネ。これ（は)、我々、我々（は）キリスト教の人間なんだけれども、キリストのあれですよ、姿ですよネ。そうでしょ。まぁ確かにあの常不軽菩薩ってのはいますけど、あれはあの捜せばいますけど、まぁあれは言ってみると、礼拝をして回っていたというまぁそういう菩薩ですよネ。それにやっぱりあの現実に――宮沢賢治の家からなんか100メートルか200メートルくらいしか離れていなかったと言うんですネ、彼のいた新聞（販売店)、当時やってたのは――こういう人間が横にいたらネ、こらぁ賢治のような人は影響受けますよ。で、まぁこれはキリスト教徒の勝手な解釈というわけではありません。第一、山折さんはキリスト教徒ではありませんから。まぁそういうのが出て来たんでネ、みなさんにもちょっとご紹介しておきましたが、まぁアガペーの実践ということでネ。まぁあの宮沢賢治という人は不思議にまぁあの仏教徒だったと言っても、あの、あの彼の書いた童話を読んで（みると)、不思議にこぅキリスト教的雰囲気があるんですよ。風の又三郎（が）風と共に去っちゃったりネ。風ってなことにプネウマって言いますネ〔笑い〕。あの不思議にあのそういう雰囲気を持った人なんですけれど、まぁ元もとそういう狭い宗教、特にまぁ日蓮的の狭い宗教のあれじゃないですから。

それからぁの滝沢克己先生が――滝沢先生はもう亡くなっちゃったのはずいぶん前ですから、今から20年以上も前に亡くなっていますが、そのことを知らないと思いますけど――滝沢先生も非常に関心を持ってまして、これはぁの滝沢先生の場合は、奥さんがネ、確かあれですょ、この賢治と同じぁの東北の出ですょネ。滝沢先生の書物を読むとネ、なんかそっくり賢治のようなネ文章が出て来るんですょ。〔笑いながら〕僕は前からおかしいなと思っていたら、よく読んでいたために影響を受けちゃったんですネ、文体がネ。そういう意味でなかなか面白いなと思ったんですけど。ぁの、まぁそういう意味でネ、僕はこの「雨にも負けず」という詩、まぁこれはぁの文学の好きな人はこういう詩はぁの宗教臭くて嫌だと言いますけれど、それでもここに出ているのは、僕はネ紛れもないイエスの姿じゃないかと思うんですけどネ。まぁそういうことはぁのネ、余談で申し上げておきますネ。まぁ因みに斉藤宗次郎さんですが、ぁの最後まで内村鑑三の――内村ってのは非常に優秀な人も集めたけども、みんな弟子に裏切られちゃった人なんですけれど――この人は最後まで面倒を見て、ぁの死に際を看取った人ですネ。なかなかぁの明治のクリスチャンというのはすごいですネ。

まぁそれでまぁアガペーの実践ということで、これは終わったわけですが、もう少しだから読んでお仕舞いにしましょうネ。

〔ここで学生から質問が出るが、聞き取れない〕

それからぁのこれはぁの「善きサマリア人のたとえ」を思い出しますょネ、これは愛の実践というとネ。善きサマリア人のたとえについては、石川（立）先生[註38)]がぁの何年か前に――ぁのこの大学で出している『キリスト教倫理』かな――（そこ）に出した非常に優れた論文ですから読んでいただけるといいと思います。僕は何号だったかちょっと忘れちゃったんですけれど、読んで非常に関心いたしました。なかなか善きサマリア人のたとえについてあれだけいい論文ってのは少ないですから、読まれると良いでしょう。

3

［授業資料から］

6：3-6　罪（の正体）とその自己責任

3 **εἰ** γὰρ **δοκεῖ τις εἶναί τι μηδὲν ὤν, φρεναπατᾷ ἑαυτόν**.
4 τὸ δὲ ἔργον ἑαυτοῦ δοκιμαζέτω ἕκαστος, καὶ τότε εἰς ἑαυτὸν
μόνον τὸ καύχημα ἕξει καὶ οὐκ εἰς τὸν ἕτερον·
5 ἕκαστος γὰρ τὸ ἴδιον φορτίον **βαστάσει**.
6 Κοινωνείτω δὲ ὁ κατηχούμενος τὸν λόγον τῷ κατηχοῦντι ἐν
πᾶσιν ἀγαθοῖς.

［私訳］

6：3　**もしある人が、事実そうでない（無である）のに、自分が何か偉い者である（有である）ように思っているとすれば、その人は（自分で）自分を欺いているのである。**

6：5（その結果、終末において）人はそれぞれ自分自身の荷（＝自分が犯した罪の責任、自分の思い違いの責任）を**負わなければならなくなる**から、

6：4　ひとりびとり、（他人より）自分の行いを検討してみるがよい。そうすれば、（誇ったとしても、せいぜい）自分に対してしか誇りは持てず、ほかの人には誇れなくなるであろう。

6：6　御言を教えてもらう人は、教える人と、すべて良いものを分け合いなさい。

［授業］

はい、それではネ、もう残りですけど。6章3節、「もしある人が、事

実そうでないのに、――これは口語訳に従ったんです――自分が何か偉い者であるように思っているとすれば、その人は自分を欺いているのである」。これネ、これネ、これはさらっと書いてありますけど、罪というものの本質を非常にうまく書いてんですネ。これはとても重要です。あの罪というのはあの難しい研究はあるんですけど、この通りですネ。もし自分が――原文は μηδὲν（メーデン）ですから――無であるのに有であると思って、思う。これですよ、罪というのはネ。自分が無であるのに、有である思う。この、こういう、こういうふうに思い込むと言うか、思い上がると言うか、ネ、そうする、その人は自分を、で思い違いしているんだと。自分で自分を欺いているんだと。ですからネ、ですからネ、あのここにネ、あのパウロという人の罪の見方が非常によく出てますネ。非常によく出てます。

罪というものは――よろしいですか――自分の責任だってことですよ、罪を犯すということは。これがパウロの考え方です。罪というのは、人間にはどうしようもなくて、どうしようもなくて人間（は）罪を犯すんだという見方が日本では非常に強いんです。これは浄土真宗の影響です。罪を犯すというのは、基本的に自分の意志ではどうにもならない力に左右（されてしまうことだと考えます）。（そういう）力。まあそれは浄土教[註39)]の場合はこれは宿業(しゅくごう)とか（言います）。「しゅく」というのは宿る、「ごう」は業ですネ。宿痾(しゅくあ)とか宿業。先祖代々積み重なって来た（ものですが）、で割とこの辺の影響からか、あの日本では原罪、原罪思想ですネ。（それ）を強調する神学者などいるんですけれど、人間（が）罪を犯したくなくても犯さざるを得ないという、こういう見方ですネ。罪を犯すとすれば、なにか他の力が働いているんだ（という）、これはローマ書、さっきやったローマ書７章にそういう見方が出て来るんです。さっき言ったようにローマ書７章というのは、パウロのあの本来の言わんとしていることじゃないです。ところがパウロの見方はこうです。もしある人が、事実そうでないのに、自分が何か偉い者であるように思っているとすれば、それは自分で自分を欺いているんだ。ですからこれは言ってみると、罪の責任というものは本人にあるという言い方です、これは。よろしいですか。これは忘れないようにしときましょう。

ですからね、今度訳の方は、今僕が君たちに渡した訳は、6章3節じゃなくて6章5節が来てますけど、別にそれはあのbecauseという文章が5節ですから、それを前に持って来たに過ぎません。（5節）「人はそれぞれ自分自身の荷——荷物ですね。それは結局自分が犯した罪の責任、自分の思い違いの責任ということですが——を負わなければならなくなる——これはあの未来形で書いてあるんですね。ですから——終末において、負わなければならなくなるから、各人は自分の行いを検討してみるがよい」というのが4節と5節の言い分です。訳は分かり易いように5節を先に持って来てるに過ぎません。ですからこれも罪というのは、結局罪を犯すのは本人の責任である。だから、だから、その終末においてということは、まぁ結局今においてということなんですが、自分のその、その罪の責任を負わなければならない。自分で自分の責任を負わなければならないから、今自分の行いを検討せよ、こういうことですね。

ここなどはさらっと書いてあって、まぁ普通こんなとこ、パウロの罪に対する考え方なんていうときには、こんなとこ忘れちゃってるのが大部分ですけど、ここなんかそういう意味で罪というものの、罪というものは実はなにかと言うと、思い上がりだということですね。実際その責任は自己責任、自己責任であるということ。このことを我々はあのパウロのまぁ基本的な見方であるということを知っておく必要があります。そうでないと、あの罪というものは、人間が犯したくとも、犯したくなくても犯さざるを得ない。そういうことが7章に書いてあるんです、ローマ書7章でね。しかしその7章のそういう人間像を8章で否定しているわけですから、本当は違うんですけれど、そんなこと考えない人たちは、あれはあのその、自分は罪を犯したくないけど犯してしまう。でそらぁ、あれはやったのは俺じぁないんだと。俺じゃなくて罪がやったんだと、というまぁパウロの科白を前、あのよく前後関係を、コンテキストを無視した上で、そこだけを採って来てあの論ずる人がいますけど、あれは違うんですょ。これ、本来これがそうです。

滝沢（克己）先生がよくあのサルトルの言葉を使って、引いて、「私は悲しい」というのは、サルトルは、自分は、自分で自分を悲しくしているんだという…、サルトルは人間が悲しいと言うときは、あれは人間が自分で自分を悲しくしているんだという、そういう分析をしているということをよく取り上げますが、これは滝沢先生の言わんとしていることは、「人間（が）罪人だ」と言うときは、あれは私が私を罪にしているだ、罪人にしているんだと、こういう意味で引っ張って来ているわけですネ。ですからこれは、あの滝沢先生なんかの認識もそうですネ。人間は罪人だと言うときは、人間が自分を、自分で自分を罪人にしている。それなのに「誰か助けてくれ」と言ってる、こういう考え方ですネ。ですからあの、元もとネ宗教の罪に対する見方は、浄土真宗流の、どうにもならなくて罪を犯すという見方と、それから、あのそうじゃない、罪というのは元来、本来本人の責任で、自分でやっちゃってるんだと、そういう見方と、仏教にも二通りあるんですょ、理解の仕方がネ。で、パウロは明らかに後者の方ですネ、その言い方から言うと。私は、ですから「私は罪人です」「罪人ほど救われるんです」というような非常に勝手な理屈をくっつけてるに過ぎないと、こういうことですネ。まぁそれはともかくとして、ここで罪というもののネ（正体が明らかにされている)。そうですネ。やっぱりこの人間の罪というのは最終的にやっぱりその人自身にあると。思い込んじゃってる。思い違いをしていると。

それからその次ですけど、6節。ちょっと孤立しちゃってて、前後関係を取りにくいんですけど、「御言を教えてもらう人は、教える人と、すべて良いものを分け合いなさい」という言葉が来ています。

4

［授業資料から］

6：7-10　時間と終末（審判）

7 Μὴ πλανᾶσθε, θεὸς οὐ μυκτηρίζεται. ὃ γὰρ ἐὰν σπείρῃ
ἄνθρωπος, τοῦτο καὶ **θερίσει**·
8 ὅτι ὁ **σπείρων** εἰς τὴν σάρκα ἑαυτοῦ ἐκ τῆς σαρκὸς **θερίσει**
φθοράν, ὁ δὲ **σπείρων** εἰς τὸ πνεῦμα ἐκ τοῦ πνεύματος
θερίσει ζωὴν αἰώνιον.
9 τὸ δὲ καλὸν ποιοῦντες μὴ ἐγκακῶμεν, **καιρῷ** γὰρ **ἰδίῳ**
θερίσομεν μὴ ἐκλυόμενοι.
10 Ἄρα οὖν ὡς καιρὸν ἔχομεν, ἐργαζώμεθα τὸ ἀγαθὸν πρὸς
πάντας, μάλιστα δὲ πρὸς τοὺς οἰκείους **τῆς πίστεως**.

［私訳］

6：7　思い違いをしてはいけない、神は侮られるようなかたではない。人は自分の**播いた**ものを、**刈り取る**ことになる。

6：8　すなわち、自分の肉に**播く**者は、肉から滅びを**刈り取り**、霊に**播く**者は、霊から永遠のいのちを**刈り取る**であろう。

6：9　わたしたちは、善を行うことに、うみ疲れてはならない。たゆまないでいると (wenn wir nicht ermatten)、**時が来れば刈り取る**ようになる。

6：10　だから、時間のある間に（solange wir noch Zeit haben — Lut)、だれに対しても、とくに信仰の仲間に対して、善を行おうではないか。

［授業］

そしていよいよ最後の方に来ますが、7節、8節、9節は、「思い違いをしてはいけない、神は侮られるようなかたではない。――ここなんかも、以下の論説はまったく『人間は自分の責任で』という言い方ですぇ――人は自分の播いたものを、刈り取ることになる。すなわち、自分の肉に播く者は、肉から滅びを刈り取り、霊に播く者は、霊から永遠のいのちを刈り取るであろう」。というわけで、まぁここでは具体的にはあの愛の実践をする者はいのちを受け取り、そうでない者は滅びを受け取るということになるんだろうと思いますが、まぁもっと一般的な書き方をしていますぇ。「自分の肉に播く者は、肉から滅びを刈り取り、霊に播く者は、霊から永遠のいのちを刈り取る」。こういう意味で、まったくこれは本人の責任で、ということですぇ、これは。

（9節）「わたしたちは、善を行うことに、うみ疲れてはならない。――ですからこういう見方ですから、あのいわゆるあの、その――たゆまないでいると、時が来れば刈り取るようになる」と言ってるんですから、これは人間が――まぁこれは恐らく第二義の義認について言ってるわけで、第二義の義認ですぇ。第一の義認、第一義の、第一の義認というのは、救いというのは神様から与えられているわけですが――それを自らのものにするかどうか、ということは全く本人の責任と努力だと、こういう言い方ですぇ。もう「うみ疲れてはならない。たゆまないでいれば、時が来れば刈り取るようになる」と言うんですから、ですから我々がまぁ、あの、その人間がその救われているわけですけれど、足元にはまさに神の恵みが来ているわけですけれど、それを自らのものにできるかどうかは、もう全くこれは本人の責任と本人の努力だと、こういうことですぇ。ごく正論じゃないかなと思うんですぇ。もう、こうですからこれは、うみたえ、うみ疲れずたゆまないでやれば、時が来れば必ず分かる、必ず得られる（ということですぇ）。

結局まぁこれは愛の実践ということで、ことですけれど、それをちゃんとやって行けば——なかなか斉藤宗次郎さんのようにはこれはできないけれど〔笑い〕——やっぱりそうなんでしょうネ。こういうふうにちゃんと書いてあるネ。すごく真っすぐだネ。なんかもう理屈つけて、俺はできないからとかなんとかってこと、言わないですネ〔笑い〕。

そして10節、「だから、時間のある間に——ってのは、生きてる間ってことでしょうネ——だれに対しても、——まぁここは特にあのガラテヤの教会に書いたわけですから——とくに信仰の仲間に対しては、善を行おうではないか」。まぁこれは普通の信仰という意味ですネ。あるいはここは同心、同心の仲間ということですネ。というわけです。

5

［授業資料から］

結　語

§1　6：11–16　新しき被造物

11 Ἴδετε πηλίκοις ὑμῖν γράμμασιν **ἔγραψα** τῇ ἐμῇ χειρί.
12 Ὅσοι θέλουσιν εὐπροσωπῆσαι **ἐν σαρκί**, οὗτοι ἀναγκάζουσιν ὑμᾶς περιτέμνεσθαι, μόνον ἵνα τῷ σταυρῷ τοῦ Χριστοῦ μὴ διώκωνται.
13 οὐδὲ γὰρ οἱ περιτεμνόμενοι αὐτοὶ νόμον φυλάσσουσιν ἀλλὰ θέλουσιν ὑμᾶς περιτέμνεσθαι, ἵνα ἐν **τῇ ὑμετέρᾳ σαρκὶ** καυχήσωνται.
14 Ἐμοὶ δὲ μὴ γένοιτο καυχᾶσθαι εἰ μὴ ἐν **τῷ σταυρῷ τοῦ κυ-**

ρίου ἡμῶν Ἰησοῦ Χριστοῦ, δι᾽ οὗ ἐμοὶ κόσμος ἐσταύρωται κἀγὼ κόσμῳ.

15 οὔτε γὰρ περιτομή τί ἐστιν οὔτε ἀκροβυστία ἀλλὰ **καινὴ κτίσις.**

16 καὶ ὅσοι τῷ κανόνι τούτῳ στοιχήσουσιν, εἰρήνη ἐπ᾽ αὐτοὺς καὶ ἔλεος καὶ ἐπὶ τὸν Ἰσραὴλ τοῦ θεοῦ.

［私訳］

6：11　ごらんなさい。わたし自身いま筆をとって、こんなに大きい字で、あなたがたに**書いている**ことを。

6：12　いったい、**肉**において見えを飾ろうとする者たちは、キリスト・イエスの十字架のゆえに、迫害を受けたくないばかりに、あなたがたにしいて割礼を受けさせようとする。

6：13　事実、割礼のあるもの自身が律法を守らず、ただ、**あなたがたの肉**を誇りたいために、割礼を受けさせようとしているのである。

6：14　しかし、わたし自身には、わたしたちの主イエス・キリストの十字架以外に、誇とするものは、断じてあってはならない。**この十字架によって、この世はわたしに対して死に、わたしもこの世に対して死んでいるのである。**

6：15　割礼のあるなしは問題ではなく、ただ、**新しく造られること**（**καινὴ κτίσις**）こそ、重要なのである。

6：16　この法則（**κανών**）に従って進む人々の上に、平和とあわれみとがあるように。すなわち、神のイスラエルの上にあるように。

［授業］

そして最後にまぁ結びですね。（11 節）「ごらんなさい。わたし自身いま筆をとって、こんなに大きい字で、あなたがたに書いている」。これね、元もとアオリストなんですよ。アオリストだから「書いた」と書いてある。

「書いた」と書い…、アオリストをこのまま文字通り採るとネ、全部「書いた」ということになるんですネ。でもまあ、これはあのこの聖書の訳、あの、ですからそういうふうに採る人もいるんです。ですからガラテヤ書は全部彼が手で書いたんだと。しかしこれはあのなんかよく分からないけどネ、現在の意味のアオリストなんだそうです、学者の話によるとネ。ですからこれは今書いているのがそういうことで、今までのは実は全部口述筆記だと。でこっちが有力だと。僕はその辺が判断（は）できません。分からない。多数説は従って「書いている」と〔笑い〕、日本語訳の聖書の通り。ルター訳も現在形で書いますネ。わたしはいまこんなに大きい字であんたたちに書いているよと。それまで、その前までは、つまり6章の10節までは、10節までは口述筆記だと。それは多数説によるんです。

12節ネ、「いったい、肉において見えを飾ろうとする人たちは、キリスト・イエスの十字架のゆえに、迫害を受けたくないばかりに、あなたがたにしいて割礼を受けさせようとする」。これはさっき話したネ。

13節、「事実、割礼のあるもの自身が律法を守らず、ただ、あなたがたの肉——そういうことを言ってる人間が律法を守ら、守らないで——ただ、あなたがたの肉——まあ割礼のことですネ——割礼を誇りたいために、割礼を受けさせようとしているのである。しかし、わたし自身には、——14節、有名な節ですネ——わたしたちの主イエス・キリストの十字架以外に、誇とするものは、断じてあってはならない。——でこれは後半の文章、副文の方が有名なんですネ——この十字架によって、この世はわたしに対して死に、わたしもこの世に対して死んでいるのである」。これは同じ事態の別の表現に過ぎません。「この世はわたしに対して死に」で終わっちゃってもいいんですネ。逆から見ると「わたしもこの世に対して死んだ」。つまり「この世」「この世」って書いてありますけどネ、これはあの実際は無冠詞で書いてあるんですよネ。そうだったんじゃないかな。〔原文を確認する〕κόσμος（コスモス）、そうですネ。無冠詞で書いてありますけど、これは冠詞付きと同じ意味だということは、ブルトマンでやった覚えがありますけど。この世はわたしに対して死に、わたしもこの世に対して死んでいる。ですからこれはさっき言ったところでやると、このキリスト・イエスとのものであるわたし、キリスト・イエスとひとつであるわたしにとっては、この世はすでに去っているんですネ。この世、この κόσμος です。アダムの世界。これは去っているんですネ。もう過ぎ去った、古きは過ぎ去った。

（15節）でそこにおいては、そういうキリスト・イエスの十字架においてはということは、すなわちキリスト・イエスにおいては、割礼のあるなしは問題ではない。これはさっきも同じようなのがありましたけど、ただ新しく造られること、καινὴ κτίσις（カイネー　クティシス）、これは新しき被造物とも採れますネ。新しき被造物、まあ新しき人間ってのはここから来てる。新しき人間こそ重要、あの重要なのである。つまりまあイエス・キリストにあっては、あるいはキリストの十字架にあっては、もう割礼だとか、無割礼だとかいうことは問題ではなくて、ただそれをしっかりと受け止めてネ、新しい人間になること、これが重要ですネ。ですからこの6章15節は、さっき一時間目にやった5章の6節とおんなじですネ。5章の6節は、キリスト・イエスにあっては、割礼が重要なのでもないし、無割礼が重要なのでもなくて、ただ愛の実践を伴う、愛の実践を伴うピスティス（πίστις）、信仰が重要なんだということですネ。それと同じ内容ですネ、ここは。キリス、「この十字架によって」ということが14節にありますから、6章15節では、そこにおいては割礼のあるなしは問題ではなく、新しく造られることが重要なんだと。ですからこれらはみな、実際はキリスト・イエスにあって、キリスト・イエスにある、ネ、in Christ、〔呟き込みながら板書する〕というここに自分がある、ネ。それは実は、新しく造られるってことはChrist in me ということなんですネ。わがうちなるキリスト。そこ、まあこれを〔板書〕まあ、まあキリスト・イエス（がわがうちに）まぁ入っているというのは変ですけどネ、キリスト・イエスにあることが、わたしのうちにあるキリスト。〔黒板をコンコンと叩きながら〕ここからここへ。ですからこれはまぁ〈まこと〉から〈まこと〉へ。エック　ピステオース　エイス　ピスティン（ἐκ πίστεως εἰς πίστιν）、「信仰から信仰へ」と訳されますけど、ピスティスからピスティスへ。これが大切なんだと、こういうふうに言ってるわけですネ。キリスト・イエスの中にある人間は、人間は、人間はキリスト・イエスの中にありますから、それは、それをしっかりと認識する、自覚する。ということは、わたしのうちの、わたしのうちのキリストがそれを自覚するわけですネ。ですからキリスト・イエスの中にある、我々はキリスト・イエスの中にあるわけですけど、それは、そう、そうである以上、わたしのうちにキリストがあると、そのことをちゃんと自覚することが重要だと。全部このことを言って来てるわけです、ずーっと、ガラテヤ書は。

ですからこれを16節でなんと言っているかというとネ、「この κανών（カノーン）」と言ってんですょ。κανών てみなさんご存じでしょう。基準とか法則という意味です。「この法則―― κανών というのはギリシヤ語ですけど――この法則に従って進む人々の上に、平和とあわれみとがあるように。――と言ってるわけですネ――また、神のイスラエルの上にあるように」。ですからここでも、我々人間はキリストの中にある。だから――これは直接法ですネ――だから、あんたたちはそれをしっかり認識しなさい。これは命令なんです。それ、その、それを認識するのはやっぱりわがうちなるキリストなんですネ。わがうちなるキリストでないとそれは認識できないんですょ。ego in Christo から Christus in me、そこへキリストから、まぁ神のうちなるキリストからわがうちなるキリストへ。エック　ピステオース　エイス　ピスティン（ἐκ πίστεως εἰς πίστιν）、神の〈まこと〉から人間の〈まこと〉へ。これですネ。この基準、この法則、この法則に従って進む人々（が）、それが、ですからネ、それがちゃんと認識できるかどうかってことは、さっきも言ったように自分の責任だって言うんですよ、ネ。自分の責任だと。で肉に蒔いていたらできないよと言ってんです。霊に蒔いていれば、いつかは時節が訪れれば、時節が訪れるならば必ず認識できる。そういうもんじゃないでしょうかネ。確かに、誰でも認識できることです、それは。誰でも認識できるんです。そんなに特別な人に、特別に与えられたんじゃなくて、誰だってできるんです。そういうふうに言っている。しっかりと基準を守って行けば（必ず認識できる）。我々は、我々はキリストのうちにある。だからそれをしっかり認識する。それは、それはわたしのうちにあるキリストが、そのキリストを認識する、ネ。それをキリストからキリストへ、エック　ピステオース　エイス　ピスティン、〈まこと〉から〈まこと〉へ、こう言って来たわけですネ。最後までこう来てるネ。この法則に従って歩む人は、必ず平和と祝福が来る。

この、ですからそれはまああのローマ書の、ローマ書 1 章 17 節、「神の義はエック　ピステオース　エイス　ピスティン、〈まこと〉から〈まこと〉へと、神の〈まこと〉から人間の〈まこと〉へと、神のキリストから人間のうちなるキリストへと〔黒板をコンと叩く音〕啓示されている。というあの、これこそパウロ神学が、パウロが言いたかったこと。それがここにちゃんとまあ認識できるんだと、自分の責任で、こういうわけなんですよ。それでまあこのガラテヤ書も終わりになったわけですネ。後二カ所。

［授業資料から］

§2　6：17–18

17 Τοῦ λοιποῦ κόπους μοι μηδεὶς παρεχέτω· **ἐγὼ γὰρ τὰ στίγματα τοῦ Ἰησοῦ ἐν τῷ σώματί μου βαστάζω.**
18 Ἡ χάρις τοῦ κυρίου ἡμῶν Ἰησοῦ Χριστοῦ μετὰ τοῦ πνεύμα-

τος ὑμῶν, ἀδελφοί· ἀμήν.

〔私訳〕

6：17　だれも今後は、わたしに煩いをかけないでほしい。**わたしは、イエスの焼き印を身に帯びているのだから。**

6：18　兄弟たちよ。わたしたちの主イエス・キリストの恵みが、あなたがたの霊と共にあるように、アァメン。

〔授業〕

6章の17節、「だれも今後は、わたしに煩いをかけないでほしい。わたしは、イエスの焼き印を身に帯びているのだから」。すごいネ。これはあの佐竹（明）さんの説ですと——これはあの多くの説がそうです——どっかでやっぱり色んな刑、〔笑い〕色々な鞭打ちの刑など、その40に一つ足りないとかなんとか（Ⅱコリント11:24)、そのときの障がいじゃないかと言われていますネ。身に帯びている。

18節、「兄弟たちよ。わたしたちの主キリスト・イエスの、イエス・キリストの恵みが、あなたがたの霊と共にあるように、アァメン」。そしてこのガラテヤ書が終わってるわけですネ。

というわけで、まあここでまあ一応パウロの基本的なキリスト教の掴み方というものをネ、ガラテヤ書を例にとって——もっと組織的にはローマをやらないと足りない点が多いんですけど——お話をして来たわけです。ですから、まあ一応は、基準としてはあのローマ書1章17節のエック　ピステオース　エイス　ピスティン（ἐκ πίστεως εἰς πίστιν）でまあ理解できると思ってやって来た。でたまたま前期に、このエック　ピステオース　エイス　ピスティンを、必ずしもこれだけの解釈をやってたんじゃないですけど、ブルトマンがこれは、このエック　ピステオースというのは、説教者の説教を言って、エイス　ピスティンの方は、エイス　ピスティンの方は聴衆の信仰を言ってんだと、信仰から信仰へなんだと、説教者の信仰が聴衆の信仰へと、こうそれで救いが伝わって行くんだと、こういう理解(をしたわけです)。まぁ新約学者の中でこれほどはっきりと打ち出している人は少ないと思いますけど、そういう理解をまぁ取り上げて、だいぶ批判的なあの紹介をしましたけど、まぁブルトマンの場合は従ってまぁ言ってみると、パウロの信仰、パウロが信じたからわたしも信じる、こういう感じですネ。パウロが信仰したからわたしも、わたしも信じると。言ってみると、これは人から人の信仰というふうに(な)採り方ですが、しかしパウロを読んでみると、このエック　ピステオースというのは神の信仰ですネ。

ですからそれぞれが自分の足下に来ている神、神の働きかけ、あくまでこれは、まぁ少なくとも僕や、僕があの尊敬する人たちから学んだ生き方は、このエック　ピステオースというのは神の信仰ですネ。神からわたしへ。そういう採り方で、まぁブルトマンのような「人から人へ」という、という採り方とはまぁ違って来るわけですけれど。まぁこれはネ、まぁあの聖書の読み方の違いでやむを得ないんですけど、でも両方が正しいってことはあり得ないですネ。この場合、エック　ピステオース、ずっと僕は、最初のはこれは神様の〈まこと〉、それから人間へと(いう読み方をして来ました)。それはあの人間の、人間の現実ですネ。人間の現実が語って来る。それをまぁ神の言葉。エック　ピステオースはあくまでそういう人間の現実。だからそれはキリスト、それがわたしのうちなるキリストへと語って来る。そういうふうに採って来たわけですよネ。

ブルトマンのような採り方もあるんですよ。だからこれはあくまで、説教の場合の話なんだと。あくまで説教の場の話なんです。説教者から被説教者へ。「被」というのはこの場合はあの説教を聞く人という意味。聴衆、聴衆という意味。こういう採り方もある。まぁこれはパウロ解釈の違いですけどネ。まぁあのこういうのはひとつの理解の仕方で、みなさんはこれからまぁパウロも読んで行かざるを得ないわけですけどネ、パウロを外したキリスト教ってないですからネ。まぁ僕がここで申し上げたことを参考にして、参考にならないかも知れないけど——邪魔しちゃってるかも知れないネ〔笑い〕——あのもっと深い読み方をして行ってくださることをまぁお願いしたいですネ。それが君たちのまた仕事なわけです。

まぁごたごたと、一方的にしゃべることでやって来てしまいましたけど、一応僕のお話としては今回はこれでお仕舞いです。どうも、お退屈様でした〔笑い〕。

〈講　演〉

パウロは何を説いたのか

2010年4月25日

日本福音ルーテル東京池袋教会

［配布資料］

パウロ的キリスト教とは：人間はキリストの中にある（人基一体・人基相入）

in Christ, in the pistis（まこと）of the Son of God (Gal 2:20)（これの対抗概念が in Adam）

パウロ的キリスト教の基本構造：

1) あなたがたは事実上例外なしにアダムの中にあるが、しかし真実には全員がキリストの中にある。

2) だからあなたがたは自分がキリストの中にあるという、この根源的な事実（真実）に気づき、それをしっかりと認識しなさい。

1)　第一のピスティス・神の〈まこと〉

ガラ 2:19c ～ 20a：わたしはキリストと共に十字架につけられている。 生きているのは、もはやわたしではない。**キリストがわたしのうちに生きておられる**のである。

ガラ 2:20b：というのは、わたしがいま肉にあって（in the flesh）生きているのは、わたしを愛し、わたしのためにご自身をささげられた**神の御子の〈まこと〉（ピスティス）の中に生きている**からである。（and the life which I now live in the flesh I live by the faith of the Son of God, who loved me, and gave himself for me. (KJV)）（ただし KJV とは異なり、多くの英訳聖書や邦訳聖書は下線部を the faith in the Son of God「神の御子に対する信仰」と訳している）

第一コリ 1:30：しかし、**あなたがたがキリスト・イエスの中にある**

のは神による。この（わたしたちを自らの中に抱く）キリスト（こそ）が、神からわたしたちへ（与えられた）知恵となり、義と聖と贖いとなったのである。

2) 第二のピスティス・人間の〈まこと〉・人間の信仰

第二コリ 13：5　あなたがたは、はたして自分が**〈まこと〉（ピスティス）の中にある**かどうか、自分自身を吟味し、自分自身を検証するがよい。それとも、自分自身のことを、**イエス・キリストがあなたがたの中におられる**ということを、認識しないのか。——ただし、あなたがたが失格者（偽物）でもよいというなら話は別だが。

義認とは

ローマ 1：17　というのは、**福音（宣教）にいう神の義は、（神の）〈まこと〉（＝第一のピスティス）より（人間の）〈まこと〉（＝第二のピスティス）へと、（すべての人間に）啓示されている（与えられている）**からである。「（ひと）義人（とされて・として）生くるは〈まこと〉によれり」とある如し。

ローマ 8：16　**御霊みずから、わたしたちの霊に、わたしたちが神の子（義人）である（＝「吾子よ」）と証言している。**

堕罪とは

創世 2：7　主なる神は土のちりで人を造り、命の息をその鼻に吹きいれられた。そこで人は生ける〈こころ〉となった。

(KJV 2:7 And the LORD God formed man of the dust of the ground, and breathed into his nostrils the breath of life; and man became a living soul.)

→ **soma psychikon（〈こころ〉・肉の〈からだ〉**口語訳）**（＝アダムなる〈わたし〉）、soma pneumatikon（霊の〈からだ〉）（＝キリストなる〈わたし〉）**（1Co 15:44）

創世 3：1（新改訳）　さて、神である主が造られたあらゆる野の獣のうちで、蛇が一番狡猾であった。蛇は女に言った。「あなたがたは、園のどんな木からも食べてはならない、と神は、ほんとうに言われたのですか。」
3：2　女は蛇に言った。「私たちは、園にある木の実を食べてよいのです。
3：3　しかし、園の中央にある木の実について、神は、『あなたがたは、それを食べてはならない。それに触れてもいけない。あなたがたが死ぬといけないからだ。』と仰せになりました。」
3：4　そこで、蛇は女に言った。「あなたがたは決して死にません。
3：5　あなたがたがそれを食べるその時、あなたがたの目が開け、**あなたがたが神のようになり、善悪を知るようになる**ことを神は知っているのです。」
3：6　そこで女が見ると、その木は、まことに食べるのに良く、目に慕わしく、賢くするというその木はいかにも好ましかった。それで女はその実を取って食べ、いっしょにいた夫にも与えたので、夫も食べた。
3：7　このようにして、ふたりの目は開かれ、それで彼らは自分たちが裸であることを知った。そこで、彼らは、いちじくの葉をつづり合わせて、自分たちの腰のおおいを作った。
3：8　そよ風の吹くころ、彼らは園を歩き回られる神である**主の声**を聞いた。それで人とその妻は、神である主の御顔を避けて園の木の間に身を隠した。

3：9　神である主は、人に呼びかけ、彼に仰せられた。「あなたは、どこにいるのか。」

3：10　彼は答えた。「私は園で、**あなたの声**を聞きました。それで私は裸なので、恐れて、隠れました。」

3：11　すると、仰せになった。「あなたが裸であるのを、だれがあなたに教えたのか。あなたは、食べてはならない、と命じておいた木から食べたのか。」

3：12　人は言った。「あなたが私のそばに置かれたこの女が、あの木から取って私にくれたので、私は食べたのです。」……（以下略）

神はどこで語り給うか

第二コリ4：10　わたしたちはいつもイエスの死を**この身**に負うて歩いている。それは、まさにイエスのいのちが、**この身**に現れている（啓示されている）ということである。

4：11　わたしたち生きている者は、イエスの故に絶えず死に渡されている。それは、まさにイエスのいのちが、**わたしたちの死ぬべき肉体**に現れている（啓示されている）ということである。

復活とは

ローマ14：7　なぜなら、わたしたちのうち、だれひとり**自分によって**生きる者はなく、だれひとり**自分によって**死ぬ者はない。

14：8　わたしたちは、生きるのも**主によって**生き（生かされ）、死ぬのも**主によって**死ぬ（死なされる）。だから、生きるにしても死ぬにしても、わたしたちは主のものなのである。

14：9　なぜなら、このために、すなわち、キリストは、死者と生者との主となるために、死んで生き返られたからである。

［講演］

1　パウロとその手紙について

皆さん、こんにちは。今、ご紹介にあったように、私はルーテル学院大では神学じゃないんで、あの宗教哲学というちょっと別の見方をして、別の見方をするとパウロがどういうふうに見えるか、こういうお話をします。なかなか難しいですよネ、パウロってのは。あのそういうお話を出来るだけ分かり易くネ、皆さんがうつらうつらしながら、あるいは食事をしながらでも分かるようにと。ちょっと分かりませんけどネ〔笑い〕。

それで実は、昨日この準備をしていたんですけど、なんか知らないけど、やたらとくしゃみが出るんですよネ。今日も礼拝中に一度出たんですけど、鼻水が出る。風邪かなとも思うんですけど、熱はないんです。ですからまあ新型インフルエンザじゃないと思いますけど、あんまり傍に寄らない方がよろしいと思います。できるだけ（会場の）そちらの方にネ、〔笑い〕危ないと思ったらお帰りください。〔皆が笑う〕あの、まああの風邪じゃなくて、これはどうも私の親しい友人の話では、（医者）から見るとどうも花粉症じゃないかと。熱はないんですよ、まったく。そんな感じがするんで。あれは自分とは関係ない病気だと思っていたら、結構なるんだそうですネ、やっぱり、体が弱ってきたり（すると）。いやだなと思っておりますけど、〔笑い〕まあ花粉症ならうつることはないと思いますけどネ。

パウロという人は不思議な人物で、皆さんもご存じのように生前のキリスト・イエスを知らないんですネ。で、（イエスが）死んだ後、「その弟子たちがけしからん」と言うんで、迫害して――まあ殺害したというようなことは無かっただろうと歴史家は言うんですが――まあ迫害者の側だった、明確に。まあそれは使徒言行録にも書いてある通りですけど。

それで新約聖書の中には、パウロの名前による手紙というのは 13 あるんですょ。で新約聖書は20いくつですから、（新約聖書の中の）文章の半分ぐらいをパウロが書いたことになる。しかし現実には今日、学者たちが（言うには）、本当にパウロが書いたものは７つと言われているんですね。その７つは、ローマ書、ローマ人への手紙、それからコリント書が２つ、それからガラテヤ書。これ、４大書簡です。それからフィリピ書、——昔はピリピ書（と言っていましたけど）——第一テサロニケ、——第二は違う人なんですね——それからフィレモンというフィレモン書ね。昔は「ピ」と言ったんですが、最近は「フィ」の方が——コイネー・グリーク（Koine Greek）と言いまして——あの時代のギリシヤ語に音が近いとして「フィ」と言うんですが、やたらにあのせっかく広まった固有名詞をですね、聖書があの訳される度に変えるというのは良くないです。あのこのごろは「ペテロ」じゃなくて「ペトロ」でしょう？　一般の人間は「ペテロ」なんですょ、日本人はね。「ペトロ」と言ったら分からない。でも最近の新共同訳聖書はみんな「ペトロ」と書いてありますね。確かにその方が音が近い。でも「ペッテロ」でしょ？　ペテロ？　まあ多少、音が近いのかもしれませんが、やたらにその固有名詞を変えると（良くない）。イエスも、まあこれだけは変えなかったようですけど、音から言うと「イエスース」（Ιησούς）ね、ギリシヤ語の音から言うとね。「パウロ」の場合には「パウルス」と言うのが、あるいはギリシヤ語では「パウロス」（Παῦλος）という言い方が正しいんです。これは変えなかったようですけど。まああんまり変えるのは（良くない）。

それでですね、まあこの７つの手紙はほぼ今日、神学者がほぼ一致して、これらが真、真、真筆とかね、真跡とかいうね（パウロが）本当に書いたもの（と考えています）。あと６つはパウロの名前を使って（誰かが）手紙を書いた。今、このようなことをしたら大変ですね。僕がパウロの、「パウロ」という名前でもって変な文章を書いたらとんでもないことになりますけど〔会場から笑い〕、まあ昔はそれは失礼なことじゃなかったんですね、偉大な人の名前を使ってやることはネ。でも文体も違う、思想も違うというんで、今日まぁ、13から7つ引いた6つの手紙は、パウロの真正書簡とは言いません。ですからこの中で真正書簡だけを読んでみると、実は、パウロという人はとんでもないことを言っているということがよく分かる。で、今日、（T）先生の説教がありましたけど、これもかなりとんでもない説教でやってるんで、ほかの教会に行ったら聞けないですネ、今日のような説教は〔会場から笑い〕。それは、それはあのやっぱりこのパウロ的な見方というもので読めている、聖書をネ。それが正しいんですよ。

それで、じゃあそれどういうようなことをネ言ったのかということですけど、まぁ今日は（礼拝の説教は）ヨハネの話でしたですけど、――今日はヨハネの10章でしたネ――11章には「わたしはよみがえりであり、命である」という有名な言葉があるんですよ。I am the resurrection and the life. ネ。このI am 〜 という言い方はヨハネにはたくさん出て来る。「わたしは命のパンである」とか、「わたしはぶどうの木である」とか、「わたしはよみがえりであり、命である」。I am 〜 これ、ギリシヤ語では ἐγώ εἰμι（エゴ　エイミー）と言うんですけど、I am 〜 というまぁ英語を習っているとき最初に出て来る簡単な構文ですよネ。「わたしはよみがえりであり、命である」。

でその次はなんて書いてあるかというと、「わたしを信じる者は、死んでも生きる。わたしを生きているうちに信じた者は死ぬことがない。とこしえに生きる」ということが書いてあって、書いてあるわけですけど、それで「わたしを信じる者」というのは何かというと、この点をハッキリさせたのがパウロという人ですネ。ですからそこをまぁT先生はちゃんと掴んでいるから、あぁいう説教になるわけですけど、そのこの「わたし」なんですネ。「わたし」ということを、根本的にどういうことなのかということをまぁこのパウロという人は掴んでいるんですネ。

ですからまぁ一般に日本の教会は、共観福音書という比較的歴史的なイエスに近い（姿を描いた書を中心にして説教しています）。でも、（福音書は）歴史的なイエスを書いたものじゃないんですけど。歴史的なイエスを書いたんだったら、「復活した」なんてこと言えないですネ。歴史家はそういう見方ができないわけですから。まぁ一般にそこからの説教が多いんですけれど、パウロのキリスト教というのは、そういうキリスト教とまぁ相当違うんですネ、趣が。パウロとかヨハネ（は違います）。

まぁこれ、ある仏教学者は、「キリスト教のそういう大きな転換というのは、小乗仏教と大乗仏教の違いに相当する」ということを言ってますけれど、確かに当たっている。小乗仏教というのは、あの釈迦というのはある意味で先生（です）。弟子たちにとって先生に過ぎませんけれど、大乗仏教になってくると信仰の対象になるんですネ。阿弥陀仏というような形になって登場して来たり、色々なまぁ大日如来とか、そういう形で、まぁあるいは釈迦如来という形でネ（登場しますけど）、神様ですョ、やっぱり。「仏教は無神論だ」なんて言う人がいますけど、それは嘘で、やはり有神論ですネ、大乗仏教は明らかに。そういう形で登場して来ます。ただ仏教の場合は、小乗仏教から大乗仏教に流れるとき、かなりの時間がかかって、かかっているんですが、キリスト教の場合は、その原始教会でイエスが信じられて、だんだん信仰の対象になっていって、でパウロのような人が出て来るというと、こぅ全然こぅその時期、期間が早いんですネ。数年にしてなっちゃうんです。しかし構造としてはよく似ている。まぁこういうようなものの見方をするもんですから、あまり神学者には好まれないんですけど、〔笑い〕まぁそういう意味から見るとネ。

2　福音書と異なるパウロの「キリスト」

そのパウロという人は、じゃあ何を説いたかというと、勿論イエス・キリストを説いたんです。簡単な話。でそのイエス・キリストとは何だったのかということになりますと、これはもう元もと生前の、生前のイエスに

(パウロは) 会ったことはない人物です。会ったことはないけれど、自分の周りにはたくさん生前のイエスを知っている人間がいたわけです。パウロはだいたいイエスよりもまぁだいたい３～４歳年下だったろうと（言われていますが)、まさに同時代人ですよネ。それで現に、例えばペテロ——ペトロですか——ペトロとは、まぁあまり人間関係が良くなかったのかもしれませんが、友人ですよネ。ですからイエスのことを色々聞いているわけです、歴史的なイエス（のことを)。イエスがどういうことをした、どういうことをやったかを。しかしこのパウロ書簡には、それがほとんど出て来ない。あの皆さん、読んで分かり、お分かりになりますんで、これはまったくその生前のイエスが言ったこと、というようなことはもうまずほとんど出て来ない。まぁ無理に虫眼鏡で捜すと数カ所ある。ほとんど彼は「イエス・キリスト、イエス・キリスト」、あるいは簡単に「キリスト」と言うときには、そういうキリストじゃあないんですネ。言ってみると信仰の対象になっている。そういうキリストなんです。で、そういう様なぁのキリスト教の見方はけしからんという人は、これはパウロは嫌いです、皆。

しかし、あの、わがルーテル教会をはじめ、特にカトリック、いや、プロテスタント教会は、どちらかというとパウロ主義と言いまして、パウロの生き方を採るわけですよネ。言ってみると、大乗仏教なんですよ、そういう意味ではネ。〔笑い〕ですからここで申し上げることは、パウロというのは、パウロのキリスト（です)。パウロはまぁ何を説いたかというと、キリストを説いたんです、もちろんネ。そのキリストというのは、ちょっと共観福音書、マルコ伝やマタイ伝や（そういう福音書に）登場するのとは違う形ですネ。ですから処女から生まれたなんてことは、パウロは全然知らないことです、これは。どこにも書いてないです、そういうことは。そういうことで、まぁ処女から生まれたっていうのは、まぁ歴史的事実とは、まぁ一般に今の神学者でさえ認めないですけれど、まぁこれは色んな形でネ…。

ただ、まぁ、宗教というのは、前もって申し上げておきますけれど、事実を信仰するのじゃありませんで、宗教というのはぁの明らかに事実の背後にある、まぁ言ってみると真実、そういうものをどう捉えるかということで（す）。ですからその「歴史的な事実」と、まぁ、すぐ（聖書学者は）やっちゃうんですょネ。福音書を読んでみると、これは歴史的事実であったかどうか、復活は本当にあったのかというようなことをやるんですけど、学者は。でもそれは歴史家の仕事であって、ぁの信仰者というのはそういうことではないんです。ですから新約聖書に書いてあることは、はっきり言えば神話です、ネ。「これ、事実だ」という、「歴史的な事実だ」と言ったら、それは世界の人から相手にされない。勿論、ルターの時代はそんなふうには考えなかったでしょうけれど、今日はそうなんですネ。ですから、まぁそれは僕がこういうふうに言って、「あいつは異端的なヤツだからおかしい」と思われるかもしれませんけれど。これはみんなだいたい、今の神学者は認めてるんですょ。僕だけそういうことを言ってるんじゃありませんので、〔笑い〕ぁの、言っときますけどネ。

ぁの、それで、パウロはじゃあどういうことを言ったのかという（ことですが）、従ってパウロは――あまり自分と同時代で、自分は（キリストに直接）会わなかったけれど、そして――エルサレムを中心にした教会でまぁしきりにまぁ言われていた、そういうキリスト観とは違うキリスト観を出して来るんですネ。でそれがまぁ今日キリスト教の主流になっているんですから。歴史家たちが今の主流に対して、まぁ歴史家ってのは学者ですからネ、そりゃ神学者や牧師さんたちよりもそりゃできるんですょ、彼らは、そっちの方面ではネ。だって、それで一応本を書きますからネ。皆さん、そういうのを読まれると「あれっ！」と思うかもしれない。ぁのぅ、そういう方向とは違うんですネ。ですから、ここでもここで何を説いたかというと、「キリストを説いた」と今申し上げましたけど、その「キリストを説いた」、

「キリストを説いた」というのは、そのキリストというのは、そういう意味なんですネ。

3　パウロ的キリスト教：人間はキリストの中にある

で、じゃあ、どういうキリストだったかというと、（資料に）最初に書いておきました。「パウロ的キリスト教とは：人間はキリストの中にある」、これ一本ですょ、言ってみると。で「キリストの中に」とは、in Christ でしょ？　で、昔のネ聖書は、口語訳は、「キリストにあって」とか、いい訳だったんですょ。ところがこの新共同訳はネ、「キリストと結ばれて」と訳しちゃった、in Christ ネ。エン　クリストー（ἐν Χριστῷ）というのはギリシヤ語なんですけれど〔板書〕、これが中心ですネ。これを「キリストと結ばれて」と言ったから、田川建三という有名な――かつてネ、『イエスという男』という本を数十年前に書いてセンセーションを起こした男ですけど――「新共同訳聖書はいやらしい」と。「結ばれて」なんていうのは男女みたいだと〔会場から笑い〕。「A君とB子さんが結ばれて」と、さんざん悪口（が）書いてありますけど、確かに良くないネ。これは英訳聖書はみんな in Christ。ギリシヤ語で ἐν Χριστῷ（エン　クリストー）と言うんですけどネ。これなんですネ。

で、in Christ という表現は、新約聖書の中でしきりに言うのは、ほとんどパウロだけです、この単語が出て来るのは。それがまぁ今日「主にありて」という言い方もそうですけどネ。「主にあって」とか、「キリストにあって」という言い方。あるいは「キリスト・イエスにあって」、「イエス・キリスト（にあって）」。あのパウロは特に「キリスト・イエス」という逆の言い方が好きなんですネ。「キリスト・イエス」、これがもう、すごくたくさん出て来る。ですからこれがキーワードですネ。これが、ここに（パウロ的キリスト教の）中心を見る、とまぁ私は思うんですネ。つまり、人間…。

ただネ、「人間は」って（先ほど）言ったでしょう？　そうするとネ、西洋のキリスト教会はだいたいこの「人間」は、「クリスチャンは」って採るんですょ。「クリスチャンはキリストの中にある」と。そうすると、「ノンクリスチャンはキリストの中にいない」ってことですネ。それを言外に、言外で言っちゃってますネ。これが西洋のキリスト教会の狭さなんですょ。そういうふうに採っちゃったら、日本での宣教なんかできないですょネ。「はじめにクリスチャンありき」になっちゃってネ。「はじめに信仰ありき」になっちゃう。で、それがまずいんですが、パウロをよく読むと、そういうふうには採れない、どうみても。と、まぁ私は思うんですけどネ。何しろ西洋神学というのは、そして日本の神学者は大部分は西洋人の言いなりですから。そのどうしてこぅ主体性がないのでしょうネ。西洋人が言うとどうもまぁ、どこも西洋の学者になんか素直なんですネ。そうじゃない読み方をすると、こてんぱんにやられるんですょ。〔笑い〕ですから私など、池袋教会のT先生のようなネ、広いお心の牧師先生のお陰で何とか生きていけるんですけどネ〔会場から笑い〕。普通の教会に行ったら、けしからんヤツだと（なります）。

ですから「人間はすべてキリストの中にある」と、こういういう言い方なんですネ。もっと詳しく言うと、それが（資料の）その次に書いてあるんですネ。「あなた方は事実上例外無しに――この逆がネ『アダムの中にある』、in Adam と言うんです――アダムの中にあるが、しかし真実には全員がキリストの中にある」、もうこれに尽きるんですネ。全員、事実上、例外無しにアダムの中にある。ですからアダムとキリストというのは、これはパウロの書簡に出て来る、ローマ書や第一コリントに出て来る有名な対比ですけど、これはょくパウロという人、パウロという人のものの考え方を理解するときには、よく掴んでおく必要がある。

これはどういうことかと言いますと、アダムの中にあるとか、キリストの中にあるというのは、一種の――中にあるというのは――場を言ってるわけですゞ、世界、二つの世界。アダムの中にある、しかし同時にキリストの、キリストの中にある。もう少し突き詰めて言うと、後で出て来ますけれど、人間というものは「アダムなるわたし」であるけれど、しかし「キリストなるわたし」でもあると、こういう、こういう言い方なんですネ。これがもう、まぁ自分から言うのもおかしいですけど、まぁこれがもうパウロのポイントだと思うんですョ。

で、このことを堂々と論じているのはローマ書5章なんですけど、まぁ一文で言うと——その（資料の）下の「第一のピスティス」と書きましたけど——ちょっと難しいのですけどネ、ちょっと勘弁してください。ガラテヤ書2章20節の後半、これが一文で述べているところです。ガラテヤ書2章20節のbって書いてあるでしょう？　その前はもっと有名なとこですネ。前から読んでみましょう。19節から、お仕舞からですけど、「わたしはキリストと共に十字架につけられている。生きているのは、もはやわたしではない。キリストがわたしのうちに生きておられるのである」。こんなにはっきり言っているんですョ。「キリストがわたしの中に生きている」って言ってんですョ。今日、ほとんどこういう説教を聞きませんネ。これは西洋の神学がこれを意識的に無視するんです。自分で掴めないから。そしてまたその真似をする日本の学者たちがそうですけど。「キリストがわたしのうちに生きておられる」と、こんなにはっきり書いてある。

そして、20節の後半bというところですけど、「というのは、——『というのは』というギリシヤ語はちょっと無理なんですけど、これルターが『というのは』と訳した。これはいいと思いますネ——というのは、わたしがいま肉にあって生きているのは」ってのは、「わたしはアダムにあって生きているのは」と同じ意味ですョ。「アダムにあって生きている」ってのはどういうことかというと、後でやりますけど、〔笑いながら〕普通の人間だということですネ。普通の人間、我々は普通の人間です。「生きているのは、わたしを愛し、わたしのためにご自身をささげられた神の御子のピスティス（πίστις）の中に生きているからである」、こう書いてある、ネ。ですから、これもネ今の聖書の訳を見ると、「神の、神の御子の信仰、神の御子に対する信仰の」どうのこうのと、信仰の中に生きているとかと何とか、そういう訳になんですょ、今はネ。〔誰かが「信仰による」と言う〕「信仰による」ネ。「信仰」と訳してるんですょ。

4　人の「信仰」ではなく、イエス・キリストの〈まこと〉

こんなことまで申し上げて良いのかどうか分からないですけど、「信仰」と訳されているギリシヤ語は πίστις（ピスティス）という（言葉ですが）、——ここに（資料の）上に書いてあるでしょう？——〈まこと〉とまぁ私は訳してるんですけど。これなんですけど、この「ピスティス」というのは、パウロでは「信仰」という訳語はあんまり当たらないんです。で、私は〈まこと〉というのがいい訳だと思って、まぁ自分で思っているんですけど、これ「信仰」というふうに採ると（おかしいんです）。こんなことまで言っていいのかなと思いますけど、先生ネ。〔T 牧師の方を向きながら笑う〕まぁしかし、あの恐らく 20、21 世紀の聖書、21 世紀の後半あたりになってくると、日本の聖書訳も変わるんじゃではないかと〔笑い〕、そう思うんですけど。アメリカなどではこれが、もうあの、訳として出ている。僕はあの実は 3 年間ほど皆さんにあんまりお目にかからなかったんですけど、同志社に行って教えていたんですけど。同志社でこれピスティスを〈まこと〉と訳して、「イエス・キリストの〈まこと〉」とやって、イエス・キリストに対する信仰（とは訳さなかったんですネ）。

あのネ、あのあんまりやりたくないんですけれど、あのその下の方にネ、英訳聖書、キング・ジェイムス（KJV：King James Version；1611 年・欽定訳聖書）の英訳聖書を引用してあるでしょ。（配布資料から：and the life which I now live in the flesh I live by the faith of the Son of God, who loved me, and gave himself for me.）——あんまり英語なんか使いたくないですけど、自分がよくできないし…　―― faith of〔板書しながら〕、それから the Son of God と書いてありますネ。これは Christ ということに置き換えてもいいですネ。これネ、これキング・ジェイムスは、このまま直訳してこう書いてあるんです。そうすると「イエス・キリストの信仰」という訳はうまくないから、――「信仰」というのはどうしても人間の持ち物ですからネ――これはピスティスというのは――ギリシヤ語は πίστις（ピスティス）ネ――このピスティスというのは、パウロ（の場合）は人間の心の持ちようとか、人間の態度とかいうんじゃないんです。ところがみんな faith と訳すでしょう？　そうすると、この of Christ というのは、これあの of Christ というのは、あの古典語で属格という形になんですネ。あの所有格です、英文法で言う。そうすると「キリストの」と訳すのが一番正直な訳なんです。だからキング・ジェイムスというのは――まぁイギリスで出た代表的な聖書ですネ。アメリカの聖書の RSV（Revised Standard Version；1952 年・改訂標準訳聖書）がまぁ（それがアメリカでは）代表的ですけど――それに比べると（古典なんです）。ところがネ、これはみんなアメリカ人なんかみんな in に読み替えちゃうんですよ。faith in というと、信仰の対象になっちゃうんですネ。「キリストを信じる信仰」と、こうなっちゃう。これ英語では faith in というと、in というのは信仰の対象を言うんですネ。I believe in ～ という in と同じです。こういうふうに切り替えちゃうんですよ。ですから、このですからキング・ジェイムスはこういうふうにちゃんと訳しているんですが、新しいニュー・キング・ジェイムスというのは、やっぱり of に戻っちゃったんですネ。あっ of じゃなくて in に戻っちゃったんですネ、faith in に。これ、どっちにも読めるんですけれど、まぁあのこれは一番元の言葉で言うと、「神の子の faith」、「信仰の中に生きている」。「信仰によって」と書いてありますけど、まぁ by でも in でもいいんですけど、ギリシヤ語では in ですネ、エン（ἐν）。で、そういうふうに読んだ方がすっきりするんです。

ところが、みんなそういうふうに読まないからねぇ。「イエス・キリストに対する信仰によって義とされる」とやっちゃうんですよ。これがルーテル教会の看板になっているわけでしょう？　今度、（ルーテル学院の）Sさんが来るそうですけれど、あんまりねぇ（批判めいたことは言いたくはありませんけど）、悪いけれども、それやっちゃうと、「信仰によって義とされる」ってのは、人間の、人間の信仰というのは――「信仰義認」って言うでしょう？――信仰によって義とされるというのは、信じることによって義とされるってのは、結局これは「業によるんじゃない、信仰によってやるんだ」と言っても、これは業になっちゃうでしょう、事実上。どうしてもそういう矛盾が避けられない。

ですからパウロの場合は、Christ、これ faith と Christ が同じなんです。ピスティスとキリストが同じ意味なんです。その、そのようにもっと、どっちかと言うと――もっと言葉は悪いけれど――主観的な、その自分が思い、思い込むというか、決断するとかねぇ、おすがりするとか、そのまぁお任せするとか、まぁ色んな学者が色々言ってんですけど〔笑い〕、そういう人間の態度が最初にあるんじゃなくて、「キリストの〈まこと〉」、キリストの出来事が最初にあったと。それが、その中に人間がいるんだよ、というのがパウロの見方なんですねぇ。そう考えないと…

〔ここで質問が出る〕

[質問者] ちょっと質問していいですか。

[小川]　はい。どうぞ、どうぞ。

[質問者] 元のオリジナルレターは、まぁあの英語じゃなくてギリシヤ語でしょうけど、英語の方が私には分かるんですけど、元のギリシヤ語は、今エン（ἐν）とおっしゃったんですけど、エンは in だとおしゃったんですが…

[小川]　そう、そりゃこの話。ここについてくるやつねぇ。〔黒板に向きな

がら〕ここについて来るのが in。これは英訳聖書は by なんですけど、まぁこの場合どっちでも訳せるんです。ここ〔黒板をタンタンと叩く〕。

［質問者］そう、そうです。そこが一番大事ですね。大事だと私は思ったんですけども、誰の信仰によって救われるというのがずごく大事なんで、of なのか in なのかでだいぶ違うんですね？

［小川］　違うんですよ。

［質問者］まったく違っちゃいますね。

［小川］　変わっちゃうんですよ。

［質問者］それでこれは of と書いてあるんですけれども、キング・ジェイムスは、古いバージョンは、えーと…

［小川］　古いバージョンですよ、これは。

［質問者］それで…

［小川］　で、新しいバージョンは in に変わっちゃうんです。RSV もそう。

［質問者］英語はでもトランスレイションなんで、元のオリジナルというのは…

［小川］　オリジナルは、まぁ、あっ、オリジナルは所有格を使ってるんですよ。元は of なんですよ。だから of と採るのは一番素直なんです。

［質問者］本当のそのパウロの書いた手紙はギリシヤ語でしょうけど…

［小川］　それは全部属格という所有格なんです、ね。

［質問者］あぁ、属格なんですか。

［小川］　そうです。ですから、まぁあの、これは言ってみると、英語風に書けばこう、〔板書〕こういうふうになるんですね。こういう書き方になるんです、ギリシヤ語は。〔 's を板書する〕この S ってのはアポストロフィー S ね、ね。「キリストの〈まこと〉」。

［質問者］人間の faith じゃないわけですね。

［小川］　そうです。ですから、人間の faith も後で出て来ますけれど、最

初は、人間が、人間が義とされているのは、信仰によるんじゃなくて、キリストという〈まこと〉によっているんだと、こういう言い方なんですよ。で、そのことが、ただし人間のやっぱり信仰も重要ですから後で出て来ますけれど、それは第二義として、後で二として書いてあるでしょ、僕のレジュメでは、ネ。そうです。そこをお掴みになるのは大したもんですけど。

あの、そういうふうに採る。実はその同志社に行ってやったら、「で、先生、こういうふうに教えていいか」と、まぁ新約学者の先生に後で聞いたら、まぁ、「いや、同志社はもう前から、何十年も前からやってる」っていうことで。〔笑い〕「ルター派だけだな、遅いのは」と思って。ですけど、まぁあの、これはルターはネ、信仰義認論というのを立てちゃってるから、信仰によって義とされると。これでもいいんですけれどネ、みんな間違えるし、そうすると「わたしが信じることによって救われる」と（なってしまいます)。みんな「わたしが信じる」って、じゃ皆さん、確実な信仰持ってます？〔皆が大笑い〕そんな、みんなガタガタガタガタして、いかにも消え（そうで)、こんなんでもって救われますか？〔再び大笑い〕。救われっこないですネ。そんなんだったら、僕はもうとっくの昔にもうキリスト教会からいなくなっちゃっている。逃げれば逃げるほど…　ただネ、まぁあの信仰義認論（は)、まぁ後で申し上げますけれど、そうじゃないんですネ。あの、もっと確実な基礎があるんだよ、というのがパウロの見方なんですよ。本当にもっと、キリストの faith。まぁこれは「信仰」と訳すとネ、「信じ仰ぐ」ですから、どうしてもネ、人間のやることみたいになるでしょう。ですからまぁ、21 世紀の後半に生きていると思われる人は、この席上には誰もいないんじゃないかと思いますけど、〔会場から笑い〕まぁ後半ぐらいには変わるんじゃないかと思ってますが、アメリカは大分変わって来てる。ただあのやっぱり、ルターの、ルターの翻訳がプロテスタントに与えた影響は強いですから。

ただしネ、このガラテヤ書2章20節のルターのギリ、あー（もともとの）独訳は、ちゃんとこの英語で言うと the faith of the Son of God、これを使ってんですよ。（ところが今の）ドイツ語では Glaube in という形、あっ Glaube an という形なんです。（元もとのルターの訳を）使ってないんですネ。Glauben プラス属格。属格って、あの所有格です。ですから、（実は）ルターも必ずしも一貫してない。だって、あの（例えば、同じガラテヤ書でも2章16節では den Glauben an Christus と訳しているんです）。

ですからネ、もう一度申し上げますと、我々は今生きていますネ。これはまあまさに肉の中に生きているわけですよ。「肉の中に」というのは、まあ色々ネ、普通に生きているということですよネ。しかし、しかしですよ、我々は確かに、そういう、そういうその普通の中に生きているんですけど、それをもっとしっかり見てご覧なさい。それは、その背後には、もっとその底には、実はキリストの中にある。つまりキリストの〈まこと〉の中にある、こういう見方なんですネ。でこっちの方が本当の事実だ、根源的な事実だ。我々が罪の中に生きているというのは、まあ、その、嘘だとは言わないけれど、そしてみんな全員事実上、例外無しにアダムの中にある。だから罪人だということです、これは。つまり「アダムなるわたし」というものを持っているわけですネ、みんな。それで生きているわけ。「俺が、俺が」で生きているわけです。でも、でも、「俺が、俺が」で生きているけれど、そしてまあ普通の人間は、もうネ、もうこれしかないんだと、死んだらお仕舞とみんな思っているわけですよ。それが普通の（ことで）、日本人に限らない。あのどの国の人も（そう思っている）。でも、もっとしっかり見ると、実は、キリストなるわたしというのが、ちゃんとあなたの中にあるんだよと、こういう言い方なんです。ただしこれを掴むのは大変難しい。これを掴むのは大変難しいんですが、それが分かれば、それが信仰ということですネ。だからここで言っている信仰というのは、ある意味では信、「信じることによって義とされる」よりも、もっと難しいことを言っているかもしれない〔笑い〕。それはもう何十年とかかるし、まぁ、アっという間に一遍に分かる人もいますけど。

あの、でネ、もう少し説明しておきますネ。まぁ後はネ、この繰り返しですから、「これでパウロはお仕舞いです」と言ってもいいんですけれど〔笑い〕、1時間ぐらい話せと言われたからネ〔会場から笑い声〕。もう一回5月にやってくれと（言われたけど）、もういいか。くどい。あの後は要するに、それに気がつくかどうか、これはなかなか気がつかない。これ、気がつくためには、座古愛子さん（1878年～1945年）みたいに一旦死ななくちゃならないくらい大変です。

後、同じようなことをどこで言っているか。まぁこれは実はローマ書5章で言っているわけですけど、これはなかなか解釈が難しいところなんですネ。で、私は、ここの解釈がおかしいだろうと思って、実はルーテル（学院）の機関誌に書いたことがあるんですけれど、反応は全然ありませんでした〔笑い〕。何しろ全然別の風土のあの読み方をしているので、申し訳ないと思っていますけど。

5　人間は誰もアダムの中（罪の中）にあるが、しかし深い次元では…

あのネ、ところがネ、ですから人間はもう初めっからキリストの中に、もう（そ）の中にあるという言い方は（からすれば）、人間というものは生まれながら罪人だってのは言い過ぎなんですょ。うちの教会（ルーテル教会）でもみんなやっているでしょう？「私たちは生れながら――こんなこと言っちゃっていいかどうか申し訳ないけど――生まれながら罪深く」ってやっているでしょ。まぁあの、悪いけれど、ルーテル神学大学の先生たちは大好きなんですネ。何でこんなに罪が好きなのかと思うと、恐ろしいですネ〔会場で笑い〕。人間、生まれながらキリストの中に生まれているわけでネ、「生まれながら罪人である」という、あの、あの式文にある科白（せりふ）ですけど、あれは聖書的な根拠（は）ないですょ。よくローマ書５章12節がそうだって言いますけどぇ、ローマ書５章ってのは、全く逆のことを言ってるんですょ。事実上、例外無しにアダムの中にあるが、あるが、しかし真実にはキリストの中にある、こう言っているんです。で、事実上、例外無しにアダムの中にあるというのは、確かにローマ書５章12節にそういう言い方をしているんですょ。しかしローマ書５章12節だけを引っ張ってきて、それやったら駄目です。５章12節は前と後ろがあって、ぇ、５章全体の中に置かれているわけです。５章の真ん中に置かれるんです。それを読むと、ただし人間というのは全て、例外無しにアダムの中にあるが、しかしそれは、もっと深い次元においては、キリストに包まれているんだょ、というのがローマ書５章なんです。そのコンテクストの中で読まなくては、駄目。そこだけを取って来ちゃって、後自分の信条を作っちゃう。だから信条なんて駄目なんですょ。

もうルーテル教会もホームページを開くと、「私たちはアウグスブルク信仰告白を…」なんてことを掲げてますけど、あぁいうやりかたよした方がいいんじゃないかと（思います）。だって、日本基督教団はもっとすっきりしてるでしょ、ぇ。日本基督教団はすっきり、信仰告白は一本しか書いてないし、ところがあのルーテルのを見てご覧なさい、ホームページ。福音ルーテル、NRK（日本ルーテル教団）、西日本福音ルーテルかな。これ、みんな書いてある。アウグスブルク信仰告白、ニケヤ、使徒信条。まぁこの辺りはいいですけどぇ。それからシュマルカルデン条項とか、小教理問答、大教理問答。あぁいうことやって、自分の首を絞めるだけ。だって聖書はもっと自由に語ってんですから。何も16世紀に、まぁ一種の政治的妥協のような形で出来た信条をいつまでも担ぎ上げていると…〔しばらく沈黙〕まぁ、忘れてください、今言ったことはぇ。〔会場から大笑い〕

まぁ、人間は生まれながら、あの、罪が好きな人が多いんですぇ。これ、特色ですぇ。あの、人間はうーんと罪深い。で、罪が深ければ深いほど実は恵みも深いと、こういうふうに教えますから、まぁ言ってみると、かつてありましたょネ、「うちのメガネは５割引である」というようなネ。５割引きだと、過大広告だというんで、注意されて止めましたけどネ、どこかの眼鏡の販売店でネ。あれ、定価をうーんと吊り上げておいて、で、５割安いっていうんで、よく似てますネ。〔笑い〕うーんと人間は悪いんだ、悪いんだ、悪いんだと言っておいて、それに比例して恵みが与えられる。これがパウロだ、というふうに教えるんですネ。

なぜこれやるかというとネ、実はよく似たのが日本に宗教にあるわけですネ。悪人正機。親鸞の「悪人正機」というのは、――人間の、まぁ悪人というのはだいたい罪人に近いと思うんですけどネ――罪人が、罪が深ければ深いほどそれに正比例して阿弥陀様の恵みが深くなるという、こういう考え方ですけど、僕はこれが大嫌いでネ。僕はもともと浄土真宗の家の出だったんですネ。これがいやでいやでしょうがなかったんですけど。それでもうパウロを見つけて本当に喜んだのですけれど、ルーテル教会に行ったら同じようなことを言うんで、げんなりしちゃいました。俺、何でルーテルなんかに入っちゃったんだろうと。〔会場から笑い〕

あのネ、よく打つんですょ、胸をネ。しかしこれは確かに、人間の造った宗教ですネ。人間が考えるとそうなります。カール・バルトという有名な人が、浄土真宗を批判して、「これには裁きがない」という批判を『教会教義学』という大きな書物の中でしているんですけど、その通りです。これに反対する学者も日本ではいますけど〔笑い〕、ある意味（彼の）言っている通り、その通り。それは人間の願望ですネ、罪が深ければ深いほど恵みが深いというのは。宗教として非常に立派だし、魅力的ですけれど、こういう説き方はパウロはしない。人間が…

で、ところが日本では、北森嘉蔵という人がよく似た言い方をやるので、日本の神学者は惹かれる人がどうしても（出て来る）。で、ルーテル教会が一番惹かれるんですネ。まぁあの、ちょっと…、パウロの場合は、人間は全員、全員、全員罪人であるにもかかわらず、――「のゆえに」じゃなくて――かかわらず、救われている。これはですから違うんです。で、この、ですから、罪が、罪深いということを出発点にしていく宗教ではありません。人間が罪深い。あんまり罪深い、罪深いとやるとネ、僕（のような人間には）ネ、あんまりその意識のない人間は、こうどうも駄目なんですネ。

前いた教会には、学生センターというのがあって、学生センターの学生ってだいたい教会には来ないんですけど、学生センターに行って、ある学生が――僕が、僕も学生だったころですよ――礼拝に参加してあの式文を読んだんですネ。「頭にきちゃった。二度と教会に行かない。『お前たちは生まれながら罪人で』って、頭に来ちゃった」と言っていました。これ、よく分かりますネ。まあ普通にはネ、わたしは罪人であるということを認めないのは、それだけ自己認識が、自己を見る目が浅いからだと。自己を見る目が浅いと、「自分が罪人だ」なんていうことはなかなか承伏できないと、こう言うんですけれど、パウロはネ、パウロはネ、「もっとよく見ろ」と言ってんですよ。人間よく見れば確かに罪人だ。それは、律法なんて持たない我々日本人だって同じこと。でも「もっとよく見ろ」、そこを言ってんですネ。そうするとそれは、実は恵みの中にあるんだ。この「もっとよく見ろ」というのはなかなか難しくて、なかなかできない。ですが、パウロというのはネ、そこに真価があるんですネ。

罪が、罪人であればあるほど、特にその罪であるということに対して、こう色々悩みますよネ。若い人は特にそうですけど。悩めば悩むほど救われるというのは、浄土真宗のあの恩寵論ですネ。でも、そういうんじゃあないんですネ。ですから、出発は罪じゃなくて、人間がキリストの中にあるということが出発点です。そこが出発点ですネ。そうしてみると、まあむしろそういう見方は禅宗の見方ですネ。（それ）に近いですネ、というように思う。禅宗は「人間は罪人だ」なんて言いませんからネ。本来「仏だ」

と言ってるんですから。ですから、キリスト教（はそれとは違う）。ただしネ、パウロ以外のキリスト教もありますから、そういう意味ではネ。まぁ皆さんネ、〔咳き込む〕ひとつ、そういう見方もネ知っておいて頂きたい。まぁ皆さん、それぞれ考えて行ってもらいたい。

〔質問が出る〕

［質問者］ちょっといいですか。

［小川］　はい、どうぞ。

［質問者］かみ合わなくてもいいですか。大丈夫ですか。

［小川］　大丈夫ですょ。いつでも止めますんで〔会場から笑い〕。今日は栃木に帰らなきゃいけないんで。はい、どうぞ。

［質問者］（資料に）パウロ的キリスト教の基本構造で1）と2）があって、アダムとキリストがあって、それを位置関係をいうと、アダムのサークルがあって、それを…

［小川］　そういうこと、そういうこと、そういうこと。

［質問者］それか、いや、僕はもうひとつは、パラレル的にふたつがあるということですか。

［小川］　そういうふうにあの考える、解釈する人もいるんです。でもやっぱりあなたが言ったように、こう取り巻いて…。ルターはネ、そのキリストがそういうそのようなあのアダム的な人間を「飲み干す」と言ってんですネ。ですからルターは明らかに、あの、こう、包み込んで、包み込んで、包み込むことによってこの事実上まぁ否定して来るわけょネ。ふたつの世界があって互いに競合するという、まぁそういうふうにみてもいいんですけど、片っ方が他方をこう飲み込んでしまうという、こういう見方だと思うんですネ。

［質問者］人間はこういう側面もあって、こういう側面もあってと言って、パラレルじゃなくて…

［小川］　そうです。

［質問者］対という側面があるんだけれど、それを取り囲むように、キリストが飲み込んでしまっているということですか。

［小川］　そうです、そうです。そういうことです。まぁですから、まぁ飲み込む（というのは）、ふたつあって、片方がこう撃破するというような、また第一、第一コリント15章20節以下はそうなんです、書き方はネ。そういう言い方もあるんです。うーん、まぁそれは表象の仕方ですネ。

［質問者］もうひとつ質問があって、いまだに勉強不足なんですけど。

［小川］　いや、こっちも勉強不足なんで。

［質問者］どっかに、「あのもうキリストがわたしの中に生きてるんだから、そのもはや罪を犯しているのはわたしではない」という表現のところがなかったでしたっけ。罪を犯しているのはわたしではないと、確かそこはよく知っているんですが…、それはじゃあ記憶違いですか。

［小川］　〔せき込みながら〕ローマ書7章はちょっと難しいところで…

［質問者］それがなんか読むときに、全然理解できない…

〔小川〕　あっ、ローマ書7章。ローマ書7章、あの、〔しばらく沈黙して〕まぁこの教会はレベルの高い人が多いのでネ。〔笑い〕

［質問者］いや、そういうわけじゃないので、もういいです。〔笑い〕

［小川］　いいです、いいです。あの、ローマ書7章は、あれはネ、あれはあの…

［質問者］ここだ、17節ですネ。

［小川］　ちょっと読んでください。

〔質問者が『新共同訳』を読む〕「そして、そういうことを行なっているのは、もはやわたしではなく、わたしの中に住んでいる罪なのです」。

［小川］ あのネ、ローマ書７章というのは、基本的にはネ、基本的にはネ、あのアダム的人間のことを言っているんです。アダム的人間が…

［質問者］ここにあるんだ。

［小川］ そうです。アダム的人間しか知らないで、普通我々はアダム的人間の中にいて（暮らしているんです）。「アダム的なわたし」がいる、「アダム的なわたし」がネ。「アダム的なわたし」であって、それ以外の世界を知らない。つまり、「キリストなるわたし」というのを全然知らない人間が、が、律法をやったときにどうなるかということを言ってるんです。「アダムなるわたし」というのは、要するに「我々」、「通常のわたし」ですけど、それが宗教を信じたり――何もキリスト教に限りません――ユダヤ教で律法をやったりしたときにどうなるかと言うと、いくらやってもそういう人間はやっぱり罪、罪に、罪の、つまりアダムの中にあるということ。分かります？　それはですから、ローマ書７章で言っている「わたし」というのは、要するに「アダムなるわたし」は、どんなに、どんなに一所懸命ユダヤ教をやったとしても、所詮はやっぱりやっている、やっているわたしの背後には罪があって、罪から逃れられないと言ってるんです。つまり、アダムの、アダムの中、in Adam から抜け出られないと言ってるんです。で、それがローマ書８章になって来ると、全然違った声が聞こえて来るんですネ。ですからローマ書７章ってのは、読み方が非常に難しいんで（す）。まああの、失礼ながら、ルーテル神大の先生たちのこの解釈を読んでみると、７章の読み方はむちゃくちゃだネ。あのそういう読み方をしていないんですけれど、ローマ書８章になって来ると、「キリスト・イエスにあるわたし」というのが出て来るんですネ。それは例の新共同訳では駄目ですよ。「キリスト・イエスに結ばれた」、なんて出て来るから〔会場から笑

い〕。あの、あの、それですネ。

［質問者］あの、今のところの…

［小川］　まあちょっと。まあ、また今度は個人的にやりましょう。〔会場から大きな笑い〕

［質問者］しつこくてすみません。

［小川］　いや、結構ですネ。こんなに読んでいる人いるんだ。こんなに読んでいる人いるんだ。こっちが恥ずかしいわ。ローマ書７章というのは、ちょっと普通の人間が宗教を信じたらどうなるか、つまり「アダムなるわたし」、大半の宗教ってそうなんですよ。「アダムなるわたし」がたいてい信じている。信じられなかったり、宗教に入ったり出たり、入ったり出たり、そんなことをするんですネ、人間は。その背後にやっぱりいるのは罪だよとネ、サタンだよと言ってんですネ。ですから、「アダムなるわたし」というのは、実は「キリストなるわたし」にこうなるためには、――それを復活と言うんですけど――「アダムなるわたし」は死ななきゃなんないんですネ。それが、第一、第一コリントの15章で言っていることなんです。後で言います。〔小声で〕時間がなくなっちゃった。

［質問者］ごめんなさい。

［小川］　いや、いいですよ。

6　キリストの中にある「わたし」に気づけ

あのネ、それで、それで結局ネ、パウロはそういう認識（なんです）。ですからネ、パウロの宗教ってのは、ある意味でネそういう深い認識に支えられた信仰（のことなんです）。それが信仰なんですネ。だから、よくあの宗教学者なんかが言うのは、いや信仰が、人間は、人間の宗教には二種類あって――覚（かく）、悟りですネ――悟り型の宗教と――これは禅宗が典型的だが――信仰の宗教とふたつある。信仰の宗教は、例えば浄土真宗がそれだなんて言いますけど、キリスト教もそっちだというふうに言いますけど、パウロの宗教はそういう分類から言ったら「覚」の宗教ですネ。そういう意味で認識、――〔板書しながら〕覚という字はこういう字――キリストの「覚」の中にあると言ってんです。その「覚」にお前も気づけと言っている。それが（資料の）2）ですネ。

上の 2）と書いてあるのは、「だからあなた方は自分がキリストの中にあるというこの根源的な事実、ここに気づきなさい」。それをはっきりと言っているのは第二コリント。（資料の）2）と下に書いてあるでしょう？13 章 5 節、これほどはっきり言っているところはないですょ。「あなたがたは、はたして自分が〈まこと〉の中に――これはピスティス（πίστις）です。これをぁの普通の聖書は『信仰を持っているかどうか』と訳していますけど、これは変です。これはやっぱり、in、in the ピスティス、〈まこと〉の中にあるかどうか、つまりキリストの中にあるかどうかという意味です――自分自身を吟味し、自分自身を検証するがよい。それとも、自分自身のことを、イエス・キリストがあなたがたの中におられるということを、認識しないのか」と、はっきり書いてあります。

ですから、これはぁのパウロがネ、ぁのコリントの教会の人たちが…。このコリント教会の人たちというのは、要するに、今の、今の我々、まぁ凡庸なキリスト教徒と同じようなことを信じていたんですょ。死んだら天国に行くとかネ。まぁ、これはどこでもそうですけど。そういうふうに信じていたんですけど、パウロはきつい人ですからネ。「おまえの中にキリストがいるのだよと。ちゃんとそれを掴んでいるのか。ただし、あんたがたが偽物でもよいというなら話は別だが」と、余計なことまで言うから〔会場から笑い〕、パウロってのはいやなヤツだと、――最悪ですネ――こんな人間とは付き合いたくないという、神学者でもそういうこと（を）言う人が出て来るわけです。

あのネ、これ、ですからネ、これがまあ当然ですネ。自分がそういう根本的な「エン　クリストー（εν Χριστό)」、エン　クライスト、キリストの中にある、自分は「キリストなるわたしだ」ということをもっと深い意味で掴んだら——ですから、キリストですからネ——もう死なないですよ。「生きているときにそれを掴め」って言ってるわけですから。生きているときの復活を言っちゃってるんですネ。これが彼の——言ってみると——死を克服するやり方なんです。復活ですネ。それをちゃんと分かれよ、と言って来るわけですネ。これは第二コリント書のほぼ最後です。ですから第二コリント書ってのはまあ色々、色んな分類の仕方がありますけれど、最後になって来て言う言葉ですネ。ですから、人間はキリストの中にある、ネ。もう、これは絶対に疑えない事実である、ネ、こう、事実（と言っている)。そこにあんたも気づきなさい。これ「気づく」とか「認識する」とかネいうこと、これが信仰だというわけですから、まあ言ってみると、キリストのピスティス（πίστις)、そしてこれからそれを〔咳き込む〕人間がしっかり認識する。それが人間のピスティス、それが人間の信仰だとネ。

そういうことから言うと、ピスティスというのは、実は——僕はそう思うんですけど——二通りの意味でまあ一応区別した方がいい。まず、神様のピスティス。これはキリストという形で出て来ますネ。そして、そのキリストが自分の中にあるということをしっかりと掴む。これが人間の信仰ということで、これが第二のピスティスですネ。そうすると、パウロという人は、この第一のピスティスをしっかり掴んだ上で、他の人に対して、第二のピスティスをちゃんと掴みなさいと、自分と同じように。

だからそのパウロがネ、わたしに倣う者の、「わたしに倣う者になりなさい」という言葉をよく使うんですよ。代表的な例は第一、第一コリント書の4章（16節）で言うんですけど、「わたしにならら、倣う者になりなさい」。でそういうときにネ日本の神学者、特に日本の新約学者はパウロの嫌いの人が多いですから、パウロってのは何ていやなヤツだと。キリストに倣いなさいって言うのならともかく、わたしに倣いなさいとは何事だって。〔笑い〕「何という、まあこの高慢ちきなヤツだ」というふうにみるんですけど、そうじゃあないよね。この場合に「わたしに倣いなさい」の「わたし」と言ったときの「わたし」は、「キリストなるわたし」のことを言ってるんですね。「キリストなるわたし」、もうそのときには、小さな、小さな、あの「アダムなるわたし」、ちっぽけな「わたし」じゃないんです。言ってみればキリストが替わって言っているんです。それを「わたし」って言うんです。パウロって奴はなんていうヤツだと（言う人は）、それはもうパウロを根本的に取り、取り違えているね。パウロが「わたし」と言ったときは、確かに「アダムとしてのわたし」という意味で言っていることも多いですよ。でもね、「わたしに倣う者になりなさい」と言ったときは、「わたし」はそういう意味じゃないです。ですから、キリストとかアダムというこのふたつの掴み方は、結局まあ、わたし、パウロにとっては「わたし」というものは、実は根本的に違った「わたし」なんです。だって、そして前のわたし、アダムなるわたしは、キリストなるわたしによって凌駕され克服されると、こういう見方なんですね。そういうときの「わたし」という場合は、別に威張りくさっていうような言い方じゃないんです。

ところが、今、今の日本人の神学者といえども、みんな「わたしは、わたしは」と言うときは、「わたし」はほとんど、我々普通の日常言語が「わたしは、わたしは」と言ったときは、みんな「アダムなるわたし」です。損得計算ばかし上手くて。そういう「わたし」しか、もう念頭にないからね。そういう、そういう「わたし」しかもう頭に浮かばないから、パウロの言った「わたし」もみんなそうだろうと思っちゃうね。そうすると「わたしに倣う者となりなさい」ってのは、これは新興、新興宗教の教祖の言う言葉だと、そういう、そういう注釈書が出てるんですよ、今〔会場から笑い〕。皆さんが、まあ読まない方がいいですからね、高いから。でも、まああの、そういうのはまあ、まあはっきり言うと、ほとんどの神学者はそういうふうに心の中では同意してるんです。そういう人たちにネ、〔間をおいて〕あのそこのところをネ、そこのところに騙されちゃってんだネ。でパウロのネ理解の難しさは、実はまあそこにあるわけですネ。パウロが「わたしに、わたしに倣う者になりなさい」と言うときは、わたしは「アダムなるわたし」を言っているわけないんで、そんなこと、そういうふうに言ったら、「俺に倣う者になれ」って言ったらネ、あの本当に新興宗教の教祖で、「俺の言う通り」というような麻原彰晃にでも何でもなっちゃいますよネ。そういうことじゃない。

7　分別が霊に生きる人間を妨げる

で、それをひとつは、ひとつ飛びますけど、（資料の）「堕罪」というところ、ちょっと読んでネみたいと思うんですが。今日は、幸い、あのT先生が説教で出されたところだったので、まあちょっと重複しますけど。この創世記2章7節というのは、「主なる神は土のちりで人を造り、命の息――まあこれは聖霊ですネ――その鼻に吹きいれられた。そこで生ける〈こころ〉は、人は――『人は』ってのは、これアダムのことですよ――生ける〈こころ〉となった」。これは普通ネ、この「こころ」と訳すのは、言語やこのギリシヤ語訳も「こころ」と採れるんですけど、通常は。今日、英訳聖書などは二ヶ、二種類ありまして、「生ける者となった」とネ。being と訳す聖書と、それから「生ける soul、〈こころ〉となった」と（訳す聖書があります）。これもあの、キング・ジェイムス（KJV）はある意味、soul となっていますが――キング・ジェイムスを採って来たんですけど――こっちは意味から言うと soul として採った方が分かり易いですネ。

ここで生ける霊――生ける霊というのは、生ける〈いのち〉の息ですネ――つまり聖霊と、霊と、霊と、それか soul ネ。この区別をしっかりとまずつけて欲しい、ネ。霊というのはまあ spirit ですよネ、英語で言うと。〔板書〕それから soul。日本語ではこっち（spirit）は霊。こっちは（soul）まぁ「こころ」と訳しますが、魂とも訳して（もいいんですが）、霊魂というとごちゃごちゃになっているから、まぁこれは私は〈こころ〉とネ（訳しました）。これはネ、この区別がやかましいんです、キリスト教は。ところがほとんどこの区別が今はできなくなっちゃったんですネ。霊と〈こころ〉というのは、よく分からない。霊魂って、日本語で熟しちゃってるでしょう？　これはもう区別なしですネ。ここの区別をちゃんとしないと、パウロは完全に読み違えちゃう。一応ネ、あの神学者の書いたもんで、「これは一応違うんだよ」と書いてあるんですょ、神学者諸氏のを読むとネ。だけどよく読んでみると、どこがどう違うのか分かってないで書いてるんですネ。どう読んでも分からない。

それで、ところがですネこれに関して創世記を読んでみると、「だいたいこういうことを言っているんじゃないかな」ということが分かって来るように思うんですネ。だいたいあのよく言われるんですけどネ、神学者の書いた「霊」についての――聖霊ですネ――（霊）についての言葉と、仏教学者が「空」について書いたものを読んでもみんな分からないって〔笑い〕。あのそうかも知れない。分からない人が書くからいけないんですけどネ。あの、まぁ、書かないとなかなか業績が上がらないので、〔笑いながら〕業績を上げるために書くわけですけど、世間を惑わすネ。〔会場から笑い〕

あの、実は、人間に、人間に、「大地の塵を、塵を、塵で人間を造った」と書いてありますネ。ですからこれは〈からだ〉ですょ。〈からだ〉を造ったんでしょ？　神様がネ大地の塵を使って。そして「鼻から」とか、「顔面から」と書いてありますけど、息を吹き込んで、息を吹き込んだ。すると人間は、生きる、生き生きとした soul になったと書いてある。またあの being とやられてもかま、構いませんけれど、まぁ soul の方がはっきりしてますネ。

で、ところがですネ、その次ですょ。次の章というのは、ご存じのように「堕罪」というところですネ。ちょっとこれは、新改訳の方の訳、――

皆さんあまり知らないと思いますが、（この）訳を。まぁこれ、新共同訳でもいいですけど――こっちの方がより明確に出ているんで、こっちを、訳、あの、ネ、レジュメに採ったんですけど。

〔配布資料の創世記３章『新改訳聖書』を朗読〕

3：1　さて、神である主が造られたあらゆる野の獣のうちで、蛇が一番狡猾であった。蛇は女に言った。「あなたがたは、園のどんな木からも食べてはならない、と神は、ほんとうに言われたのですか。」

3：2　女は蛇に言った。「私たちは、園にある木の実を食べてよいのです。

3：3　しかし、園の中央にある木の実について、神は、『あなたがたは、それを食べてはならない。それに触れてもいけない。あなたがたが死ぬといけないからだ。』と仰せになりました。」

3：4　そこで、蛇は女に言った。「あなたがたは決して死にません。

3：5　あなたがたがそれを食べるその時、あなたがたの目が開け、あなたがたが神のようになり、善悪を知るようになることを神は知っているのです。」

3：6　そこで女が見ると、その木は、まことに食べるのに良く、目に慕わしく、賢くするというその木はいかにも好ましかった。それで女はその実を取って食べ、いっしょにいた夫にも与えたので、夫も食べた。

3：7　このようにして、ふたりの目は開かれ、それで彼らは自分たちが裸であることを知った。そこで、彼らは、いちじくの葉をつづり合わせて、自分たちの腰のおおいを作った。

3：8　そよ風の吹くころ、彼らは園を歩き回られる神である主の声を聞いた。

ここがネ、新改訳では「主の声」とはっきり（書いてます）。これもネvoice という訳と、それから sound という訳があるんですょ。で、だいたい日本の新共同、新共同訳のは sound、「足音を聞いた」としています。でも、voice と訳している聖書も半分ぐらいあるんです。でこれは主の声を聞いたんですから、「アダムよ」と呼びかけた声を聞いたということです。「彼らは歩き回られる、歩き回られる、園を歩き回られる神である主の声を聞いた」というのは、アダムという声、呼びかける声を聞いたと。(3:8b)「それで人とその妻は、神である主の御顔を避けて園の木の実、木の間に身を隠した」という（ことですネ)。応えなかったということですネ。「はい」と応えなかった。で、(3:9)「神である主は、人に呼びかけ、――また『アダム』と呼んで――彼に仰せられた。Where are you?　お前たち、どこにいるんだ。――あるいは――お前はどこにいるんだ」。

で、ここで応えるわけです、仕方がないから。(3:10)「私は園で、あなたの声を聞きました。それで私は裸なので、恐れて、隠れました。(3:11) すると、仰せになった。『あなたが裸であるのを、だれがあなたに教えたのか。あなたは、食べてはならない、と命じておいた木から食べたのか』。(3:12) 人は言った。『あなたが私のそばに置かれたこの女が、あの木から取って私にくれたので、私は食べたのです。』」まぁ後は責任転嫁の話ですネ。食べたのは女が言ったからだと。女は蛇が言ったからだと。人間のやるやつですネ。

ここのあまりにも有名なお話ですけれど、初めてネキリスト教会で、これ（聞いて驚きました)。まぁこの話は前から知ってましたけど。だけど、善悪を知るようになっちゃどうして悪いんですかネ、と思って。〔呟き込む〕善悪を知るようになっちゃいかんというわけでしょう？　だって、世の中に善悪を知らない人間が、色んな何が良くて何が悪いか分からない人間が、色んな困ったことをするじゃないですか。そういう話ばっかしですょネ。ところが、それがいけないって。で読んでいくと、裸がまずいと書いてあるネ。でこれでだいたいこぅ、皆さん分かるでしょ？　これ、言ってること。これ人間が、日本語でうまい言葉がありますネ。分別が、「人間が分別がつくのがいかん」と言ってるわけですょ。でも、分別つかなきゃ困るじゃないですか。ネ、アイドルグループのある男性の人が1年か2年前にネ、酒飲んで麻布かどっかの公園で、夜大声で騒いだと、裸で騒いだっていうんでネ（話題になりましたネ）。まぁこれは分別が…、忘れちゃったんですネ。で、その分別がつくということが、分別がつくっていうのは、だけど、だけど学校教育がやっているのはみんなこれですょネ。良いことと悪いことを教えると。だから、最近の子どもはよく、駄目だから道徳教育をもっとやれって、しっかりやれってな（ことで）、良いこと悪いことを教えて、ちゃんと分別がつくようにする。だから我々学校教師はもっぱらネ、学生たちに分別つくように教えてるんですけど、神様から見るとネ、これが駄目なんですネ。

宗教というのは不思議ですネ。こういうふうに、世の中にとって分別をつけていくということが、実は一番罪である。ですからこれは original sin って言うんですネ。でもネ、さっきも言ったけど、original sin というのは、あのもうひとつ別な意味があるんですょ。「生まれながら」ってやつネ。これは、これはあの、西洋語で違うんですけど、〔板書〕「遺伝罪」。遺伝罪という、遺伝罪というと、遺伝罪をいうことが多いですネ、特にドイツ語はそうです。「生まれながら」と。遺伝するとかなんとかということじゃなくて、これは言ってみると、まぁ分別がついていくわけですから、我ら学校教育を受けて、また学校で教師なんかしている人間は、正に豊かに、豊かにこの original sin を〔大笑い〕、分別を持っているわけで（すが）、それが悪いんですネ。宗教ってのはネ、こういう面があるんですょ。

これはちょっと話としては、まぁあの譬え、まぁ例として（挙げますが）、あの、よーくネ、あの禅宗の方の人の話で、笑い話があるんですょ。あるところに、まぁ師匠、和尚と弟子たちが本堂かどっかにいた。そして雨が降ってきた。で雨漏りがした。「それっ」てんである坊さんは、ある坊主は台所に走っていってあの桶を持って来た。ある坊主はすぐそこにあったあのザルをさっと出した。雨漏りしてきたからヶ。そしたら和尚は、ザルを持ってきた人間を褒めたと言うんですネ。これはまぁばかばかしい笑い話ですけれどネ、こんなザルなんか出したって意味がないわけでしょ。でも、あのこれは要するに分別に囚われない行動をパッとやった人間の方が、禅宗なんか上なんですネ。「あっ、あっ、ザルなんかじゃ駄目だ」（と）いろいろ計算して、分別働かして、台所（に）飛んでって桶持ってきた人間は、これは宗教的には駄目なんです。こういう話なんだそうです〔会場から笑い〕。これ、禅宗のお坊さんから聞いたんですけど、ある意味じゃ確かにネ、宗教の世界ってのは、これは分別働かせちゃうと駄目なんですネ。こういう、こういうところある。

それでネポイントはネ、その前のところにあるんですょ。これまず最初に、あのアダムが木の、木の実、善悪の木の実を、善悪を知る木の実を食べる前のときのアダムとエバというのは、あの神様との関係においては問題のない——まぁそれは義と言いますけど——義なる関係に当たるんですネ。ですから神と人間は一体だったんです。ひとつだったんですネ。ところが、ですからそのときは「アダムよ」と言われると「はい」と返事をした。「アダムよ」と呼べば「はい」と、すぐ返事した。ところが、ここはどうですか。木の実を食べた後は、「アダムよ」と言うと返事しないんですネ。返事しないんですょ。「なぜ」というと、恥ずかしいからとか、それからまぁ神様の言ったことを守らなかったり、後ろめたさがあったりして、つまりここで罪というのはどういうことか言うと、呼ばれたときすぐに返事をしないことなんですネ。呼ばれたときすぐ返事しない。

学生も宿題をやって来ないと、「なんとか君」と呼ばれても、「おれ？おれ？」なんて周りに聞いたりして、〔会場から笑い〕お前に決まってんじゃないかと言うんで、君のこと当てているんだよと言うけど、ネ。ところがそういう、そういう学生であってもネ、キャンパスで会って「なんとか君」と呼ぶと「はーい」と返事をします〔会場が大笑い〕。なーんも、あれもないからネ。ところが宿題やってないと、「おれ？　おれ？」なんて、「俺のこと？」なんて、〔再び大笑い〕周りに聞いてないんだよ。あの、すぐに返事できない。

あのネ、「霊」というのは随分難しことを言うんですけれど、僕は、霊が与えられた人間というのはそういう人間なんだろうと思う。その、だから、全部の人間に霊が与えられているわけですネ。人に鼻に息をかけたんだから。だけど、それにストップを掛けるのが後で出て来るんですネ。それがこれ（分別）なんです。これ、これがストップを掛ける。あっ、今応えちゃ損だ。今ここで分別が働いちゃうんですネ。今応えちゃ損だ。

8　聖霊は〈こころ〉の中ではなく、〈からだ〉に住む

それでネ、なぜこんなことを申し上げるかというと、こんなことを言っている神学者はいません。僕は神学者じゃないから言えるんです〔会場に笑い〕。あのネ、パウロ、いいですか。こう言っているのは、ただし、パウロの、今パウロの聖霊の理解について言っているんですよ。パウロはネ、聖霊というのは何、何を言っているかというと、「聖霊」と言うときにはパウロは、〈こころ〉とは絶対に同視しないんです。全然別なことを考えています。第一に、第一コリントの６章（19節）に「聖、〈からだ〉は聖霊の宮だ」（とあります）。前のギリ、口語訳ではネ、「からだは聖霊の宮だ」、こういう科白があるんですよ。〈からだ〉というのは人間のからだですネ。これは〈こころ〉じゃないでしょ。この〈からだ〉というのは、（こ）のご本尊は聖霊なんであって、〈こころ〉じゃあないって言ってる。これ、非常にはっきりしている。でここが西洋の神学者にはほとんど今、分かんなくなっちゃってる。何で〈からだ〉がそんな（に大事なのか）、〈からだ〉が理解するとかネ。でもネ、「なんとか君」と言うと「はい」と

いうのは、あれは〈こころ〉が介在していないんです。あれは、すぐに〈からだ〉が反応してるんです。嘘をつけないですょ、ネ。

そういうことで、あの〈こころ〉というの、〈からだ〉、か、聖霊というのは〈こころ〉の中に住んでいるとは言わないんです、パウロは絶対に。聖霊というのは〈からだ〉に住んでいる。〈からだ〉にある。でその〈からだ〉にある。こ、聖霊なんてのはみんな分からないからネ。みんな聖霊と〈こころ〉をだいたい混同しちゃってますからネ。〈こころ〉の中に、〈こころ〉の中のすごくいい部分とか、そうでない（部分があるとか）。時々〈こころ〉が変になっちゃって、異常心理になっちゃってるとき、聖霊が働いたなんて言います。まあ、聖書でもそういう箇所があるからネ、あの否定はできないけれど、パウロはそういう見方じゃないんです。で、〈からだ〉が、まあ〈からだ〉が理解するというか、あのそういう言い方をすると、〈からだ〉のご本尊である聖霊が理解する。ですからこれを「キリストのヌース（νοῦς）」、ヌースってのは理性のことですけど、「キリストのヌース」。聖霊のことをネ言うんですネ。それは〈からだ〉にある。

ですからパウロという人は、人間というのを〈からだ〉として採ってますネ。〈からだ〉の主人公は誰かと言うと、我々はたいてい「わたし」ですょ。わたしの〈からだ〉。〈こころ〉です。わたしの〈こころ〉です。わたしの〈からだ〉。で〈からだ〉というのは、あくまで「わたし」には違いないですけど、第二義的な「わたし」で、本来の「わたし」というのは〈こころ〉ですネ。わたしの〈こころ〉。そう捉えますけれど、パウロはそうじゃないんです。パウロというのは、人間は〈からだ〉なんで、その〈からだ〉の本来のご主人公はわたしじゃなくて、あるいはキリストなる、ああ、「アダムなるわたし」じゃなくて、「キリストなるわたし」だよと。聖霊だよ。だって〈からだ〉は聖霊の宮でしょう？　〈からだ〉を、〈からだ〉というのを神前とかお宮と考えれば、ご本尊は聖霊だって。人間の〈こころ〉じゃないって言ってる。それは何かと言うと、「ふっ」と吹きかけた息。あれがそうだ。ですからそれを取り戻すだけなんです。ただ普通はいつの間にかこぅ堕罪でネ、いつの間にか「キリストなるわたし」じゃなくなっちゃって、「アダムなるわたし」になっちゃってるから、なかなかそれを（掴めない）。「アダムなるわたし」が普通になっちゃってるからネ。それがなかなかこぅ掴めないんですネ。

ところが、あのふつう神学者はそう理解しないですから、よく聖霊について書いてあるところを読むとよく分からない。はっきり分かろうという人は、「あっ、要するにキリスト教でいう聖霊というのは、異常心理状態になった、まぁ言ってみると頭がおかしくなった、心がおかしくなった、そういうときの状態だ」というようなネ、まぁ露骨なことを言う人まで出て来るわけです。

しかし人間は、元もとはそういう、これ、さっと名前を呼ばれて、さっと応える。これ、聖書には多いわけですょ。あの旧約聖書の中で最も重要な箇所のひとつと言えるのが、あの出エジプト記の３章ですネ。ここでは、あのまぁモーセが燃える芝のところに行ってみると、「モーセよ、モーセよ」と呼びかける声を聞くんですネ。そのときモーセは、英訳聖書はHere I am.――だったかな――まぁ「わたしはここにいます」、こう応えるんですネ。旧約聖書のHere I am. というのはたくさんあるんですネ。これは「はい」と言っても良いですネ。「モーセよ、モーセよ」、Here I am.「はい」です。サムエル記はたくさんありますネ。「サムエル、サムエル」、「はい」。Here I am.（サムエル上３章）パウロのようなひねくれた奴は、「サウロ、サウロ、なんでわたしを迫害するのか」と言われると、「主よ、あなたはどなたですか」（使徒言行録９：４～５）と〔会場で大きな笑い〕。でも応えてるわけですネ。「社長、あんたは誰ですか」と言ってネ…〔再び会場に笑い〕そのすぐ後で「アナニアよ」と言うと、アナニアはやっぱりHere I am.（使徒言行録９：10）と応えます。

ですから、この、聖霊が呼びかける。あるいはまぁ神が呼びかけるというときに、まぁ「はい」と応えられる。これ、なかなか応えられないんですょ。座古愛子さんが、もうネ、自殺未遂まで図って、もうにっちもさっちもいかない。あれは、あぁいう形で実は神が呼びかけて来ているんですネ。「愛子よ」と言って来てるわけです。しかし、もぅそれがもう絶対に「はい」と返事ができないですネ。それはまぁもう「アダムなるわたし」にこぅすがりついているからどうしてもできないですネ。でも最後にそれ、「アダムなるわたし」が潰れるでしょう？　するとパッと応える。

そういう形から言うと、そういう形から言うと、「神はどこで語りたもうか」というのは、要するにやっぱり、神様がどこで名前を呼んで来るかというのは、この、ここに書いてありますネ。第二コリント（4:10）、「わたしたちはいつもイエスの死をこの身に負うている」。こんなネ、僕があの皆さんに今日渡したのはだいたい聖書の訳とは違うんです。後で見ておいてください。聖書の訳は、なんだかよく分からない。まあ、それは、それはこれネ、ウットという、いやヒナ（ἵνα）というギリシヤ語を使ってるんですが、それは実はもっと深読みをして、「それは、まさにイエスのいのちが、この身に現れているということである」。11節も同じこと。「わたしたち生きている者は、イエスの故に絶えず死に渡されている」。これ、やっぱり〈からだ〉のことなんですネ。「この身」と言っているでしょ、10節ではネ。10節では「この身」というのは二度出て来ていますネ。11節は一度です。「それは、まさにイエスのいのちが、わたしたちの死ぬべき肉体――これはやっぱり『身』ということですょ――身に現れている」。「現れている」ってのは、「啓示されている」とも訳せるんですが、「啓示されている」というのは、そこに来て、そこに来てノックしてる、開けてくれとノックしてるという意味。ですから我々が、我々の肉体というのはいつか死んで行くわけですけど、そういう死を背負った存在ですょネ。そういう死を背負ったその〈からだ〉、その〈からだ〉において、こぅ、もうイエスの〈いのち〉ってのは「復活のキリスト」と言っても良いし、霊と言っても良いわけですが、〔黒板をコンコンとノックする様子〕「ちゃんと俺を認識しろ」、こういうこと。啓示して来るということ。ですから、神様の言葉というのは、よくネ、「神様はどうして語ってくれないんですか」というようなお祈りする人がいるそうですけど、それは心の中で見つけるから全然駄目なんですネ。心の中で聞こうとしても、それは心の中にいませんからネ。それは、アダムの中に見つけようたって駄目なんですョ。

9　生きてるときに復活を掴め

ところが〈からだ〉というのは、まぁこれは現実と採ってもいいんですけれど、我々のネ。正直ですネ。「もう、みんな間もなくくたばるよ」と。こういう、こういうあれでしょ。こういうことにおいて語るんです。それを、それを何と言ったかというと、「十字架の言葉」と言うんですネ、キリスト教は。

「十字架の言葉」というと、神学者の説明をみるとまた「十字架に関する言葉だ」とかなんとか注釈を書いているけど、あれははっきり言うと、「十字架が言葉だ」ということです。〔乾いた咳をする〕我々はみな十字架を背負っているわけですネ。ここに書いてある通り。その十字架が言葉なんだョ。そこに、そこに、――勿論、そらぁ表面的には死の言葉です。お前は死ぬョ。死ぬべき肉体ですから。でも――その言葉の裏っ側に、こういうイエスの命、――あるいは復活ですネ――復活が来て、戸を叩いてるんだょ、ということ。ですからそこを見ないと、まぁそこで神は語っているということですネ。そこを見ろよ、と書いてある。ですからパウロの場合には、復活というのはそういう意味なんですネ。基本的にはネ、基本的には、生きているときの問題。「死ぬべき肉体において現れている」。ですから、生きているときに掴めと言ってるんです。生きているときにその掴むことを信仰と言うんですネ。生きているときにそれを掴みなさい。そうすれば死は克服できるんだよと。でこの、これが彼の「死」というものに対する克服の仕方、つまり復活ですネ。復活の仕方なんですネ。

で、僕もキリスト教会に来たときにネ、牧師先生の説教聞いても、どこの神学者の話を聞いても、イエス・キリストばっかし復活していて、俺の復活はどうなってるんだいと思ったことがあるんですけど〔会場に笑い〕。そのキリストというのは、実はこの「わたし」ですネ、わたしの中にある。そこは、そこは死なないのですネ。だから「わたしはよみがえりであり、命である」、ヨハネ（11:25）にあるでしょ。「わたしを信ずる者は」――信ずる者というのは、そこを掴んだ者は――死んでも死なない。生きて掴んだ者は、生きて信ずる者は、永久(とこしえ)に生きるだろう」、そこを言ってんですネ。これが、「死よ、おまえの刺はどこにあるか」（Ⅰコリント 15:55）というパウロの言葉がありますように、これが復活という（ことですネ）。ですからキリストの復活というのはネ、今日T先生も言ってたけど、それは我々の復活なんです。そういう意味だったらいいんですけどネ、あのネ、「ただキリスト様がよみがえりました。喜びましょう」と言われても何のことか分からないから、ちっとも喜べなかった思い出が今でもあるんですよ。〔笑いながら〕それは自分のものになってネ（初めて意味が出て来る）。

基本的にはネ、「生きてる人間のときに復活を掴め」と言ってるんですネ、パウロはネ。生きているうちに。まぁ通常はそんなふうにならなくて、「まあ、死んだら行こう」というネ、のんきに構えちゃうわけですけど。ですからまぁ皆さんネ、そういう課題を負ってるわけですよ、ネ。さぁ確かに、まあネ、まぁ西洋のクリスチャンだって誰でもそうです。誰でも死んだら天国に行くと、それが復活だと思っている。本当はネ復活というのは、この世界に戻って来ることを復活って言うんですよ。あの世に行くことは往生(おうじょう)と言うんですよ。仏教の用語ですけどネ。そういうのは復活とは言わないんですよ。復活っていうのはネ、「松坂大輔がやっと復活した」なんて、あれが大体正しい言い方ですネ。なんとか元に戻ったという（言い方です）。〔笑い〕松坂が大リーグの洗礼を受けたというのは、これは正しくないネ。

大リーグの試練を受けたという、あぁいう洗礼を受けるというのは試練を受けるということではないと思うんでｪ。これ、以上はスポーツ紙が使っているキリスト教の用語です。間違えを正しておきます〔会場から笑い〕。復活したというのは、元もとのこの世に戻って来ることです。ですから、生きてるときにそれを掴めよという（ことです）。そういう人間は死んでも死なないよと。そらぁそうですｪ。「キリストなるわたし」を掴んでた。あるいは「キリストなるわたし」に掴まれちゃったわけですから、それが復活なんですｪ。

ところが、コリントのクリスチャンはそんなふうに考えなくて、ちょうど我々や西洋のクリスチャンたちと同じように、あるいは日本の浄土教の大部分の人たちのように、死んだら極楽に行くとか、天国（に）行くとかいう（ふうに）考えちゃうと、パウロのようにドカンと、第一コリント書であの、叩かれる、叩く、叩かれるわけですｪ。そうじゃない。そんなことじゃない。それは生きてるときに掴むんだ。だから彼は、キリストが来る、再臨というのは自分の生きているときに来ると思っていたんです。これ、今日の多くの学者が「そういうふうに思っていたけど、パウロのそらぁ妄想に過ぎなかった」と（考えている）。そのひと言は書かないけどｪ、彼はｪ。か、それは、それは正しいんですょ。自分の生きているときに、キリスト様が来てくださる。そういうパルーシア（Παρουσία）というのは――再臨と言います。まぁ来臨と訳しますけど――それは、そこが分かったということですから。パウロがそこを強調したってことは正しいわけですｪ。

私も含めて、見たところまぁお年を召した方たちが多くて、後は待つのは死ばっかしという我々は、重要な課題を与えられているわけですｪ。そのことがｪ実はローマ書に、（資料の）最後のローマ書――これがあの（14章）７節から９節までしか書いてなかったけど――後の３節に、つまり10節、11節、12節に書いてあります。ちゃんとそれを掴め、生きている間に。ですから復活というのは何もネ、人間がどっかに、死んだ後どっか魂がふらふらふらっと――人間、欲が深いからネ――どうしても、このわたしはもっと生きたいネ。死んでからもまた天国に行って、色んなことやりたいんですけど。

確かにまああの、パウロの場合、パウロの場合死ぬということは、肉体的な死というのは、死後の世界のことはほとんど言っていないです。これは浄土教というのが死後の世界を事細かに書くのと、書いてあるのとは、大きく違います。確かに死ぬということは、その大いなる世界に飛び込んで入って行くわけですから、やはりそれは一種の天国であることは間違いない。でもそれは、もう一度私が向こうに生まれて、またあのいやな男と結婚してとか、何とかというようなことじゃなくて、そういうことじゃなくて、それは要するにまた、〔黒板の方を振り向いて、コンコンと軽く叩く〕この soul、これがもう一度死ぬのはいやだから、死んでからまた生きたいという、そういうまぁ人間の願望ネがそこに出てるんですけど。これが否定されて、〔黒板に書かれたものを指して〕これに戻るわけですからネ。生きているときにもうこれに戻っちゃたら、死んだらこのままですョ。そういう理解でしょ。

ですから、死後の世界は何にもないという虚無主義とは全く違うわけです、ネ。やっぱりそういうものがある。それは生きているときに掴め。ですから死後のことを色々空想逞しくして――阿弥陀経というお経があるんですけどネ、短いお経に色々書いてあるんですョ。天国の、極楽浄土の、木の葉っぱは宝石で出来ているとかネ、色々書いてありますけど――そういう一種の空想逞しい話は出て来ない。そらぁそうですネ。ですから、皆さん後何年か生きるわけですネ。わたしはまぁあんまり生きないと思うんですけどネ。その、これは大いにその間はしっかりと掴むあれをしなければならない。それは「キリストなるわたし」というものをしっかりと掴まないと。そういう課題があるわけですネ。そういう意味ではやはり復活、復活ということがネ（課題となる）。

でその復活は、従ってこういうことですネ。まぁ良くまとめていると思うので、14章7節、8節、9節はネ。（7節）「わたしたちのうち、だれひとり自分によって生きる者はなく、——ここも聖書訳を見ると違うと思います——自分によって生きる者はなく、——ということは、アダムなるわたしではないということです——だれひとり自分によって死ぬ者はない。——しかし日本人はたいてい自分によって生き、ひとりで死んで行くと考えていますネ——（8節）わたしたちは、生きるのも主によって生き、——これもネ、『主のために』という訳では悪くはないけれどネ『よって』とやった方がいい。『主によって生かされる』という意味です——死ぬのも主によって死なされる」。ということは、生きるにしても死ぬにしても、わたしたちが主の中にあるということですネ。主のものである。エン　クリストー。

我々の生きるも死ぬも——仏教の人はこれは「生死（しょうじ）」と言いますけど、もっとも仏教で「生（しょう）」というのは「生きる」という意味より「生まれる」という意味なんだそうですけど——生死は全てキリストの中にあると、こういう意味なんですネ。これが復活なんです、人間の。（9節）「なぜなら、このために、すなわち、キリストは、死者、死者と生者の主となるために、死んで生き返られたからである」。従って、キリストのよみがえり、死んで、十字架と復活というのは、実はこういう、こういう人間の、人間の復活ですネ。人間の復活ですネ。人間の復活を基礎付けるお話なんだというふうに、パウロは採っているということですネ。

よろしいですか。そういう、そういうキリストの、に対する掴み方なんですネ。だから我々はキリストの中にある。それはキリストが死んでよみがえられたからだと、こういう、こういう、まぁこれがパウロのまぁ見方、基本的にネ。

丁度2時で、時間となりましたので。

【質疑応答】

［質問者］ちょっと変なこと聞いていいですか。

［小川］ はい、どうぞ。

［質問者］（資料の）1）で、「第一のピスティス・神の〈まこと〉」と書いているところで…

［小川］〔マイクを受け取りながら〕はい、すいません。

［質問者］I live by the faith of the Son of God.（ガラテヤ 2:20）とありますヶ。「キリストの信仰」の場合には非常にはっきりしているんですが、神様とキリストというのは、「神のまこと」というのは「キリストのまこと」であって…

［小川］ そう、そうです。そう、そう。

［質問者］そういうことですか。それで、その faith というのは、T 先生が言われる「キリストが神様に持っている、そのまこと、信仰」ということと同じことですか。

［小川］ そうですヶ。そうですヶ。

［質問者］それでいいんですか。

［小川］ そうですヶ。あの「信仰」と訳せばヶそうです。そういうことになりますヶ。

［質問者］それを「まこと」と。それが「キリストのまこと」になると。

［小川］ 信仰というと、すぐ人間の信仰と考えちゃいますから、日本語としてヶ。まぁ信仰と訳してもいいんのですけれど、ただ「キリストに対する信仰」じゃあないわけです。

［質問者］ではないわけですヶ。

［小川］ そうやっちゃうと人間になっちゃいますからヶ。そう言ってるのはヶ。ただ今の聖書訳は、多くの聖書訳はヶ、みんな「キリストに対する信仰」、つまり faith in とやってんですょ、ほとんどの

英訳がネ。独訳もそうです。ただ、最近の新約学者の研究によると、アメリカ（では変わって来ているようです）。まぁなかなかネ、聖書訳っていうのは、色々の教会の委託により作りますから、かなり、まぁ言ってみると平均的な訳を採るんですネ。ただ、個人の注解書というのは出ている。それは faith of とするのがだんだん多くなってきている。

というんで、まぁルーテル教会もネこういう点よく考えないと、まぁ faith in というような訳を導き出したのはまぁルターですから。そうするとネ、あのやっぱり義認の話はしなかった、時間がなくてしなかったんですけど、まぁあの「キリストによって義とされる」というのがパウロの見方なんですネ。この義とされている自分に気づくというのが信仰ですから、やっぱりそれはそう読まないとローマ書は読めないですょ。あの「信仰によって義とされる」っていうと、みんな変なのになっちゃいますょ、パウロのローマ書はネ。

あんまりこういう議論、やりたくないんですけどネ。あの、でもまぁ、皆さん聞いてみて、随分（理解されていると感じました）。

［質問者］あの…まぁ一番大切なのは気づくことだというところなんですが、なかなか気づかないままで終わっちゃう…

［小川］　そうなんです。そうなんです。

［質問者］そうすると、キリスト教ってのは何なんだろうなと。気づいた人だけが…

［小川］　気づかなくてもやっぱり救われているわけです。

［質問者］私たちはそう思うんですけど、気づかない人にとっては、あってもなくても、なんかどっちでも良いような。

［小川］　そうですネ。〔皆が笑う〕

［質問者］まぁ仏教もそうかも分かりませんけれども、非常に難しい宗教だなと。

［小川］ネ、難しい… そうですネ。でもまぁネ…〔しばらく沈黙した後、黒板に向かう〕まぁあのただこれはネ、あの私やごくネ何人かの人たちの理解の仕方で、大多数はこうじゃありませんから、あのネよく気をつけてください。出席、出席、出席されたのは、皆さん個人個人の責任ですからネ〔会場が大笑い〕。あの私はそこまで責任を負いませんけれど。

でもネ、今のネ、あのご質問や〔前の質問者に向かって〕こちらのご質問は、よく考えておられることはよく分かりますから、そうですよネ。ですからネ、うーん、でもやっぱりあの気づくというのを信仰だということになって来ると、でそこがいい加減なヤツは偽物だということを言ってますからネ、パウロはネ。随分きつい言い方ですょ。元もとこの人は随分きつい言い方ですネ。

まぁ結局、人間の〈まこと〉とか神の〈まこと〉とか言っちゃいましたけど、これは実際は同じものです。神の、要するに——まぁどっかで書いてあの引用するのを忘れちゃったんですけど——そのものが我々の、我々の霊に、あんたたちは、「わたしたちは神の子だ」と証言するという言葉を引用したと思うんですけど——ローマ書８章だネ、（資料の）１頁の真ん中より下ぐらいネ——「御霊みずから、わたしたちの霊に、わたしたちが神の子である」、神の子であるということは、わたしたちは救われている、まぁ義とされた人間であるということですネ、と言ってくださっているというわけですから。ただこの言葉がネ、言ってくれているという… あっ、この義認の説明してなかったですネ。ローマ書１章17節。

これは、あの〈まこと〉から〈まこと〉へ、faith、from faith to

faithという（訳が適切ですが）、これもあの今の新共同訳は、これ、（「〈まこと〉から〈まこと〉へ」という）訳（を）無視しちゃってるんですよネ。とんでもない訳ですよ。けしからん話ですけど、あるアメリカの訳に引っかかって、取っちゃってんですよネ。これは、口語訳は「信仰から信仰へ」と——まだ「信仰」という訳ですけど——ちゃんと書いていたんです。英訳を見ればfrom faith to faithとちゃんと書いてある。これはギリシヤ語では ἐκ πίστεως εἰς πίστιν（エック　ピステオース　エイス　ピスティン）ですから、〈まこと〉から〈まこと〉へ。その人間…神の義というのは、神の義というのは、我々が、——難しいですけれど——我々が救われているということですけど、我々の救いは神様から人間へと、〈まこと〉から〈まこと〉へ（と与えられている）。

その次のローマ書8章16節から言うと、「御霊、御霊から、わたしたちの霊へ」、ちゃんと、ちゃんと与えられている。ちゃんと与えられているんだから、これを義認論と言うんですネ。「信仰」義認論じゃあないです、これは。〈まこと〉義認論です。で、ちゃんと与えられている。しかも書いてありませんけれどネ、すべ、あのコンテクストからみると「全ての人間に」、どんな人にも与えられていると。拒否する人間にも与えられていると書いてあるんですから、要するに、これは全ての人間にということです。全ての人間に与えられている。ただ、拒否する人間は、聞いていても、聞いていても、神、神に感謝せず——18節かな。あっ、あー19節、20節、21節かな。（1章）21節にネ、「聞いていてもそれを神に感謝せず、あがめもしない」と書いてある。ですから、ちゃんと語っている。ちゃんと語ってるけれど、聞こうとしない人間は、——大部分がそうですネ〔笑い〕——聞こうとしない人間は、聞こえているけれども、——「聞こえているけれども」と書いてあるんですょ。ちゃんとアダムが聞こえたでしょう、神様が言ってんのが。でも聞こえないふり、聞かないふりをする。聞こえないふりをする。ですから、神様の〈まこと〉から人間の〈まこと〉へということは、これは、じゃあまぁ神様の霊から人間の霊へと言っていいですネ。人間の〈こころ〉じゃなくて。ちゃんと語っている。語っているけれど、「はい」と返事をしない。できない。そこに罪がある。

ですから最初にこの神様の、こういう意味で語っている言葉が最初に来ていて、まぁ人間の罪というのはその後ですネ。何かの加減でこぅできちゃうんですネ。「まず罪ありきで、で、それから」というんじゃないんですネ。その、そういう意味だと思うんですけどネ。

[進行係] 他に、もうひと方ぐらい質問はありませんか。

[小川] 今日はくしゃみが出ないで良かったですょ。

〔会場から大きな拍手をもって終わる〕

編者　註

1)　太田修司（おおた・しゅうじ　1950～）　神学者（新約聖書学）、翻訳家。『パウロを読み直す』（キリスト教図書出版社　2007年）が代表的著書。

2)　14頁以下。

3)　ルドルフ・ブルトマン（1884～1976）　ドイツのプロテスタント神学者（新約聖書学）。翻訳では『ブルトマン著作集』（新教出版社）が代表書で、パウロ神学に関しては、同著作集第4巻『新約聖書神学Ⅱ』（1966年）で論じられている。前期授業で『新約聖書神学』を取り上げたものと思われる。

4)　カール・バルト（1886～1968）　スイスの改革派の神学者。『ローマ書』、『教会教義学』（いずれも新教出版社）など多数。なお『ローマ書』の第一版は1918年に出版されたが、1921年に大幅に書き直した第二版が著された。通常『ローマ書』とは第二版を指す。邦訳は『カール・バルト著作集14』（新教出版社　1967年）にも収められているが、その他複数の訳がある。親鸞などの日本の仏教については、『教会教義学』の「神の言葉」（神の啓示下：Ⅱ/2）261頁以下で論じている。

5)　佐竹明（さたけ・あきら　1929～）　新約聖書学者。『ピリピ人への手紙』（新教出版社　1969年）、『ガラテア人への手紙』（新教出版社　1974年）、『ヨハネの黙示録』（新教出版社　1978年）など多数。

6)　『ガラテヤ書』『ガラテア人への手紙』（新教出版社　1974年）のこと。

7)　滝沢克己（たきざわ・かつみ　1909～1984）　宗教哲学者、神学者。『カール・バルト研究』、『仏教とキリスト教の根本問題』（いずれも『瀧澤克己著作集全10巻』法蔵館に所収）、『現代の医療と宗教』（創言社　1991年）など多数。滝沢のほぼ晩年に小川氏は交流を持たれたが、日ごろから「滝沢先生」という尊敬を込めた呼び方をされていた。

8)　本の題名は不明であるが、例えば『聖書を読む―マタイ福音書講解―7』（岩切政和編、創言社　2002年）188頁に「最初で最後のこと」という言葉がある。

9)　田川建三（たがわ・けんぞう　1935～）　新約聖書学者。『原始キリスト教史の一断面』（勁草書房　1968年）、『書物としての新約聖書』（勁草書房　1997 年)、『イエスという男』第二版（作品社　2004 年)、『新約聖書　訳と註』(作品社　2007 年〜）など多数。「ガラテヤ書」(「ガラティアの諸教会へ」）の訳と註は三巻「パウロ書簡 その一」(2007 年）に収められている。

10）25 頁。

11）『ブルトマン著作集 4』(「新約聖書神学Ⅱ」）新教出版社　1966 年、70 頁。

12）「故に」ではなく「ため」となっている。

13）RSV（Revised Standard Version）英語訳の改定標準訳のことで、最も優れた英語訳とされる。

14）座古愛子（ざこ・あいこ　1878 〜 1945）重い障がいを負ったキリスト者。小川氏はこの稀有なキリスト者にしばしば言及されている。同女史を論じた「十字架につけられし女（ひと）―座古愛子覚書―」は、本講義録の『後期論文集』(第 10 巻、2018 年）に所収されている。

15）中村久子（なかむら・ひさこ　1897 〜 1968）重い障がいを負いながら浄土真宗に帰依し興行芸人として生きたが、晩年は執筆、講演活動を行いながら自立した生涯を送った。小川氏の論文「十字架につけられし女（ひと）―座古愛子覚書―」に、中村久子が座古愛子を初めて訪ねたときのことが記されている。

16）良寛（りょうかん　1758 〜 1831）曹洞宗の僧侶であり、歌人、書家でもあった。質素な生活、子どもと戯れる童心が人々の心を打ったとされるが、小川氏は酒を好んだ一面も指摘している（126 頁)。

17）法然上人（1133 〜 1212）平安時代末期から鎌倉時代の僧侶。浄土宗の開祖。

18）親鸞（しんらん　1173 〜 1262）鎌倉時代に活動した僧で、浄土真宗を開いた。

19）真言宗　空海（弘法大師）によって 9 世紀初めに開かれた。即身成仏を説くことが特徴のひとつとされる。

20）43 頁。

21）マルティン・ルター（1483 〜 1546）ドイツの宗教改革者。パウロ書簡から福音の神髄を発見したことが宗教改革を引き起こして行く原動力になった。本講義ではルターの「義認論」と後代のルター派の「信仰義認論」を区別して論じられている。

22) 『キリスト者の自由』 1520年に執筆されたルターの代表的な書。『キリスト者の自由　全訳と吟味』（徳善義和著、教文館　1996年）、『キリスト者の自由・聖書への助言』（石原謙訳、岩波書店　1955年）などがある。

23) 授業資料　68頁以下。

24) 原口尚彰（はらぐち・たかあき　1953～） 新約聖書神学者。日本ルーテル神学校在籍中に小川氏の宗教哲学を受講した。両者とも日本福音ルーテル本郷教会にて受洗し、籍を置いていた。『ガラテヤ人への手紙』（新教出版社　2004年）、『ローマの信徒への手紙』（新教出版社　上巻　2016年、下巻　2021年）などがある。

25) 『ガラテヤ人への手紙』334頁。

26) 松木治三郎（まつき・じさぶろう　1906～1994） 関西学院大学文学部神学科教授を務める。代表書が『ローマ人への手紙』（日本基督教団出版局　1966年）。

27) エルンスト・ケーゼマン（1906～1998） ドイツの新約学の専門家。『ローマ人への手紙』（岩本修一訳　日本基督教団出版局　1980年）などがある。

28) 資料96頁

29) 「パウロ主義批判」（『旧約新約聖書大事典』教文館　1989年、903頁）を参照。ローマ書13章の注解（『新約聖書 訳と註』4巻、作品社　2009年、305頁以下）に同様の批判があるが、小川氏のガラテヤ書講義（2007年）の時点では未刊であり、手にすることはなかった。

30) ラビ・アキバ　アキバ・ベン・ヨセフのことで、1世紀末から2世紀前半に活躍したユダヤ教最高の律法学者。ローマに捕らえられ処刑された。

31) 山谷省吾（やまたに・せいご　1889～1982） 新約聖書神学者。パウロ書簡の注解も多数あり、『ローマ人への手紙・新訳と解釈』（新教出版社　1967年）はそのひとつである。

32) 宮沢賢治（みやざわ・けんじ　1896～1933） 岩手県花巻出身の詩人、童話作家。急性肺炎のため37歳で死去した。菜食主義を好み、食生活は粗食であったと言われる。代表作は『銀河鉄道の夜』（1933年）『風の又三郎』（1934年）で、晩年の作品はキリスト教の影響を指摘されることがある。

33) 斉藤宗次郎（さいとう・そうじろう　1877～1968） 花巻に禅宗の住職

の子として生まれる。小学校教員時代に入院して聖書に出会い、内村鑑三の『基督信徒の慰め』などを読み、内村に傾倒した。

34） 山折哲雄（やまおり・てつお　1931～） 宗教学者、評論家。母親の実家が花巻で、少年時代にそこに一時期疎開している。

35） 斉藤宗次郎『二荊自叙伝』（上下）（岩波書店　2005年）。

36） 内村鑑三（うちむら・かんぞう　1861～1930） 無教会の創設者。日本で最初の聖書雑誌である『聖書之研究』、『代表的日本人』などがある。

37） 「乞食」は差別用語に類するとされることがあるが、文脈からそののまま記載した。

38） 石川立（いしかわ・りつ　1953～） 同志社大学神学部教授（聖書学）。本講義が実現したのは、同氏の貢献によった。なお本講義録第4巻（『コリント前書講義Ⅰ』）に、講義録出版記念会の際の同氏の講演（「小川修『パウロ書簡講義録』刊行によせて」）が所収されている。

39） 浄土教　阿弥陀仏による極楽浄土への往生を説く教え。日本には7世紀前半に伝えられた。

編集者の声

聖書をどのように読むか
――『小川修 パウロ書簡講義録』に学ぶ――

箱田 清美

「愛（アガペー）」による「（永遠の）いのち」の認識への導き――これが「救い」である。『聖書』はそのために、「正典的に読む」という姿勢を、我々に求める。

序

「聖書をどのように読むか」は議論の分かれるところであろう。『聖書』は、いろいろな読み方、接近法が可能である。手引書も多い（田川建三ほか『はじめて読む聖書』新潮社、2014。ここには聖書への接近がそれぞれに著者の思い出のように書かれている。青野太潮『どう読むか、聖書』朝日新聞出版、1994。ここには著者の聖書研究者としての読み方の紹介がある）。荒井献氏は「聖書を正典的に読むか、それとも歴史的に読むか――この問題をめぐりキリスト教界内で意見が対立している」と、1980年代の書物「序文」（荒井献編著『新約聖書正典の成立』日本キリスト教団出版局、1988）に書かれている。『聖書』に取り組みつつ、意見の対立がそのままにされ、両者の研究がさらに分離していくのは、「聖書をどのように読むか」という視点を考えるとき、必ずしも良いことではないという思いがそこにはあったと思われる。そのためにも『聖書』をめぐる資料研究が必須であるという認識を、そこで書かれている。その発言からでも半世紀に近くなろうとする今日、両者の対話に向けて、聖書理解をめぐる様々な歴史資料の研究が「事実認識」のために積み重ねられてきた。今後もこの方向で、『聖書』の研究はキリスト教学の中で積み重ねられるであろう。しかし、両者の生産的対話という意味では、現在のキリスト教界は、むしろ両者は分離しながら二つの方向を独自に進んでいるように思える。聖書学は益々専門化し、それぞれの専門分野では緻密な研究が、それぞれになされているが、しかしそれぞれの専門分野の厳密さだけでは、「聖書をどのように読むか」という問いに、少なくとも一般人として聖書を読む人々にとって、適切な応答はしてはくれない。

『聖書』を「正典的に読む」という方向の読み方は、救われたいという思いを持ってそれに接近する者には避けることのできない視点である。正典（カノーン）とは、「基準」という意味であり、正典的に読むということは、『聖書』は信仰の基準を含むという視点で、それを読むということである。キリスト教会は「原始教会」として、まだクリスチャンの姿が明確でない時代（AD50 頃～ 120 頃）に、ナザレのイエス亡き後、イエスの言葉を口伝伝承する中で、さらにそれを次の世代に伝承していくために、信仰の基準は何かという模索から多くの文書を紡ぎ出し、その中から「正典」なるものを『聖書』として遺してきたという正典成立史がある。その意味で『聖書』は、原始教会の人々にとって日々の慰めの文書であったし、彼らが日常で様々な苦悩にぶつかったとき、その人々にその現実を生き貫く力を、生きた「言葉」として語り続けてきたものの集積であり、遺産である。クリスチャンに対して語ると共に、一般人（『聖書』では異邦人とも呼ぶ）に対しても語り掛けてきた。原始教会の「正典とは何か」の「選び」には、原始教会の信仰的判断が反映しているが、キリスト教会がそれを「正典」としてきたのは、そこには人間に生きる力を与えるものが受け継がれていると確信していたからである。現代の我々が『聖書』を読むのも、この時代に生きる者としてそこから慰めを受け、生きる力を与えられるためであるならば、それを「正典的に読む」という視点は欠くことのできないものであろう。この視点は、「求道の念」を持ってと言い換えてもよい。それは、憧れや憑依、あるいは単なる人の熱心を言うのではない。与えられた命を、生き生きと生き抜きたいという思いのことである。『小川修 パウロ書簡講義録』（以降『講義録』）は、それを前提に持つ。それは、正に「聖書をどのように読むか」という論点と重なる。

『講義録』の元となった講義が大学院でなされたのも、小川修氏（以降師）を講義者に招かれた石川立氏の「聖書学をする人は多いが、聖書神学をする人は少ない」との思いからであったとのことである（『講義録』第4巻末、石川立氏の文章参照）。師の講義は、そのことに応えたものであったのであれば、「聖書を正典的に読むか、それとも歴史的に読むか」の対立に、対話の一つの方向性を示したものと、筆者は捉えている。『聖書』を求道の念を持って読む者に、パウロは、「福音は……信じる者すべてに救いをもたらす神の力だ」（ローマ 1:16）と応答している。しかし、本当にそうなのか？　西洋世界でそのように『聖書』を読んで来たから、そうなのだという答えは、その場合、問いに対して充分には意を尽くしていない。「なぜ」、そうなのか？　そのような立場で、「聖書をどのように読むか」についてこの小論を認めておきたい。明治キリスト教会史の研究者は、明治の初期を日本キリスト教史の第1幕とし、キリスト教と当時の日本的な状況との出会いは福音の定着にとって、「全体として見た時、日本の土壌は決して良い地ではなかった。日本のキリスト教はいわば『いばらの地に落ちた』種で」あった（隅谷三喜男『近代日本の形成とキリスト教』新教新書、1961）と結んでいる。しかし、これは「日本キリスト教史」の一幕ではあるが、少なくとも「聖書をどのように読むか」という視点にとってこれは結論ではない。「いばらの地」が「乳と蜜の流れる地」に変貌するのは、「聖書をどのように読むか」という一点に掛かっていると考えるからである。

1　日本近代文学者たちの『聖書』への接近と行き詰まり

（1）

日本近代文学者たちは、『聖書』をどのように読んできたかということから論を進めたい。明治維新と文明開化の中で、当時の若い青年たちの多くが西洋世界を求めてプロテスタント教会に出入りし、『聖書』を熱心に読み、多大の影響も受けた。しかし、その中に最終的に、行き詰って自死という結末を迎えた有力な文学者たちが多数いる。それは、なぜ起こったのか。それは、聖書の説く「愛（アガペー）」を、明治のキリスト教会で必ずしも正確にはとらえきれずに起こったことであれば、それは「聖書をどのように読むか」という視点からの課題となると考えられる。明治維新と共に西洋文化が日本に押し寄せたとき、日本人も『聖書』を本格的に日本語で読めるような姿で紹介された。それは日本人の伝統的世界観に多大の影響を与え、それは日本文化にとって衝撃にも近かった。特に地方から東京に惹きつけられた青年たち、彼らは西洋文化への憧れも強く、西欧をその言語、思想、文学などにおいて吸収しようと、プロテスタント教会に接近した。彼らの憧れに対し、西欧文化を組織として提供できるものは、当時はプロテスタント教会のみであったと言われる。彼らにとってそれは身近なところにあり接近し易いという面もあったと思われる。日本の伝統的束縛からの脱出を心に思い描いていた彼らには、「個人の救いを説くキリスト教は、何よりも独立の人格の自己同定に根拠を与え得るかのように、みえたはずである」（加藤周一『日本文学史序説』下、筑摩書房、1980、329頁）。文学者たちの自死の背景として、それぞれの理由を評論家は挙げるが、この小論の視点からは「聖書をどのように読むか」に関しての誤りからも来ているのではないかという一点を加えたい。当時のプロテスタント教会と『聖書』に惹きつけられた青年たちは、その中核が「愛」の思想にあることにいち早く気付き、それに惹かれ導かれて行く。しかし、彼らは行き詰った。その問題の核心は「愛」の捉え方に誤解があったという点にあるのではないだろうか。それには、当時のプロテスタント教会にも責任の一半はあるのかもしれない。

明治の近代プロテスタント教会史の流れの中で、キリスト教に熱心に触れ、しかもその時代の文学をリードする程の人たちのなかで、行き詰まり、そして、最後を自死でもって閉じた文学者たち、名を挙げれば、北村透谷（1868[M1]～1894[M27]）、有島武郎（1878[M11]～1923[T12]）、芥川龍之介（1892[M25]～1927[S2]）、太宰治（1909[M42]～1948[S23]）などの文学者たちである。その他にも、自死には至らないまでも、青年時代にキリスト教に深く接近し、受洗にも至ったが、数年にしてそれから離れていった者も多い（『日本文学史序説』下、378頁は、彼らは4～5年で離れている。それは官費で西欧留学を果たした者たちの留学期間に相当する。独歩、藤村、白鳥、泡鳴などを挙げる）。彼らがキリスト教に近づいた理由は、日本社会にある、「共同体への帰属と共同体の外にいかなる絶対者も認めない価値観とを中心として築き上げられた日本的世界観」への疑問が、多かれ少なかれ根底にあったという。具体的には国家（国体）への忠誠が求められ、社会にはそのための仕組みが、個人を拘束する束縛として縦横に張り巡らされている。そこで、国家あるいは共同体への忠誠よりも、先ず自分自身に忠実であろうとした文学青年たちを、個人の救済を説くキリスト教が惹きつけたのは当然であった。しかし、多くは数年にして棄教、そして教会を離れる。その理由として、前掲書は「キリスト教の本質的な部分—超越的絶対者との関係において定義される正義と、キリストによる罪の救済の観念—は、自分自身に忠実であろうとした文学青年たちを、遂に説得しなかった」（378頁）からではないかと言う。

ところが、キリスト教会は離れるが、『聖書』から離れることなく意識の深いところに、キリストを保持して突き詰めようとした文学者として、代表的に有島武郎の場合を取り上げ、惹きつけられつつ、終には「行き詰まり」となった原因が何処にあるかを見てみたい。それは、「聖書をどのように読むか」の論点に関わるからである。知識人として大正を代表する教養人といわれた有島において起こったことは、現代のプロテスタント教会にも課題として残されている。

（2）有島武郎における「愛」の考え方

有島の「愛」の考え方は、1920年（T9）に彼が43歳の時に書いた『惜しみなく愛は奪う』のなかで集中的に語られている。彼はその中で、「私がある」、「私は私自身でありたい」という所から出発。近代的自我に目覚め、個人としての自己の救いを求めようとする彼の立場からは、「私」からの出発は必然だろう。「私」からの出発は、云わば「衝動」的な出発点だと、彼は言う。自分を「私」と「お前」とに区分して、「私」という自分は、如何にして満足する自分になりうるか。彼の衝動は、「私」がなしてきた「習俗的生活」「智的生活」では、達成されないと言う。そこで、「私」が私自身であるためには、自分の本能を満足するような生き方を必要とし、それを「本能的生活」と名付け、その時に「愛」なるものが用語として使われ、自分の本能を充足させようと欲求するエネルギーとして、その「愛」を理解している。「愛は人間に現れた純粋な本能の働きである」。「愛」は、自分の本能を満足させる原動力であり、その「愛」という欲求によって「私」という存在は本能的に行動し、生きる方向性と基準を見出す。本能は彼自身であるから、「愛」は「私」という存在を満足させるものに絶えず向かうことで、更なる高い欲求となり、尽きることはない。「私」という自分が高められているので、充分に充実感を得られると言う。

そして、プロテスタント教会を通して接近した『聖書』に言及し、その「愛」の思想は受容できないと以下のように書く。パウロの言う「愛は惜しみなく与える」（Ｉコリント 13:1 ～）とは、「愛」の外面の表現に過ぎず、自分は「愛」の本質は「略奪するエネルギーだ」と理解している。「私の体験は……愛の本質を与える本能として感ずることができない」。有島は「愛」について、パウロとは全く反対の結論に達する。伝統的な西欧キリスト教の聖書理解、つまり、犠牲と献身の徳行として説く愛他主義、あるいは、イエスの十字架の死を贖罪死として理解することは、自分にはできないとする。それらの「愛」も、他を愛すると言いつつ、結局は自己を満足させるためのものであり、偽善に過ぎない。イエスの生涯を総括して、彼は全てを与えて死んだというが、それは犠牲の死ではなく、世の凡ての高きもの、清きもの、美しきものを摂取し尽くしたいという欲求（云わば、これはイエスの本能とも言うべきもの—筆者注）の表れと、取る。従って、イエスの十字架の死も、基督の生涯にとっては、犠牲では有り得ないと言う。「愛」は、本能としての「私」を満足させる欲求であり、基督においてもそれは同じで、「惜しみなく愛は奪う」という結論に達したと言う。

これは、同じ「愛」という言葉でありながら、『聖書』の特にパウロの「愛（アガペー）」の理解とは、正反対の結論となっている。そして、有島は、『或る女』という長編小説を残して、自死する。

なぜ、そうなるのか？　『聖書』は、創られた被造物としての人に、神は「これは、良し。極めて良し」、「産めよ、増えよ、地に満ちよ」（創 1）と言葉が贈られる物語から初めて、王国時代のイスラエルの時の王妃イゼベルによって砂漠に追い詰められた預言者エリヤが、「主よ、もう十分です。わたしの命を取ってください」と自死の願望を願ったとき、主の声は「エリヤよ、（お前は）ここで何をしているのか」、お前には、神からの大切な使命が託されているのだ、だから、「生きよ」と命じられたという歴史（列王上 19:1 ～）を記載する。それは、「愛」の思想にも継承される。神の語りかける「生きよ」という思想は、『聖書』の全編に満ちる基調である。そうであれば、多感な文学者たちが優れた感性で『聖書』を読んで行きながら、なぜ、自死の結末になるのか。これは、「聖書をどのように読むか」の大切な論点である。

2 「愛」の受け取り方の誤解

これは、『聖書』の「愛（アガペー）」の受け取り方の誤解から来たと思われる。なぜ、彼らが誤解して受け取ったか。理由として、二つのことが指摘されなければならない。

（1）第1は、「ἀγάπη（アガペー）」をどのように訳すか、という日本語翻訳の課題

現在の日本語聖書においては、「ἀγάπη（アガペー）」を「愛」と訳すことは、ほぼ定着している。しかし、明治初期、『聖書』の日本語への翻訳に取り掛かったとき、日本語の神学用語の未発達のなかで、どのように訳すかで変遷があったという（以下、海老澤有道・大内三郎『日本キリスト教史』日本基督教団出版局、269頁以下）。「愛」と訳すことには、少なからず抵抗があった。「愛」という言葉は、当時までは、「一種の低い賤しい意味に用ゐられたもの」であったからである。そこで「仁愛」と訳す説もあったが、最終的には儒教的な仁を外して、単独に「愛」と訳していく流れが、聖書翻訳の中で定着していったという。これが、前掲文学者たちの手にする『明治訳』（M20）『大正訳』（T6）である（海老澤有道『日本の聖書（聖書和訳の歴史）』講談社学術文庫、1989）。無論、明治・大正の知識人・教養人は現代外国語で『聖書』を読むことも多かっただろうが、事柄は同じである（このことは、ギリシャ語を現代語に翻訳し、思想を継承する時にはどの言語においてもいつも起こる。後述するアガペーもエロースも共に「愛」の一語に訳されるならば、エロースとアガペーを

Liebe、Liebe²と区別（A.ニーグレン、岸千年・大内弘助訳『アガペーとエロース』Ⅰ、新教出版社、1954、8頁註参照）、あるいはloveと訳しても事柄は同じである。その結果として、アガペー概念を聖書神学的に深化させていくよりも先に、「アガペー」を日本語の「愛」の意味で受け取ることが先行したと思われる。外国語を日本語に変換したときの課題は、翻訳には付きものであるが、神学用語は特にそうである。同様に「神」「聖霊」「隣人」「義」などが「聖書語になることによって意味のかわった語句」という（鈴木紀範久『聖書の日本語』岩波書店、2006）。

そうであれば「愛」の意味をどのように受け取るかにつき、神学的深化より先に、次のような箇所が目に留まったのは当然であろう。「愛」に関して当時よく引用される聖句は、「人その友のために己の生命（いのち）を棄つる、之より大なる愛はなし」（ヨハネ15:13）である。その「生命」を意味する元のギリシャ語はプスィケー（ψυχὴ）であるが、それは人間にとって「（自然的な）命の力、あるいは命そのもの」を意味する（R.ブルトマン、川端純四郎訳『新約聖書神学』Ⅲ、新教出版社、1980、27頁）。従って、その聖句の導くところは自分の「生命」の自己犠牲を意味することになるが、そうであれば、「愛」の思想は「近代的自我」に目覚めた人々には、甘い幻想として映るか、あるいは拒否反応かのどちらかに分かれていくその後の歴史も理解できる。『聖書』の「愛（アガペー）」の思想は、キリストの十字架を贖罪死と理解することが、その「愛」の前提になるが、それは後述のように「神の自己犠牲」の意味であって、直接的には人が人のために自己犠牲するという勧めではない。いずれにしろ、このような「愛」の思想は、多感な文学青年たちの生き方に影響を及ぼし日本社会の中での社会運動にも動機を与えていったと言われる。しかし、「愛」を聖書の中でのἀγάπη（アガペー）概念として思索するという背景に乏しいままでの行動は、直ぐに「愛の枯渇」という現象を経験することになる（『日本キリスト教史』276頁は、その例として、当時の横井時雄、金森通倫などの運動を挙げる)。有島の行き詰まり現象も、一つにはこの流れにある。

(2)第2の理由は、「ἀγάπη(アガペー)」を、「エロース」として受け取ったこと

『聖書』の「愛(アガペー)」を神学的深化のなかで読むことがなされないとき、すぐに起こるのは、アガペーを内容的にエロースとして受け取るという現象である。「エロース」について、プラトンは『饗宴』の中で次のように説明する。それは「完全なるものへの欲望と追求に対する名称」である(プラトン、山本光雄訳『饗宴』角川文庫、44頁)と。プラトンは、エロースの欲求のエネルギーを説明するために次のような話を付けている。人間の本性は本来完全なるものであったが、ゼウスによって半分にされ不完全なものとして漂うことになった。その結果、不完全な半分は完全を求めて残りの半分を探すのだ、と。「エロース」とは、そのような不足のものを求める欲求のことだと言う。その場合、求めるものが天的なものであれば、その内容はアガペーに近くなる。そのとき人間にとっては、自己の上昇志向の欲求になる。「エロース」も「アガペー」共に、人間にとって「意欲」を動機付けるもので、本来的には否定的なものではない。また、共に「愛」という訳語が充てられる。そうであれば、近代的自我を強烈に意識し、それを出発点として自分自身の「本能」に忠実に生きようと願い、「本能的生活の充実」をもって救いとする者には、アガペーをエロースとして受け取ることも、容易に起こり得ると思われる。アガペーをエロース的に理解して行くなら、無防備の近代的自我から出発する者には、惜しみなく他を自己実現のために奪うという方向が出るし、そこで霧中を彷徨う自己を見出したとき、無限の孤独と絶望の自己を垣間見る。それは、自分の生命、財産を放棄することが、「愛」の行き着く処となる。現に有島は有島農場という莫大な相続財産をも放棄している。そのような

「愛」の理解が、有島等の文学者たちを、行き詰まらせた第 2 の理由である。

3　『聖書』の「ἀγάπη（アガペー）」とは何か。

「エロースとアガペーの相違は、程度の相違ではなくて、種類の相違」である（A. ニーグレン『アガペーとエロース』新教出版社、20 頁）。両者の根本的相違は、その出発点の違いにある。エロースは「自己（自我）」を出発点とする、しかし、『聖書』のいうアガペーは「神」を出発点とする。アガペーは、神が人を慈しむあり方のこと、神が人と交る道のこと、そして神がイエス・キリストの十字架の死を通して、人に啓いた道のことである。正確に言えば、アガペーは本来的には、神が主体となった、神が人に至る、神の道のことである。A. ニーグレンは、その代表的聖句としてローマ書 5 章 6 ～ 10 節を引用し、アガペーの特色を 4 つ挙げる。アガペーは、A. キリストの十字架によること、B. 神ご自身の愛であること、C. 自発的で、誘因のないもの、D. 罪人たちに注がれていること（特に 5:8 を挙げ、「しかし、神はわたしたちに対して自らの愛を実証された。まだ、罪人であったわたしたちのために、キリストが死んだのである。」（小川訳）という聖句が、最もよく「アガペー」を説明するとする。師も『講義録』のなかで、「アガペー」の説明聖句として、しばしばここを引用される）。

『聖書』は思想書ではなく行動の書でもあるので、それを読むということは、その人にどのような生き方をするかの倫理を迫る。特に「求道の念」を持ってそれに接近する人にとっては、なおさらである。パウロも、「キリストの愛がわたしたちを駆り立てている」（Ⅱコリント 5:14）と言う。有島も「いつも私に感銘を与えるものは、基督の短い地上生活とその死である」という程に、「愛」に強く迫られる思いはあったのである。しかし、『聖書』の「アガペー」がこのように神の自己犠牲を構造的に内容としているのであれば、その宗教倫理も本来的には神の自己犠牲という事柄（イエス・キリストの十字架の死）に基礎を持って、人の生き方の倫理としては、二次的に出てくるものである。「アガペー」に導かれる倫理は、自らの生命の自己犠牲が直接に出てくるのではなく、神の自己犠牲を土台に展開される、人の生き方をいうのである。近代的自我の理解は、このことを土台にして展開されなければならない。

倫理は、いつでも用語として命令法を使用することが多い。パウロは、ローマ書 12 章 1 節以下で倫理のことを述べるが、そこには命令法を使っている。しかし、それらの命令法を「神の憐れみによって、……勧めます」と書き出し、その命令文には全てに「与えられた恵みによって」「キリストにあって」、「〈まこと〉に応じて」（小川訳）を付けて、それらの命令法が何処からきて何所に基礎付けられているかを示そうとしている。そのことを見落とすと、宗教倫理は命令法の連続になる。そうであれば、有島等のような、『聖書』を熱心に読み、自分自身に忠実であろうとした生き方が、自死において閉じられるという現象は、『聖書』の読み方として、神学的深化の未熟のなかで招いた悲劇と言わねばならない。換言すれば、「外発的開化」（漱石）によって始まった明治文明開化は、近代的自我に目を覚ます知識人・教養人を産み出した。中世までの日本人の自我意識は、何ものかに抱擁された自我であった。云わば、「造化にしたがひて四時を友とす」（芭蕉）の中でのそれである。しかし、出発点の根拠を持たない急速な近代的自我の意識は、彼らをして次第に主体喪失へと導く歴史（久山康『近代日本の文学と宗教』創文社、1966、75 頁）だったとも言えるだろう。（有島に見ることは、基本的には透谷の『内部生命論』、芥川の『西方の人（正・続）』、『或阿呆の一生』さらに太宰の『如是我聞』、『Human Lost』なども、同様なこととして見うるのではないだろうか。）

4　現代において、我々は「聖書をどのように読むか」

（1）「正典」としてか「正典的に」読むのか

日本の近代プロテスタント教会史に現れた、『聖書』に触れた感性豊かな教養人としての文学者たちの行き詰まり現象を、我々は如何に乗り越えるか、それがこの小論の課題である。『聖書』を「正典」とするキリスト教にとって、その根本観念は「アガペー（愛）」にあるということであれば、当然その道に沿ってそれを読むのであるが、しかし、キリスト教の影響が限定的で、知識人・教養人の『聖書』への接近の中での行き詰まりが前述のようであれば、「聖書をどのように読むか」という視点は、どう答えるべきであろうか。それは、「正典」として読むというよりも、「正典的」に読むという方向で答えられるであろう。如何なる意味であるか。それは、『聖書』を、西欧世界の歴史の中で既に定まった固定した神学の視点から、「正典（あるいは聖典）」として読むというより、その後の聖書学の成果にも支えられながら、救いとは何かと問いつつ読む、つまり、「求道の念」の中で読むということである。有島の聖書への批判は、『聖書』を「正典」あるいは「聖典」として、つまり、解釈においても権威においても既にそれは固定した位置付けを持つ揺るぎないものとして『聖書』を捉えた上での、それに対する反応ではなかろうか。もしそうするなら、『聖書』を読む者には、キリスト教倫理は正に命令法の連続に映るだろうし、既に存在する答えの検算をさせられるように響くのではないだろうか。圧倒的西欧世界の優勢の中では、行き詰まりが出てくるのもあり得ることだったろう。

既に触れたように、人が『聖書』を読むのは、「救われたい」という心理を秘めてのことであると思われる。『聖書』を読むという脈絡の中では、「救い」とは、人が「アガペー（愛）」の道に導かれてこの世を生きるときに、起こってくることを指す。人がその道を辿るのは、その道に気付き、目覚めた人（イエスはゲッセマネの園で「目を覚まして祈っていなさい」（マルコ 14:38）と弟子に問いかけられた。パウロは、このような人を「新しき人間」と言う）として生きる時に、初めて可能となる。アガペー（愛）は神が主体の、神が人に接近される交わりの道であるが、神への応答として、人がその道を辿ろうとするとき、新しい言葉が用いられる。それが「信仰（πίστις ピスティス）」である（A. ニーグレン『アガペーとエロース』95 頁）。そうであれば、人の信仰が始まるのは、「自我」の事柄として、そこからの始動ではなく、神は「アガペー（愛）」として、人を呼び出されているという、『聖書』の公理に人が触れたときに、人の神の呼びかけへの応答として、その人に始動するものである（『講義録』第３巻は、ローマ 8:15 イエスの「アッバ、父よ」の呼びかけに関する釈義として、そのことを展開。同ローマ 10:12 も同様）。師が『講義録』のなかで、「神の義は、その福音の中に啓示され、信仰に始まり信仰に至らせる」（ローマ 1:17、口語訳）の解釈を、「信仰から信仰へ（ἐκ πίστεως εἰς πίστιν エック・ピステオース　エイス・ピスティン）」として展開されるのも、神を始発として、それを受け取る者として人の信仰が始まるというローマ書の基本構造（これが師の『ローマ書』理解の基本）を、ここに求めておられるからである。師は、そこで二つ並ぶ「信仰」という言葉を、前の信仰を神の意志と採り、後の信仰を神の意志を受け取る人間の信仰と採り、前の神の意志を「第１のピスティス（訳として、神の〈まこと〉）、後の信仰を「第２のピスティス」、あるいは「人間の信仰」と呼ばれている。自発的で、誘因なき神の意志はアガペーとしてイエス・キリストの十字架を通して人に啓示され、それを受容する者は、神に呼び出され、選ばれた者として、神との交わりの道を生きる者となる。それをクリスチャンと呼ぶのだが、『聖書』を正典的に読む者には、神の恵みは、それに「気付き」、「目覚め」る命（いのち）として現れる。有島は、「『聖書』を正典的に読む」者と、Institution（制度）としての教会に属する人々とは同一者になっていないと批判したが、有島の聖書理解は、両者が同一にならないという批判をし、そこで閉じられ、その結果、彼の中で行き詰まりとして現れた。ところが、パウロは言う、「四方から苦しめられても行き詰まらず、途方に暮れても失望せず……」（Ⅱコリント4:8）と。この違いは何処からくるのか。それは、更にパウロが言う次の箇所から明らかである、「わたしたちは、いつもイエスの死を体にまとっています。イエスの命がこの体に現れるために。わたしたちは生きている間、絶えずイエスの死にさらされています。死ぬはずのこの身にイエスの命が現れるために。」（Ⅱコリント4:10～11）と。両者の相違は、この土台の認識の違い、即ち人の命（いのち）の土台には「愛（アガペー）」あるという認識の欠如から来る。これが、パウロの自我の、即ちパウロが生きることにおいて「福音は……信じる者にとって救いをもたらす神の力」だとする土台であったし、有島には、この土台が見落とされていた。ここに、有島の行き詰まり原因があった。

（2）「救い」としての「（永遠の）命（いのち）」のこと

「イエスの命がこの体に現れる」、これがアガペーの道を辿る者の恵みであり、これこそ『聖書』を正典的に読む者の、究極としての「救い」である。『聖書』が永遠のベストセラーであった理由は、ここにあると思われる。人が「イエスの命」を、わが体に回復すること、それを救いという。しかし、我々の生きる現実はそうでないことが多い。「いのち」の姿が、我々が生きている時に曇らされているときがある。それを「死ぬはずのこの体」と呼んでいる。「イエスの命」が、「わたし」という死ぬはずのこの体に現れること、これが我々の復活であるし、それは我々にとって「救い」の別名でもある。ローマ書6章5節は、同じことを「もし、わたした諸ちがキリストと一体となってその死の姿にあやかるならば、その復活の姿にもあやかれるでしょう」と言い換えている。

では、「イエスの命」という「命（いのち）」とは何か。最後にそのことに触れておこう。『聖書』は、「命（いのち）」を表すのに二つの用語を用いている。ゾーエー（ζωή）とプスィケー（ψυχή）である。人が生きる「本来的姿」を表現するものとしてゾーエー（小論では「いのち」と表記）という言葉を用い、普通の寿命としての「生命」、「自然的な命」をプスィケーと呼び、両者を区別している（R. ブルトマン『新約聖書神学』Ⅲ）。ゾーエーは、ヨハネ福音書では「初めに言があった」と書き出し「言の内に命があった」（ヨハネ1:4）と続け、「初めにあった言」と「命（いのち）」とは同一のもので、ゾーエーは初めからあった「言」であると言う。人にとって「ゾーエー（いのち）」とは創造の原初にあったもので、人が「生きるときの本来的な姿」を意味している。しかし、人は、その「本来的いのち」をいつの間にか見失ってしまったというのである（楽園追放の物語）。しかし、イエス・キリストの出来事によって、神が啓示されたアガペーを通して、回復への道が示されたというのが、ヨハネ福音書の構造である。その道を辿ることが、信仰であり、救いである（新共同訳『聖書』などでは、「いのち（ゾーエー）」も「生命（プスィケー）」も同じように「命」と訳しているので、読むときに混同が起こる。たとえばルカ12章の13節は、財産によってどうすることもできないものは「人のいのち（ゾーエー）」、しかし、20節は、今取り上げられるかもしれないのは、「お前の生命（プスィケー）」というのだが、共に「命」と訳すので、意味が掴みにくくなる）。

ヨハネ福音書の構造は、「ゾーエー（いのち）」の回復を「救い」とする点で、旧約聖書からの救済史と一致する。天地創造の神話は、人の本来的姿は、創造の初めに神が「極めてよい」と言われ、「命の息」を吹き入れられて「生きる者」となったことにあると記す（創1～2）が、人が生きるということは、そこに出発点を持つということを示すためである。従って、人は、その神の言を本来内蔵しているということを、救済史は大前提としている。そこでは、人が生きることを、楽園追放のことから始めてはいない。旧約聖書を素直に読めばそうなるし、パウロはローマ書４章でアブラハムのことに関しての記述で、人が生きることは、罪から始まるのではなく、人は本来的に神の祝福の中にあるということから始まるのだと言う（ローマ 4:1 〜、『講義録』第２巻 33 頁のその箇所解釈参照)。「救い」とは、そのように人が、その存在の原初から、生きることにおいて内蔵する本来の「いのち（ゾーエー)」の回復、そのようなゾーエーが、この世にその人が生きている時に、その人に現れることが、救いであり、それをパウロは復活として説明する（ローマ 8:24、Ｉコリント 15:45「最後のアダムは命（いのち）を与える霊となった」)。

このゾーエー（いのち）の考え方は、原始教会の気付きでもある（土戸清「永遠の命」の項、『新聖書大辞典』所収)。マルコ福音書は９章 42 節以下で、人は肉体の一部を失っても、「本来的いのち（ゾーエー)」があれば大丈夫だと教えるイエスの言葉を記す。さらに続けて、「本来的いのち」を見失わない生き方を、「神の国に入る」ことと言い換えている。この原始教会の福音理解が使徒伝承として、パウロにも伝えられる（Ｉコリント 15:3)。それを継承するパウロは言う、「自然の命（生命）の体が蒔かれて、霊の体が復活する」（Ｉコリント 15:44）と。人の「自然の命（プスィケー)」が、霊の体として、その人に復活してくること、つまりゾーエー（本来的いのち）として、それがその人に現れること、人が創造の原初の姿を、「死ぬはずのこの体」に、アガペーの道を通して、回復すること、それが「救い」である。パウロは、そのように福音を継承する。そのような人のいのち（ゾーエー）には罪の陰はない（ローマ 8:1)。堕罪以前の原初の姿だからである。その原初の「いのち（ゾーエー)」の姿を生きる人を、パウロは新しき人間とも呼ぶ。新しくされた「わたし」の「いのち」で生きるからである。これが、クリスチャンの恵みであり、利益（りやく）であろう。

5　結語

人は、アガペーの道を信仰により辿る僕であることにおいて、本来的いのち（ゾーエー）に気付き、目覚めて、本来の姿を生きる。その人は、何ものにも束縛されない自由を生きる（M. ルター『キリスト者の自由』岩波書店、1955）。そこに生きる者は、初めを神の意志から出発しているが故に、自己の人生を自己実現で終えることなく、創造的世界の幻を絶えず持つ者として、一歩を踏み出す自由と勇気を持つ。現代においても、『聖書』に接する者は、日本近代文学者たちがしたように「近代的自我」からの出発は避けられない。近代的自我は自律を前提とする人格主義であるが故に、確かな基礎を見出すことなしには「律法の呪い」（ガラテヤ 3:13）に陥ることもある。日本近代文学者たちは、知識人・教養人としての生活文化のなかで育った。それは人間学の基礎を、実体験抜きにほとんどを書物から得られる生活を可能にすることもあった。しかし、それは教養主義の脆さでもあった（宮本顕治『「敗北」の文学』朝日文庫、1975）。「教会」を、有島の批判した Institution（制度）としての教会という意味で見れば、現代のプロテスタント教会も同じ流れを持つだろう。しかし、「聖書を正典的に読む」者は、そうではない。『聖書』を、正典的に読む人は「求道の念」を秘めているが故に、それを永遠の課題として持続するのは、ある意味苦しいことである。しかし、その思いを持って、「近代的自我」からの出発をしながらも、「アガペー」の道を辿り、本来的ないのちの姿を回復する者は、そこには、生きることにおいて、例え希望を失っても、絶望はないことにも目覚める者として生きる。日本近代文学者たちの提示した課題をどのように乗り越えるかが、小論のテーマであったが、ここに一つの結論を見出す。「なぜなら、わたしたちに聖霊が賜ることによってわたしたちの〈こころ〉に神の愛が注がれたからである。」(ローマ 5:5、小川訳)。日本近代文学者たちが迷い込んだ行き詰まり現象を乗り越える道、その方向を『講義録』は指し示している。

思い出す事ども

高井　保雄

小川修先生は2011年1月5日に亡くなられた。それから10年が過ぎ、来年2022年の初めには『小川 修　パウロ書簡講義録』全10巻がいよいよ完結しようとしている。この10年間の年月の変遷を顧みると感慨深いものがあるのだが、少しばかり振り返ると、この間、毎年1巻ずつの割合で出版したということになる。当初は先生の同志社大学大学院での講義の録音を、刊行会の4人のメンバーが各担当箇所を決め、録音の文字起こしをしていった。先生の、時に江戸っ子のベランメー調が出てくる熱の籠もった話しぶりは、かつての学生にとってはなんとも懐かしく、録音を聴く度に何だか青年時代に戻った気分になって愉快だった。それもいよいよお終いとなるわけだが、今となってはこの講義録もさることながら、この録音データは編集に加わった者には何よりの先生からの贈り物になったと思う。

2020年3月、時あたかも新型コロナの蔓延の最中だったが、私は教会の牧師の任を定年で退いて終の棲家に引越をした。それ以来、長年の古本屋巡りの成果（？）である本の山を前に溜息をつきながら今日に至っているわけだが、昨年1年はコロナもあって一度だけ用事で仕方なく電車に乗った以外ほとんど出歩かず、家に籠もって少しずつ書物の整理をした。その結果、書籍の山はようやく麓が見えるほどになり、遂にこの度、先生のお宅に残されていて整理する際に頂いていた書物に10年ぶりに再会したのだ。まずその経緯をここに記さねばならない。

大柴氏の記録（本講義録 第9巻 346頁）によれば、2011年7月19

日に「論文集を刊行するにあたり、まず、ご遺族の許可を得て、高井・立山・大柴の３名が那須にあった小川先生宅の書斎から必要な原稿や書籍、大学紀要等を入手」したことにはじまる。その年の３月 11 日に起きた東日本大震災とそれに続く福島原発事故の放射能の風評被害で、那須の別荘地にあった先生のお宅周辺の観光及び宿泊の施設はもはや成り立たず、地価が驚くほど下がり、殺伐としていた。

論文集発行に必要なもの以外のものは、すべて処分するので、自由に持って帰って良いとのことだったので、我々３人は思い思いの品を頂いて帰った。現在私の書棚には持ち帰ったプラトン全集、アリストテレス全集、西田幾多郎全集や仏教関係の辞典などが並んでいるが、それ以外の単行本は紙袋にいれて放りぱなしにして 10 年経った。この度それを片付けていたら、驚くべきものが出てきた。

その一つは、ヘルダーリンの詩集だった。ヘルダーリンは自己の現世での苦悩を恩寵として生きたが、ついに精神を病み、死に至る。ハイデッガーは彼を「詩人の詩人」と呼び、自分の思索はヘルダーリンの詩作と或る避けがたい連関の内にあるとして、「詩の本質」をひたすらヘルダーリンの詩作を通して解明していることは夙に知られている。このヘルダーリンは私の最も好きな詩人であるシラーとも深い交流があった人物なのだ。小川先生がヘルダーリンに関心をお持ちであったとは露ほども思っていなかったので、お話を聞く機会を逃してしまったことが残念でならない。

もう一つは、私がかつて先生に出した手紙が紙袋の本の間からこぼれ出てきたことである。それは、先生から座古愛子の資料が欲しいと言われて、資料を郵送した、そのときの封書だった。どうしてこんなところから出てきたのか分からないのだが、すっかり忘れていた当時の記憶が甦ってきた。目の前に現れたその封書は、現在の怠惰な私に対する先生の無言の問いかけにも思われた。

小川先生のパウロ書簡講義録全10巻が完成した暁には、多くの研究者がこれに携わることになるだろうと思う。私もその一員でありたいと思う者だが、取り敢えず、今、心に引っかかっている事柄をここに記し、今後の研究への展望としたい。

小川先生は2007年4月より同志社大学大学院でガラテヤ書、ローマ書、コリント書を3年間に渡り集中講義をされたわけだが、その直前の2006年にルーテル学院研究紀要『テオロギア・ディアコニア』40号に「イエス・キリストの〈まこと〉——パウロ書簡の神人学的理解の試み——」という主題の論文（本講義録10後期論文集所収）を寄稿されている。この論題を見ると、先生は、この論文を持ってそれまでのルーテル学院大学での御自身の研究講義の集大成とすると同時に、いよいよ満を持し、同志社に於いて聖書のパウロ書簡における「イエス・キリストの〈まこと〉」の神学の展開を開始するという宣言の意味を込めて書かれた、そのような論文であると思うのである。

その論文の構成内容は以下のようである。

序—『キリスト者の自由』から
1. ἐκ πίστεως εἰς πίστιν —ガラテヤ書2章から
2. ἐκ πίστεως εἰς πίστιν —ローマ書5章前半から
3. ἐκ πίστεως —ローマ書5章後半から
4. εἰς πίστιν —コリント前後書から
5. 結 語

上記の構成は、そのまま翌年から始まる同志社大学での1年目のガラテヤ書、2年目のローマ書、3年目のコリント書の講義の流れと同じであることが一目瞭然である。ここで何よりも注目すべきは、序の論述内容である。ここで小川師はルターが『キリスト者の自由』の第12章に於いて

語っている Glaube（信仰）について独特の解釈を行っている。曰く、

> この印象的な十二章で、ルターは、それまで述べてきた Glaube 概念（これを以下本稿では「信仰」という誤解されやすい日本語にはせず、あえて原語のままにしておく。もともとルターは、パウロの決して単純ではない（πίστις）の語法をそのまま単純に Glaube というドイツ語に置き換えたらしい）を一歩進めて、「魂をキリストとひとつにする」（die Seele mit Christo vereinigen）ものとし、「結婚」（徳善訳では「結合」）、「ひとつのからだ」、「結婚指環」、「結納品」などと言い換える。われわれはこれに「人基一体」という用語をあてることにしたい。つまり、Glaube とは人基一体をもたらすもの、また人基一体そのもののことである。そしてここに、ルターがきわめて印象的且つ具体的に展開している人基一体の内容をもう一度要約してみると、それはこの語から容易に予想されるような神秘主義的な unio mystica などでは決してなく、きわめてパウロ的なもの、すなわち、人間が罪から解放され義とされること、（神学的な術語を使えば）「義認」であり「義化」であり、人間の罪とキリストの義の「交換」（Wechsel）、すなわち「和解」（καταλλαγή）であるとされる。繰り返せば、Glaube とは、人基一体のことであり、人基一体とは義認や和解を意味するというわけである。そして、後に論ずることになるが、この Glaube、この人基一体とは、パウロにあっては第一義的には、人間のいわゆる「信仰」とか「決断」といわれるものに先立つ、人間の主観性を超えた、ある「根源的な事実」をいうのであるが、実にルターのこの短い一章は、このパウロ的な「根源の〈こと〉」を、これ以上望めないほど的確に言い当てているといわなければならない。なぜなら、このような根源的な〈こと〉を述べているルターの Glaube 概念こそは、ガラテヤ書 2 章 20 節後半にある πίστις τοῦ

> υίοῦ τοῦ θεοῦ（神の子の〈まこと〉）に直結し、さらに義認論の主要な論拠の一つ同2章16節の πίστις（Ἰησοῦ）Χριστοῦ（イエス・キリストの〈まこと〉）に通じるのみならず、『ローマの信徒への手紙序文』の中に見られる（今日のわれわれには多分に stereotype になってしまった感のある）ルターの有名な「信仰」の定義を超えて、パウロのローマ書原典にある πίστις 概念にもっともよく肉迫していると筆者には思えるからである。

更にこうも述べている「……本稿にとっては、聖書のザッヘの解明こそが問題なのであって、その視点からいうと、このルターの言葉は最大級の賛辞に値する。これ以上見事にパウロ神人学の核心を言い当てたものがほかにあろうか。」ここに、実に小川先生の神学の核心もまた存在すると言わなければならない。

この論文の結語として、小川師は「人基一体という根源の〈こと〉からその自覚への展開」がパウロ神人学であると述べる。

聖書のザッヘの解明に渾身の力を奮って来られた小川師は、パウロに言及して次のように言われている。

> この人基一体とは、パウロにあっては第一義的には、人間のいわゆる「信仰」とか「決断」といわれるものに先立つ、人間の主観性を超えた、ある「根源的な事実」をいうのである。

ブルトマンの「決断の信仰」はだめだというのが、小川師の良く言われる言葉だったが、その真意は、この、人間のいわゆる「信仰」とか「決断」といわれるものに先立つ、人間の主観性を超えた、ある「根源的な事実」こそが大事だ、という事に他ならない。

かつて滝沢克己は、この「根源的な事実」は実は聖書の啓示なしに認識できるとして、それを認めないバルトと対立した。滝沢はその「根源的な事実」を「あらゆる人の思いに先立って在りかつ生きているインマヌエルの原事実」と呼ぶ。インマヌエルとは「神我らと共にいます」という意味であり、その原事実の超越論的な構造あるいは存在の根底的規定があらゆる人間の思惟に先行して「生きて働いている」というのである。小川師においてもまた、自身この「原事実」の存在を確認し、その発見の先駆者としての滝沢克己を知り、彼自身はこの「原事実」を「人基一体」と呼び、その究極かつ十全の実相が「復活」に他ならないと喝破された。

では、この（聖書の啓示抜きに認識できる）「神と人」の原関係を探求し、その存在を主張することは可能であるとして、一体それは私にとって、また現代の神学にとって、そしてまた現代の世界においてどのような意味連関を有しているのだろうか。……今更ながら問いかける思いはとめどもなくあふれ出てくる。

小川師が残されたこの講義録は、残された時間は多くない私にとって、今度こそ〈人間の主観性を超えた、ある「根源的な事実」〉への真剣な取り組みを促される大いなる賜物（Gabe）であると同時に、必ずその答を見出さねばならぬ大いなる課題（Aufgabe）となった。

講義起こしをさせていただいて

光延　博

小川修先生の講義起こしをさせていただいたことは私にとってこの上ない幸せでした。作業をしながら、福音の喜びに満たされることがたくさんありました。私には理解が追いつかないこともたくさんあります。長い間、独善的で差別的な福音理解に疑問を抱いていたけれども聖書的裏付けのなかった私は、先生と出会わせていただいたことで本当に救われた、本当の救いを示していただいたと思っています。先生の厳密な聖書解釈によって明らかにされた、パウロに啓示されたイエス・キリストの福音とはこれほどまでに素晴らしいのかと思わせられています。また、旧新約聖書を貫く公理である神の〈まこと〉（愛）の第一義性と受動する人間の〈まこと〉の第二義性、そこからの聖書の読み方に学んでいるところです。また、神様の〈まこと〉を受けている造られた人間の素晴らしさを感じています。先生が全身全霊で、神様の中で神様との真剣な対話の中で啓示されたであろう、その真理をただ受けている恵みを感じています。

すべて私たち人間は、イエス・キリストが現してくださった〈まこと〉である神様の中に在る、それは同時に、私たち一人ひとりの中に十字架のキリストが生きている、という神の義・福音を先生は明らかにしてくださいました。椎名麟三さんが言われるように、ジタバタするしかない私は大いなる慈しみの神様の中にある安心を覚えております。また、私の十字架はキリストと共なる十字架であるという〈まこと〉なる方の御支えを感じています。

救いの神様の中にあり、その〈まこと〉に照らされている人間の営みの一つひとつは「救いの中にあるそれ」でありましょう。弱さや小さいと見なされていることに照らされている〈まこと〉を、光に照らされた闇を見ていけたらと願う者です。

人基一体であるという先生のご教示は圧倒的です。また、〈まこと〉なる神は復活そのものである、と。私を生み出し、私を成り立たせている神様が、厳しい現実の中でも私の身の中で働かれているから私は現に今ここにいて生きているという、私の意識を超えて、関係なく、私を生かしめている事実、内なる〈まこと〉、十字架のキリストと共に立ち上がる〈まこと〉(法)が生命の根底にあると教えられていると思います。自分を救ってくれると思われるものをあれこれ追い求めたり振り回されたりする私たちには救いは自分の遠くにあると思われますが、そうではなくて、まさにあなたにあると、あなたがいるところに何があってもびくともしない盤石な足場、神様の〈まこと〉があると、いろいろありながらも生きて行ける場所はあなたの立っているそこにある、と私の外からの呼びかけ、また内なる主体からの呼びかけがあることを示されます。我の外側から、我を打ち破って「呼ぶ」他者性は不可欠であると言われていると思います。厳しい現実・十字架を通して〈まこと〉なる方が呼ぶ、十字架が語る、現実を負う身が呼ぶ、復活へと呼ぶ。また第二義性は神の〈まこと〉の映しでありましょうから、絶対他者からの相互の交わりは〈まこと〉なる方がお備えになられたものでしょう。「人が独りでいるのはよくない」と。先生は座古愛子さん、中村久子さんが絶望の中でここにある復活を受け取って生きられた実例によっても豊かに人の〈まこと〉を喚起する神の〈まこと〉を示してくださいました。そこにも、内なるキリストからの語りかけと十字架を負う他者からの語りかけが両面含まれていると思います。また、星野富弘さんが死にたいと思う絶望の中で、ご自身の思いとは別に「命」が生きよう生きようとしていることに気づかされ、そして復活されたこと、身に起こったこと(十字架)は本当の事を教えられる恵みであったとの告白からも、小川先生のご教示を私は想起したことでした。

私とは自分の決意や計画で生まれて来たのではありませんでした。神様の御心、ご意思で生まれ出て来た存在であると示されます。本当の主体は神様であり、私という主語を恵みのうちに与えられた者として、人生の苦も、すべてを支え、絶えることなく復活へと祈り呼びかけられている神様に「はい」とお応えさせていただける、飾ることなく苦しい時は神様に向かって「苦しい」と叫ぶ時があるでしょう、また恵みを受け取り感謝をお返しできる時がある、そのように神様に呼び返すことができる、またそれを神様は喜んでくださる、そういう親と子の結びつきと交流が人生だと教えられます。

先生は、今ここに救いが来ているというパウロの使信を明らかにされました。母の胎にいる時から救いへと決定されているすべて私たち人間、生死にある一切は〈まこと〉なる神様・神様の〈まこと〉に包まれていること、十字架こそが復活（本当の主体に在る私）を明らかにするものであり十字架即復活であること、神の〈まこと〉（ピスティス）を受けとる人間の信仰（ピスティス）の素晴らしさ、ここに来ているパルーシア（現臨）の理解、〈まこと〉である神様とキリストのノモス（法・法則）の神の国・世界、福音と律法、救いから遠ざける悪しき宗教性に潜む欺瞞、信仰主義にある隠れた危うさ、様々なことを先生は教えてくださいます。理解力の乏しい私ですが、先生と先生の師であられた滝沢克己先生の下で、しっかり学びつつ理解を深めていきたいと願って勉強している者です。

小川修先生の講義録の完成の時を迎えました。神様の真理が説かれたこのご本の完成に際しまして、御支援くださった皆様に私もまた感謝いたしますとともに、皆様と喜びに満たされつつお祝いを申し上げます。小川修先生のご本を通して神様の御祝福がお一人おひとりに豊かにありますように祈りつつ。

講義録刊行完了に寄せて

西川　晶子

小川先生に初めてお目にかかったのは、2002年、日本福音ルーテル東京池袋教会でのことだったと記憶しています。当時、私は日本ルーテル神学校の一年生に所属していましたが、立山先生、大柴先生を中心とした自主勉強会に、当時の神学校の先輩に誘われて参加したところ、その場に小川先生も参加しておられたのでした。当時の記憶はあまり定かではないのですが、確か発題者や講師としてではなく、参加者のおひとり（とはいえアドバイザー的立ち位置ではいらっしゃったのだとは思いますが）として座っていらっしゃったのだったと思います。当時まだ神学を学び始めたばかりで右も左もわかっていなかった私にも、小川先生は誠実に向き合ってくださり、当時の自分の関心事であった、キリスト教は他宗教との関係をどう考えたらよいのかということについて、先生の思うところをお話ししてくださったことを覚えています。

当時小川先生は、ルーテル学院大学で宗教哲学の授業を担当されようとしているところでした。自分も該当学年になったら受講したいと思ったのですが、実際にはカリキュラムの都合でタイミングが合わず、私は先生の講義に参加する貴重な機会を残念ながら逃してしまいました。先生とはその後、講義にお見えになる際に学内で何度かお目にかかり、そのたびにご挨拶をさせていただきましたが、ご召天前にお目にかかったのはそのときが最後となりました。

今回、その時のご縁もあってか、小川先生の講義録のご出版に際してお声をかけていただき、文字起こしの末席に連なることとなりましたが、上のような経緯もありましたので、先生の肉声をお聴きしながらのテープ起こしの作業は、自分にとっては、受けることができなかった先生の講義を実際に受けているように思える、とてもありがたい時間となりました。

講義の内容そのものも、本当に勉強になりました。小川先生の講義全体を貫くテーマであった〈ピスティス〉、キリストの〈まこと〉に関してはもちろんのこと、ともすれば私たちが引きずられがちな神学的伝統に左右されることなく（とはいえ当然伝統を無視されているわけではなく、伝統的な解釈も充分すぎるほどに吟味検討されたその上で）、パウロを（いわゆる「聖人」などとしてではなく）ひとりの人間、ひとりの信仰者として捉え、その時代、そのおかれた背景の中で彼が語ったことそのものを忠実に読み解かれようとする、小川先生の聖書との向かい合い方は、自分が聖書を読むうえでもたいへん勉強になりました。

今回、刊行完了に際して「感想、論文、説教など」ということで、自分のパソコンを探してみたところ、ちょうどこのお働きに加わった頃に当時の教会の週報に掲載した文章が見つかりましたので、稚拙な文章で恐縮ですが、文末に加えさせていただきます。ただ一回の勉強会でのご縁ではありましたが、それをきっかけにこのような大切なお働きにお誘いいただき、本当にありがとうございました。小川先生のご家族の皆様にも、直接の教え子ではない私のことまで心にかけていただき、恐縮しております。今後とも、講義録は折に触れて読み返し、自分自身の聖書との向き合い方の指針とさせていただきたいと願っております。本当にありがとうございました。

週報エッセイ「放蕩娘のつぶやき」

（2014年8月3日、日本福音ルーテル室園教会）より

先年召天された、ある先生の講義録をつくるお手伝いをしています。主にテープ起こしの作業なのですが、おかげでここのところ、久

しぶりにギリシア語の聖書と本格的ににらめっこ。ちょうど自分の担当する授業が夏休みに入ったところに、逆に自分が学生時代に戻って授業を受けているような気持で、講義テープと格闘しています。

ここまで本格的に聖書の授業を聴くのは久しぶりなので、講義の内容についていくのが精いっぱいなのですが、それでもなぜか、ものすごくリフレッシュできているのが不思議です。牧師は、基本的にアウトプットの多い仕事です。特に最近、聖書科の授業や子どもたちのキャンプなどでノンストップだったこともあり、自分の中のどこかが渇いてしまっていたのかもしれません。

聖書はわたしたちに週の一日を安息日、「すべての仕事を中断して、神さまに心を向ける日」として守るようにと教えています。アウトプットするだけ、突っ走るだけでは人間、やはり、いつの間にか心が渇いて疲れ果ててしまう。そしてわたしたちは、自分が渇いていることになかなか気づくことができません。魚のマグロは呼吸法の関係上、泳ぎ続けなければ死んでしまうのだそうですが、わたしたちの場合、止まったからといって死んでしまうはずはないのに、止まることや休むことを恐れて泳ぎ続けてしまう、そのようなところがあるようにも思います。

「安息日は、人のために定められた」（マルコによる福音書２章27節）とイエス様もおっしゃいました。普段の生活をいったん中断し、いつもは目を向けないところに目を向け、ゆっくり神さまの恵みをインプットする。自分のいのちを回復し、自分が神さまの恵みの中にいるということを思い出すために、やはり１週間に一度のこの時間は、私たちにとって大切な時間だと思うのです。

私の場合、締切があることでもあり、結局普段と同じく、時間に追われてしまってはいるのですが、それでも久しぶりの完全な「インプット」の時間を、心から楽しんでいます。

説　教

角本　　浩

〔その1〕 ヨハネによる福音書6章51～58節
「天から降って来た生きたパン」

わたしたちは皆、命を食べて生きています。豚や牛などの動物、魚、鳥。また、野菜や果物だって、生きています。その命をいただいて、生きております。しかもその際、わたしたちは、その命が「生き生きしている方がおいしい」とか、「とれたてで栄養がある」ということも知っています。それは人間だけではなく、この世界すべてにおいてです。

……この地上では、食物連鎖と呼ばれていますが、お互いに、命を食らい合いながら、生きている。それが「生きる」ということであります。

食べたものが、わたしたちの体、命となります。そのため、何を食べるかで、わたしたちの体の具合も変わります。わかりやすい話、毎日、甘いお菓子ばかり食べている人と、毎日、野菜や、米、魚など、栄養バランスの良いものをしっかり食べている人では、骨や筋肉、さらには精神状態まで影響を受けます。昨今は「食育」と言って、食事を通しての人の生き方、教育もさかんに叫ばれています。それは、「食べる」ということが、生きる上での基本の一つだからでしょう。

口から入れたものが、自分の体に入り、自分の体の一部になっていきます。それゆえに、何を口に入れるのかは大きな問題であり、「いいものを口にしたい」「良いものを私の体の中に吸収したい」、そう願うのは当然です。

さて、本日与えられましたヨハネによる福音書６章５１節から５８節まで。この段落の中に、実に、９回も「食べる」という単語が出て来ます。さっとお読みになれば、この個所は「食べる」ということがキーワードだろうな、と想像がつくと思います。また「パン」という言葉が５回、「肉」という言葉が６回、（「飲む」は４回）出て来ます。

言うまでもなく、ここに書かれていることは、「食べる」話です。食べる話であるということは、生きる話、命の話です。

さて、どんな食の話なのか？

……それは、激しい論争や、また反発を生む話となりました。先週の礼拝で学んだところでは、話を聞いていた群衆が「つぶやいた」というところを学びましたが、今週の個所では、「互いに激しく議論し始めた」とあります。

それは決して、とても理知的なディベートや、ディスカッションをしたという意味ではなく、話を聴きながら、食って掛かろうとする人たちが大勢いた、ということ。いや、誤解を恐れずに別の言い方をすれば、語られたイエスは、聴いていた群衆が、素直に聴けなくなるような話をなさった、と言っても良いかもしれません。

何せ、「何を食べるのか」といえば、「私を食べなさい」「私の肉を食べなさい」と、イエスがおっしゃった。さらにそれだけでなく「私の血を飲みなさい」とおっしゃいました。

「私の体を食べなさい。私の血を飲みなさい。」……聴いていた人々は、つぶやき、また激しく議論が巻き起こることになり、反発が起こりました。

キリストの体を食べ、キリストの血を飲む……激しく反発も受けるような話ですが、しかし、教会では行っております。最近は、コロナの影響で、聖餐式をずっとお休みしておりますが、教会では、本当に行っています。

「キリストの体です」と言われたパンをひと切れ、牧師の手から受け取る。みなさんは「アーメン」……「その通りです」と言いながら、それを口に入れられます。そして、「キリストの血です」と言われたぶどうジュースを、牧師から受け取られ、そこでも「アーメン」と言いながら、受け取り、飲まれます。

これはキリスト教会が生まれた時以来、ずっと世間一般の方々から、奇異な目で見られてきたことであるのは事実です。うわさは噂を呼んで、いつの間にか「キリストの人たちは、人肉を食べるらしい」と陰口をたたかれてきました。「血を飲むらしい」と。「ええっ？気持ち悪い」と言われてきました。今でも、日本の中でも、どこかで聞きかじって、「教会の中では何が行われているのだろう」となんだか、本当に気持ち悪い想像がなされているかもしれません。

でも噂とはいえ、あながち間違ってもいないと言えます。「キリストの体」、「キリストの血」と言われたものを、神妙な顔で受け取って、食べて、飲んでいるのですから。いくら世間から「気持ち悪い」と思われても、わたしたちは、これがもっとも大事なこと、まさに、食べて、自分の肉となり体となり、生き方となり、命となると信じて、受け取ります。

食物連鎖による食事は、体を、血を、骨を、筋肉を支えるでしょう。大事です。わたしたちもみんな食べます。感謝していただきます。でも、クリスチャンにとっては、別の食べ物があります。「キリストの体」、「キリストの血」。それは、食物連鎖のように、ぐるぐる回るものではありません。神様につながる食事です。永遠に生きる食事です。

今日の個所、出だしのところに、書かれていました。

「わたしは、天から降って来た生きたパンである。このパンを食べるならば、その人は永遠に生きる。」

イエスというパンを食べる。天から降って来られた、神の子を食べる、と。食べたものが、命になります。どんなものを食べているかで、人の命は変わります。わたしたちは神の子イエス・キリストを食べます。それが教会です。教会は、どんな歴史を歩んできたか。それはキリストの体を食べ、キリストの血を飲んできた歴史と言っても良いでしょう。

ふだん口から入り、わたしたちのおなかの中に入るご飯は、パンは、野菜は、お肉は、食物連鎖における命です。そういう命を食らって、わたしたちは生きています。でも、イエス・キリストというパン、これを食べるならば、それは、永遠へとつながる食事となります。ぐるぐる回る食物連鎖ではなく、永遠につながります。

「そのめしを食らえ」と主は語られました。大いに誤解されることは百も承知だったでしょう。その後の教会もまた、みんなから馬鹿にされたり、陰口を叩かれたり、迫害を受けたり。そうなることも百も承知だったのでしょう。でも、主は少しの遠慮もなく、語られました。その言葉を、もう一度、聞いてみましょう。

> わたしは、天から降って来た生きたパンである。このパンを食べるならば、その人は永遠に生きる。わたしが与えるパンとは、世を生かすためのわたしの肉のことである。
>
> はっきり言っておく。人の子の肉を食べ、その血を飲まなければ、あなたたちの内に命はない。わたしの肉を食べ、わたしの血を飲む者は、永遠の命を得、わたしはその人を終わりの日に復活させる。わたしの肉はまことの食べ物、わたしの血はまことの飲み物だからである。わたしの肉を食べ、わたしの血を飲む者は、いつもわたしの内におり、わたしもまたいつもその人の内にいる。生きておられる父がわ

たしをお遣わしになり、またわたしが父によって生きるように、わたしを食べる者もわたしによって生きる。これは天から降って来たパンである。先祖が食べたのに死んでしまったようなものとは違う。このパンを食べる者は永遠に生きる。

人は食べて生きる。でも、食物連鎖の食事だけなら、与えられた寿命を生きて、それで終わり。しかし、「私という肉を食べるなら」、「天から来た私の命を食べるなら、あなたがたは死なない。神のものとなる。永遠のものとなる」と言われました。

初めは御自身のことを「パン」と言っておられました。「パン」とだけ言っておればまだ柔らかい印象だったかもしれません。それが「私の体」と言われました。聴いている者は、少し戸惑いを受けました。

ところが、さらに、「私の肉を食べよ、私の血を飲め」と言われました。これ以上ない、なまなましい言い方になりました。さきほどの話ではありませんが、「ええっ、気持ち悪いことを」と思った者も多かったでしょう。

しかし、このように表現されることに、大きな意味があります。なぜなら、わたしたちの命は、この御方の流された血によるからです。永遠の命は、この御方の流された血によって与えられたからです。

この御方が、血を流されたおかげで、わたしたちは救われます。この御方が、あの十字架の上で、血を流され、命を与えられたがゆえに、その血が、わたしたちを生かし、その死が、わたしたちの命となりました。

だから、私の肉、私の血と、はばからず主はお語りになりました。信じる者は幸いです。

今日の言葉の出だしに、「わたしは、天から降って来た生きたパンである。」とありました。「降って来た」とあります。ギリシア語でカタバイノーという単語ですが、この「降る」または「降りる」という言葉が、聖書で意味深く語られる場面がところどころあります。

たとえば、木の上に登っていたザアカイが降りて来てイエスを迎えた、というところ。ザアカイはカタバイノーした。思い上がっていたザアカイが、謙虚にへりくだって行ったことを象徴しているととることができます。そこで、イエスは、私はまさにこのように失われた者を救うために来たのだ、と宣言されました。また、ヨルダン川で罪人たちと並んで、イエスが洗礼を受けられると、天から、鳩のように聖霊が降りてきました。「これは私の愛する子」という天の神様の御声と共に。罪人たちの友となられた主のお姿、そこに聖霊が降りてきました。

カタバイノー、大事な単語です。そしてもうひとつ、印象深い場面があります。それは、主イエスが十字架にかけられていた時のことです。兵士たちは、鞭でたたき、槍を突き刺したり、馬鹿にしたりしていました。その中で、「お前が神の子なら、そこから降りて来たらどうだ」と言いました。しかし、イエスは降りられませんでした。カタバイノーしませんでした。天から降って来られたイエス・キリスト、このお方は、十字架からは降りてこられませんでした。その十字架上で、肉を裂かれ、血を流し、死なれました。わたしたちの救いを成し遂げるため、わたしたちに命を与えるためでした。ささげられたその肉、その血こそ、わたしたちへの天からの恵みです。よくおいしい食べ物を、「大地の恵み」と呼びますが、天から来られ、その身をささげられたイエス・キリスト。この御方の体、その血、これがわたしたちに届けられた「天からの恵み」です。わたしたちはこれによって救われます。こうして教会に来て、み言葉を聴く。それは天の救いの言葉を聴くことです。草は枯れ、花は散っても永遠に立ついのちのみことばです。地上で生きる間、しっかり聴き続けましょう。

また、コロナが落ち着いたら、感謝して、聖餐に与かりましょう。「これはキリストの体」、「これはあなたのために流されたキリストの血」……きょうは、実際にその式を行えませんが、与えられたこの天からの恵みを、心の中で、しっかり受け止めてください。

> わたしの肉を食べ、わたしの血を飲む者は、いつもわたしの内におり、わたしもまたいつもその人の内にいる。

主はあなたを愛しておられます。この一週間も、主と共に歩みましょう。皆様のうえに、主の平安と導き、豊かにありますように。

（2021 年 8 月 15 日）

〔その２〕 ヨハネによる福音書６章 56 ～ 69 節
「主と共に歩む」

ここのところ、日曜日ごとに礼拝の中でヨハネによる福音書６章からみことばを聴いております。今日与えられたところは、その最後にあたります。ここでしめくくりです。

さて、今日が最後なのですが、そもそもいちばん初めのところには何が書かれていたか、と言いますと、五つのパン、そして二匹の魚で、男だけでも五千人いたという大群衆を、イエスが満腹するまで食べさせてくださったという出来事。ここから始まっておりました。当時の男性中心の考え方で、男の数だけ、しかも成人男性の数だけ書かれておりますから、女性や子供たちを含めたら、一万人以上はいたと考えてよいでしょう。

それほど多くの人々がその日、おなかいっぱい食べさせてもらった。当然、みんながイエスのファンになりました。熱狂的なファンになりました。そして、「この御方に、王様になってもらいたい」「この御方のもとで、平和な暮らしを実現していただきたい」、そう思うようになりました。

ところが、大ファンとなって、……最近は追っかけと呼ぶそうですが、……まさに追っかけて来たその群衆に対して、イエスは、王になることも、また再びパンをいっぱい食べさせることもなさいません。むしろ、「いつかはなくなる朽ちるパンではなく、朽ちることのないパン、永遠の命に至るパンを求めなさい」と言われました。それは、別の言い方をすれば、彼らが、いわゆるご利益を求めて、イエスを追いかけて来たのに対して、「私はそういうものをあなたたちに与えるために、来たのではない。私は、世の中のご利益を届ける神様ではない。」「そうではなく、永遠の命に至る、朽ちることのないパンを与えるために来たのだ」と言われたことであります。

すると彼らは、「ならば、それをください」と願いました。「朽ちるパンではなく、朽ちないパン、永遠の命のパンというのがあるなら、それをください」と。

そこで、彼らにイエスが言われたのは、「私がそれだ」というお答えでした。「わたしが命のパン、朽ちることのない、永遠の命に至るパンだ。だから、わたしを食べなさい」と。

初めてお聴きになる方には、なんともわかりづらい話、いや、ここまで毎週聴き続けている人にも、なんだかつかみどころのない話と言えるかもしれません。でも、とにかくイエスはおっしゃいました。「私が命のパンである。わたしを食べなさい」と。今日の個所は、その続きになります。出だしのところを、もう一度、読んでみます。

> わたしの肉を食べ、わたしの血を飲む者は、いつもわたしの内におり、わたしもまたいつもその人の内にいる。生きておられる父がわたしをお遣わしになり、またわたしが父によって生きるように、わたしを食べる者もわたしによって生きる。これは天から降って来たパンで

ある。先祖が食べたのに死んでしまったようなものとは違う。このパンを食べる者は永遠に生きる。

よくよく読みますと、生々しい表現であることに気付きます。なにせ、「私の肉を食べなさい、私の血を飲みなさい」と言われたのですから。こんな話をなさったために、どうなったかと言いますと、今日の個所の後半のところに、こうありました。

このために、弟子たちの多くが離れ去り、もはやイエスと共に歩まなくなった。

いろいろな人たちがいました。興味本位で近づく人もいれば、かなり真剣に求めてきた人もいるし、自分の仕事を捨てて、弟子となって従って来た者もいる。そんなこんなの大勢の人が、あの日、集って一万人以上の人たちです。このために、弟子たちの多くが離れ去り、もはやイエスと共に歩まなくなった。そこで、イエスは十二人に、「あなたがたも離れて行きたいか」と言われた。「みんな離れていってしまった。……それで、イエスは十二弟子にも、「どうだ、あなたがたも離れて行きたいか」とお尋ねになった、というところです。一万人以上いた人々が、しかも大ファンだった人々が追いかけてきていたのに、去っていってしまい、今、目の前には、十二人しか残っていない……

……これがヨハネ福音書６章です。

男だけでも五千人。きっとみんな合わせて一万人以上もいたであろう、イエスを慕い求める人々。でも、イエスが語られる言葉を聞いていたら、これはついて行けない、と言って離れて行く。残ったのは、十二人の弟子たちだけ。その状況の中で、イエスは十二人の弟子たちにお尋ねになりました。「あなたがたも離れて行きたいか」。するとペトロが、皆を代表して、「主よ、わたしたちはだれのところへ行きましょうか。あなたは永遠の命の言葉を持っておられます。あなたこそ神の聖者であると、わたしたちは信じ、また知っています」と答えました。

立派な答えです。「誰のところに行きましょう」と。永遠の命をいただくのに、まことの救いに与かるために、「ほかに、どこか行くべきところ、求めるべきものがあるでしょうか。ありません。あなただけです。」ペトロはそう答えました。立派な答えでした。

しかし、ご存知の通り、このペトロも主イエスのことを尋ねられて、「私はあの人のことなど知りません、関係ありません」と三度も否認していく日が訪れます。一万人以上もいた民が離れて行く、もうそこには十二人の弟子たちしかいなくなる。その十二人すら、イスカリオテのユダの裏切りから始まり、十字架の時には、他の弟子たちも離れていってしまいました。イエスを一人残して。

あなたがたも離れて行きたいか。

主イエスはどんな思いでいらっしゃるでしょうか。

今年も、私は九州ルーテル学院大学に行って、学生さんたちのキリスト教の講義をしております。前期は終わりました。今年はオンライン上の授業で、全部画面を通しての授業となりまして、学生さんたちもご苦労が多かったろうと思います。それでもなんとか、無事に前期の講義を終えました。

オンライン上のメールで、学生さんたちは毎回の講義に対する感想や、質問を書いてくれます。いつもなかなか面白い質問などがやってくるのですが、その中で、どの内容の講義の時だったか忘れましたが、一人の学生さんから、「神さまには、感情があるのですか」というご質問がありました。

入学した初めは、神さまという存在について、考えたこともなかったでしょうけれども、いつも私の講義のたびに、聖書を開いて、神さまの話を聴かされるものですから、だんだん、「もし神という存在があるとしたら……」と考えられたのでしょう。そして、「その神様には、感情があるのか」という疑問に行きつかれたのでしょう。

「神さまには感情があるのですか。」私の答えはもちろん、「はい、あります」です。……それも、わたしたち人間の感情などと比べようのない、深い、深い、というか、熱い、熱い、と言ってもよいほどの感情をお持ちです。わたしたち人間ごときの愛の何百倍、何万倍、いや、そんな数値では測れないほどの愛、憐れみ、慈しみ。……「人知でははかり知ることのできない」という言い方がありますが、想像もつかないほどの、深く、広く、熱い思いをもって、神様は、わたしたちを愛してくださる。「その憐れみ、慈しみ、それは表現できないほどのものです」とお答えしました。

考えてみると、わたしたちは、心のどこかで、「神様は、どうせ、わたしたち人間の痛みもわからず、天の上から、高みの見物でわたしたちを見ているのではないか」、「所詮、わたしたち人間は、神さまの操り人形みたいなものではないか」といった考え方をすることがあります。その意味で、この学生さんのご質問は、たいへん素直で、多くの人の心の中にある疑問であったと思います。時折、こういった核心を突いた質問に触れることができるのは、授業を行っておりまして、嬉しいことです。

このために、弟子たちの多くが離れ去り、もはやイエスと共に歩まなくなった。そこで、イエスは十二人に、「あなたがたも離れて行きたいか」と言われた。一万人以上もの人々が、離れ去っていく。本当は、羊飼いの必要な羊たちであるのに、去っていく。永遠の命に至るパンを求めることなく、目先のご利益を求める。そのご利益がかなわないと見たら、去っていく。……その、去っていく後ろ姿を御覧になりながら、神の御子、主イエスのお心はいかがなものだったでしょう。

胸が張り裂けそうなほど、悲しまれたのではないでしょうか。深く、深く悲しみ、そして寂しさを、痛みを、感じられたのではないでしょうか。

親の気持ちと重ねて、お考えいただくと良いと思います。自分の子供が、あらぬ方向に行く。親は、悲しみます。神さまは、天の御父様であり、わたしたちはその子供です。神さまにとって、わたしたちは目に入れても痛くない子供です。子供が、まっすぐに歩めなかったら、親は、悲しいです。大切なものを見失い、滅びに向かう子供を見たら、愛ある親であれば、怒りとか、報復ではなく、悲しみが起こります。

主イエスは、わたしたち人間が、空しいものに心を奪われ、やがては朽ち行くもののために、惑わされている姿を御覧になりながら、深く、深く、悲しみ、憐れんでおられる。

その悲しみ、憂いを携えた眼差しで、十二弟子にお尋ねになりました。

「あなたがたも離れて行きたいか」

わたしは今回のこのみ言葉を、繰り返し読みながら、最後は、この言葉だけが、迫って来るのを感じました。「あなたも離れて行きたいか」イエスさまは、今、わたしにもそう語りかけておられる、その御声だけが、残って行きました。「あなたも離れて行きたいか。」そう問われて、わたしは気づきました。何に気づいたか。とっくに主から離れている自分に気づきました。

御自身を投げ捨ててでも、救おうとされる愛。それがイエスさまの愛です。わたしはそのような真実の愛から、すでに遠く離れています。近付いたこともありません。「隣人を愛しなさい。」「敵をも愛しなさい。」これが尊い、主の御教え、主に従う道です。そのような主のみこころから遠く離れて、自分が一番かわいい、自己本位、自己中心、自己保身の中にいます。

「あなたも離れて行きたいか。」その問いを受けて、「離れないようにしたい」どころか、すでに背を向け、主のみこころから離れて生きる、つまり主の光から離れ、闇の中へ進む自分がいることに気付きます。

「あなたも離れて行きたいか。」

罪人のわたしは、主の御こころから離れて行きます。

「あなたも離れて行きたいか。」

離れず、ついて行きたいです。でも、罪人のわたしは、主の御こころから離れて行きます。だから、「どうか主よ、あなたの憐れみにより、わたしを支えてください。わたしから離れないでください。」そう祈るほかない自分を知ります。その祈りを捧げる時、「私が命のパンだよ」と言いつつ、御自身を捧げ、御自身の血を流してくださったイエスさまと出会います。

今日、わたしは「主と共に歩む」と説教題をつけてここに臨みましたが、本当は、「主があなたと共に歩んでくださる」です。あなたがどんなに罪深くても、あなたがどんな状態に置かれたとしても、あなたが明日、世を去るとしても、主はあなたと共に歩んでくださる。だから、大丈夫！……これがわたしたちへの福音です。

人知ではは かり知ることのできない神の平安が、皆様のうえに豊かにありますように。

（2021 年 8 月 22 日）

説教：「神の〈まこと〉から人間の〈まこと〉へ」

大柴　譲治

ローマの信徒への手紙　1：16−17

①（新共同訳）[16] わたしは福音を恥としない。福音は、ユダヤ人をはじめ、ギリシア人にも、信じる者すべてに救いをもたらす神の力だからです。[17] 福音には、神の義が啓示されていますが、それは、初めから終わりまで信仰を通して実現されるのです。「正しい者は信仰によって生きる」と書いてあるとおりです。

②（口語訳）[16] わたしは福音を恥としない。それは、ユダヤ人をはじめ、ギリシヤ人にも、すべて信じる者に、救を得させる神の力である。[17] 神の義は、その福音の中に啓示され、信仰に始まり信仰に至らせる。これは、「信仰による義人は生きる」と書いてあるとおりである。

③（小川修訳）[16] わたしは福音を恥としない。それは、ユダヤ人をはじめ、ギリシヤ人にも、すべて信じる者には、救いに至る神の力であるから。[17] すなわち、福音にあって、神の義は〈まこと〉より〈まこと〉へと、顕れる。「（ひと）義人（とされて）生くるは〈まこと〉によれり」とある如し。

④ [16] Οὐ γὰρ ἐπαισχύνομαι τὸ εὐαγγέλιον, δύναμις γὰρ θεοῦ ἐστιν εἰς σωτηρίαν παντὶ τῷ πιστεύοντι, Ἰουδαίῳ τε πρῶτον καὶ Ἕλληνι. [17] δικαιοσύνη γὰρ θεοῦ ἐν αὐτῷ ἀποκαλύπτεται ἐκ πίστεως εἰς πίστιν, καθὼς γέγραπται, Ὁ δὲ δίκαιος ἐκ πίστεως ζήσεται.

〈はじめに〉

私たちの父なる神と主イエス・キリストから、恵みと平安とがあなたがたにあるように。

〈はじめに〉

本日私は、生まれて初めて、深い感慨をもってこの場所に立たせていただいています。日本福音ルーテル大阪教会牧師の大柴讓治です。牧師になって32年となりますが、転任のため昨年（2016）年4月より東京から大阪に移ってまいりました。

「深い感慨」というのは、私のルーテル神学校時代の恩師である故小川修先生（1940-2011）が、この同志社大学神学部の大学院で、2007年4月より2010年1月に至るまでの3年間、50年をかけて研究してこられたパウロ書簡の講義をされた場所だからです。小川先生は、ガラテヤ書から始めて、ローマ書、そしてコリント前後書の講義を行ったところで虫垂ガンになられ、2009年に余命一年を宣告されることとなり、結局フィリピ書の講義は断念されました。小川先生は、2011年1月5日に、聖路加国際記念病院の緩和ケア病棟において、70歳と8ヶ月のこの地上でのご生涯を閉じられました。そして3月11日に多磨墓地で納骨式を行っている最中に、奇しくも、あの東日本大震災が起こったのでした。小川修先生は1940年5月23日に東京にお生まれになります。東大法学部の時代に日本福音ルーテル本郷教会で受洗。東大卒業後に大手銀行に就職するも退職して、立教大学文学部の大学院に進み、ニューヨークのユニオン神学校に学びます。そこでは最優秀賞（Summa Cum Laude）を得るのです。その後、西ドイツのエアランゲン、チュービンゲン、ミュンヘンの各大学で学んだ後に帰国。1975年よりは日本ルーテル神学大学（現ルーテル学院大学）非常勤講師（1975-1986、2005-2007)、ブレーメン日本語学校の副校長などを経て、ドイツ人医師であったアニー夫人と結婚。帰国し、東大時代の恩師の哲学者・井上忠教授がおられた聖徳大学人文学部教授（1996-2010）などを歴任されました。病いのため最愛のアニー夫人を失うなどの経験を経て、2007年よりこの同志社大学で、今日も礼拝に参列されておられます石川立先生の招聘を受けるかたちで教鞭を取ることになりました。

私は、「不肖の弟子」の一人として、他の三人の牧師たち（立山忠浩、高井保雄、箱田清美）と共に、小川先生が残された講義の録音を起こすかたちで、『小川修パウロ書簡講義録』を2011年より出版してきました。年に一冊のペースでこれまで七冊を出版してきました。先日第6巻として『コリント後書講義』を出すことができましたので、現在は『ガラテヤ書講義（第7、8巻）』と『後期論文集（第10巻）』の三冊だけを残すところとなりました。このコリント後書はその途中でステージ4のガンが発見され、余命の告知がなされたという講義でありますので、文字通り小川先生の遺言のような講義録です。図書館に寄贈させていただいていますので、ぜひ関心のある方は手に取ってお読みいただければと思います。コツコツと黒板を叩く音や、咳払いなど、深い思索と研究に裏打ちされた、臨場感溢れる小川先生の講義の様子が手に取るように分かるかと思います。

そのような経緯があるために、本日この場所に立たせていただけることに私は不思議な感慨を覚え、その背後に天の配剤を感じる次第でいます。このような日が来ようなどとは全く想像もしておりませんでした。

〈「神の〈まこと〉から人間の〈まこと〉へ」〉

本日の説教題として私は、「神の〈まこと〉から人間の〈まこと〉へ」というタイトルを付けさせていただきました。それはこのパウロ書簡講義録の副題にもなっている小川先生の言葉です。新約聖書の中に通常「信仰」と訳される「ピスティス」という大切なギリシャ語があります。「真実」とか「信実」とか訳す人もいますが、「ピスティス」はパウロを読み解くときの重要なキーワードでもあります。それを小川先生は〈まこと〉と訳されているのです。ローマ書1：17には、ギリシャ語原文で読むと、「エック・ピステオース、エイス・ピスティン」という表現が出て来ます。「ピスティスからピスティスへ」という言葉です。新共同訳聖書では、残念なことに、「(福音には、神の義が啓示されていますが、それは、) 初めから終わりまで信仰を通して (実現される)」というように意訳されていますが、口語訳聖書ではより正確に「(神の義は、その福音の中に啓示され、) 信仰に始まり信仰に至らせる」と訳されていました。この部分を小川先生は、パウロ書簡を読み抜くことを通して、初めのピスティスと後のピスティスは異なったものを指しているという深い洞察に至り、それをパウロはここで「神の〈まこと〉から人間の〈まこと〉へ」と言っていると理解したのでした。「神のピスティス／〈まこと〉」がまず最初に人間に働きかけ、それに応答するかたちで私たちの中に「人間のピスティス／〈まこと〉／信仰」が生起すると理解されたのです。小川先生は、その恩師である滝沢克己先生を引用しつつ、たとえて言えば、「啓示」とは神が私たちの家に来て、そのドアを叩くようなものであり、そのノックの音に気づいてドアを開けることが私たち人間の側の「信仰」なのだと言うのです。「神の〈まこと〉」は「第一のピスティス」、「人間の応答としての〈まこと〉／信仰」は「第二のピスティス」とも呼ばれています。神のピスティスと人間のピスティスを区別するのですね。滝沢克己先生は「第一義のインマヌエル」と「第二義のインマヌエル」と言いましたが、それと同様に、「第一のピスティス」と「第二のピスティス」は「不可分・不可同・不可逆」ということになりましょうか。神がまずイニシアティブを取って私たちの名を呼んで下さる。そしてそれを聞いて、私たちは「はい」と神に向かって呼び返してゆくのです。「エック・ピステオース、エイス・ピスティン」、「ピスティスからピスティスへ」とはそのような「神の〈まこと〉から人間の〈まこと〉へ」という人格的な応答関係に即したものであるというのです。

小川先生はその講義録の中で「生きているのは、もはやわたしではありません。キリストがわたしの内に生きておられるのです」というガラテヤ2:20の言葉を繰り返し引用しておられます。私たちのうちにキリストがおり、キリストのうちに私たちがいる。そのことを小川先生は人とキリストが一体となっているということで、「エン・クリストー」を「人基一体」と訳して使っています。「Jesus in Christであり、Christ in Jesusなのだ」と語られるのです。「I am in Christ and Christ is in me.」ですね。私たちはそのことに気づいて、「人基一体」の今ここでの自己を生きるのです。

小川先生はその遺言となった最終講義でローマ書14：7–9を次のように私訳して引用しています。「なぜなら、わたしたちのうち、だれひとり自分によって生きる者はなく、だれひとり自分によって死ぬ者はない。わたしたちは、生きるのも主によって生き（生かされ）、死ぬのも主によって死ぬ（死なされる）。だから、生きるにしても死ぬにしても、わたしたちは主のものなのである。なぜなら、このために、すなわち、キリストは、死者と生者との主となるために、死んで生き返られたからである。」

今ここで、神のピスティスに自らのピスティスをもって応答しつつ、このような「人基一体（エン・クリストー）」のこの「私」を生きること。そこには明るい光に照らされている世界が開かれている。『小川修パウロ書簡講義録』を読むと、私はそのような明るい世界を感じるのです。

イエスは十字架の死に至るまで、神のピスティスに徹底的に信頼し、「エロイ、エロイ、レマ、サバクタニ」と叫びつつも、そこでは神とイエスの間の信頼関係は微塵も揺らぐことはなかったという小川先生の解釈は、私の中に響き続けています。「もしかしたら私の理解は間違っているかもしれませんよ。皆さんは自分自身で聖書を読んで、私を乗り越えてゆき、どうか自らの聖書に対する理解を深めていって下さい」と繰り返し告げられた小川先生の言葉を深く噛みしめつつ、今日は皆さんとこのことをお分かちしたいと思いました。今日お話ししたことは、小川先生との出会いを通して私の中に与えられた「一つの解釈」にしかすぎません。思わぬ誤解やまだ理解できていないことが多くあると思います。しかし、マルティン・ブーバーが語るように、「真実な生は、（我と汝の）出会いであり、個々の（我と汝の）出会いの延長線上には『永遠の汝』が垣間見える」とすれば、私たちは人生における個々の出会いを大切にしながら、神の〈まこと〉によって呼びかけられていることに気づき、その神の呼びかけに対して、私たちの〈まこと〉をもって神に応答してゆきたいと思います。「エック・ピステオース、エイス・ピスティン」なのですから。最後に小川先生の私訳によるローマ書 1:16-17 をお読みして終わりたいと思います。

> 16 わたしは福音を恥としない。それは、ユダヤ人をはじめ、ギリシヤ人にも、すべて信じる者には、救いに至る神の力であるから。17 すなわち、福音にあって、神の義は〈まこと〉より〈まこと〉へと、顕れる。「（ひと）義人（とされて）生くるは〈まこと〉によれり」とある如し。

お一人おひとりの上に神さまの祝福が豊かにありますように。

〈おわりの祝福〉

人知ではとうてい測り知ることのできない神の平安が、あなたがたの心と思いとを、キリスト・イエスにあって守るように。　アーメン。

〔2017 年 12 月 6 日（水）　同志社大学クラークチャペル〕

付　記

「ここに至るまでの 11 年を振り返って」

「草は枯れ、花はしぼむ。しかし、私たちの神の言葉はとこしえに立つ。」 （イザヤ 40:8）

「天地は滅びるが、私の言葉は決して滅びない。」

（マタイ 24:35、マルコ 13:31、ルカ 21:33）

早いもので小川先生がこの地上でのご生涯を終えられてからもう 11 年が過ぎた。この間、東日本大震災（2011 年 3 月 11 日）や、東京から大阪への転任（2016 年 3 月末）、宗教改革 500 年（2017 年 11 月 23 日）など、社会的にも個人的にも大きな節目の時があった。多磨墓地での納骨式のただ中で、東日本大震災が起こったことは第一巻のあとがきの中にも触れた。忘れることができない「時」であった。

小川先生のパウロ書簡講義録（全 10 巻）もこの第 8 巻で完結する。立山忠浩先生を中心として、同労者たちと共に、この 11 年を刻みながら、ここまで歩むことができたことに感無量の思いがある。このコラボレーションには感謝のほかない。小川先生のパウロ理解を世に紹介するという神から与えられた一つの公共的（交響的）な使命（Beruf/Mission）を果たし得たことにホッとしている。

私自身はこれまで、小川先生のパウロ書簡のテープを聴きながら繰り返し、聖書を中心に置いてそれを読むという基本姿勢に立ち返らされてきた。自分の憶見を聖書に投影するのではなく、聖書を通して神ご自身が語ることに耳を澄ます、このことを私は小川先生から学んだ[1]。常にイニシアティブは私に向かって呼びかけてくださる神の側にある。ノックの音が聞こえたらこちら側としてはそれに応えて呼び返し、こころの扉を開くだけなのである。まず神の呼びかけの声、ノックの音に気づく。そのことが大切なのだ。この神とのやりとり、神との対話性の中にこそ、キリストの真の律法があり、打ち砕かれた真のメタノイアがあり、思いのままに吹く聖霊の導きがあり、尽きることのない大きな喜びと平安がある。パウロを捉えて放さなかった神の〈まこと〉（ピスティス）が、小川先生を捉えて放さなかったように、私たち一人ひとりをも捉えて放さないのである。小川先生は繰り返し語られた。十字架上でイエスが「エロイ、エロイ、レマ、サバクタニ」と叫ばれた時にも父と子の信頼関係には微塵の揺らぎもなかったのだ、と。インマヌエルの神はどのような時にも常に我らと共にある。「永遠」とは神と今ここでつながることであり、それは「いつでも、どこでも」を意味するということも私は小川先生から学んだ。

1）1982年に三鷹のルーテル学院大学・日本ルーテル神学校で開講された小川先生の『宗教哲学』は、「現代日本のイエス・キリスト研究の検討」という大変に意欲的なものであった（開講された『宗教哲学』のクラスについては第9巻『前期論文集』の巻末に解題として記した）。その講義での参考テクストは、ブルトマンの『イエス』（未來社）、八木誠一の『イエス』（清水書院）、荒井献『イエスとその時代』（岩波新書）、田川健三『イエスという男』（三一書房）、滝沢克己『聖書のイエスと現代の人間』（三一書房）。それらを比較してそれを批判的に検証するというものであった。その講義を通して私は、聖書は読む者の心を映す鏡であることを知る（おそらくそれは聖書だけではあるまい）。自分自身の思いを聖書に投影させて読む人間中心的なあり方と、聖書そのものが告げる神の真理を受け止めてゆく神中心的なあり方との二つを、峻別すべきことを学んだように思う。それは、若き日のルターが「いかにして私は神の義を獲得できるか」と悶々と苦しみ抜く中で、「神が私にその義を恩寵として与えてくださった」という真理に目が開かれた時に体験したような自己中心から神中心への「主体のコペルニクス的な転換」であった。それは私にとって一つの啓示体験でもあったと思っている。

ギリシャ語の〈まこと〉には、形容詞形の「πιστὸς ピストス」と名詞形の「πίστις ピスティス」の二つがある。これに関して、私の中で深く響くいくつかの聖書箇所を挙げておきたい。形容詞形で三つ、名詞形で二つを挙げることにする（引用はすべて聖書協会共同訳 2018 による。下線は大柴）。

「πιστὸς（ピストス）」

①「ごく小さな事に忠実な者は、大きな事にも忠実である」（ルカ 16:10）。

②「神は真実な方です。あなたがたを耐えられないような試練に遭わせることはなさらず、試練と共に、それに耐えられるよう、逃れる道をも備えてくださいます」（1 コリント 10:13）。

③「死に至るまで忠実であれ。そうすれば、あなたに命の冠を授けよう」（ヨハネ黙示録 2:10）。

「πίστις（ピスティス）」

④「神の義が、福音の内に、真実により信仰へと啓示されているからです」（ローマ 1:17）。

⑤「神の義は、イエス・キリストの真実によって、信じる者すべてに現されたのです」（同 3:22）。

特に聖書協会共同訳（2018）が、ローマ書 1 章 17 節にある二つのピスティスという語を④にあるように「真実」と「信仰」とに訳し分けたことは革命的な変化であったと私には思われる。最初のピスティスは神のピスティスを表し、後のピスティスは人間の応答としてのピスティスを表しているという小川先生の理解が認められたということである。先生がその部分を「神の〈まこと〉から人間の〈まこと〉へ（ἐκ πίστεως εἰς πίστιν）」と捉えていたことはまことに慧眼であった。

もう一つ私が小川先生から学ぶことができた大切な言葉がある。それは「人基一体（にんきいったい）」という語である。それは、人とキリストは一体であり、キリストの中に私はあり、私の中にキリストがおられるということを意味する。英語で言えば “I am in Christ, and Christ is in me.” となる。私はそれを、滝沢克己先生の「インマヌエル」を小川先生が自分の言葉で言い換えた語として受け止めている。

また、那須の小川邸における自主ゼミの中で伺った言葉で、私の中に今でも響き続けている小川先生の声がある。まことにその通りとストンと腑に落ちたのである。「（人間は一人ひとりが皆、異なるペースで成長してゆく。早期成熟型の人もいれば、大器晩成型の人もいる。）現在の日本の教育システムが、たまたま10代の後半に知的能力が高い人に有利になっているだけなのだ」と。それは小川先生の謙遜で公正な、そして優れた教育・共育者としての面目躍如の言葉でもあり、私自身が大いに啓発され、励まされた言葉でもあった。

私自身は、小川先生が残されたこの『パウロ書簡講義録』の全10巻を常に『聖書』と共に身近に置いて、それらを紐解きながら「人基一体」という神の恵みの根源的事実をじっくりと味わい、分かつ者でありたいと願っている。そして向こう側から響いてくる〈まこと〉の神の「汝よ」という呼びかけに耳を澄ませ、その確かな声によって日毎に新たにされて、「はい、僕（しもべ）はここにおります。お言葉どおりこの身に成りますように」と正しく応答する、主のエクレシアの一員であり続けたいと念じている。 s.d.g.

> 「しかし、主を待ち望む者は新たな力を得、鷲のように翼を広げて舞い上がる。走っても弱ることがなく、歩いても疲れることはない。」
> （イザヤ40:31引用）

（2022年3月11日）

パウロの声に耳を澄ませ
——小川修先生が投げかけたこと——

立山 忠浩

小川修先生から伝授されたことは、ある意味個人的なことであった。神学生時代の宗教哲学の数人の授業に始まり、牧師となってからもしばらくして、この講義録編集者の幾人かと那須のご自宅を訪ねることになった。夏の合宿が毎年の恒例となり、勤務先の聖徳大学の研究室を伺うことも数回あった。これらは個人的な学びの会と言うべきものであった。しかしある時から、私的な学びということでは収まり切れない内容であることを認識するようになった。なぜなら、先生のパウロ理解は「私たちに」問いかけているからである。中でもルーテル教会の牧師たちのパウロ理解を、根底から揺るがすような投げかけであることに気づいたからである。それがこの『小川修 パウロ書簡講義録』を刊行する動機となった。

以下は、先生の投げかけを私が受け止めたまとめである。限られた紙面で、しかも乏しい理解力で表現し尽くすことは困難であるが、あえて愚文を弄することとした。先生から学んだパウロ理解を、そしてそれがパウロの声を汲んだことなのかを、私自身の言葉で表現することを先生は期待されていたに違いないからである。

1. 義認論

1) 義認論と信仰義認論

ルター派の教理的な源泉はルターの思想にある。彼の説教や聖書講義、著書がそれである。他にもルターの後継者たちによる様々な論争を経て結実した「和協信条」を含めた信条等も挙げられよう。これらは『一致信条書』に収められているが、それがルター派の教理、信条である。これを揺るがすことは許されない。なぜなら、ルターの教えを源泉とした『一致信条書』が尺度だからである。この絶対的な物差しで他の教理や思想を測り、是非の判断が下される。その物差し、尺度の中心に置かれているのが「義認論」である。世界レベルでのルーテル教会とローマ・カトリック教会との対話委員会で出版された『義認の教理に関する共同宣言』[1)]にこういう文言がある。「義認の教理は、……ひとつの不可欠な基準である。ルーテル側がこの基準の唯一の重要性を強調するとき……」（第 18 項）と。ルター派にとって「義認論」は教理の核心と自他ともに認めている要と言うべきものである。

ルター派にとっての「不可欠の基準」「基準の唯一の重要性」とされる義認論は「信仰義認論」と言うべきもので、パウロ本来の義認論とは言えないのではないか、これが小川先生の第一の問いである。パウロを徹底的に読み込んだ結果、自ずと芽生えた疑問である。義認論そのものの否定ではない。「〈まこと〉義認論」と言うべき義認論に先生は行き着いたのである。「信仰義認論」の「信仰」とは当然ながら人の信仰のことである。この根拠となるのがローマ書（3:22, 28 他）やガラテヤ書（2:16, 20 他）に代表される「キリストへの信仰によって義とされる」という言葉であるが、これを「キリストの〈まこと〉によって義とされる」と訳すのである。つまり、義認の根拠が人の信仰ではなく、キリストの出来事に拠ることを明確にするのである。

これは、独訳、英訳を含めたほとんどの聖書で「信仰」と訳されて来

1）『義認の教理に関する共同宣言』（教文館、2004 年）はローマ・カトリック教会とルーテル世界連盟（LWF）の代表者による共同員会で 1999 年に作成された。翻訳編集は日本福音ルーテルから江藤直純氏、カトリックから光延一郎氏が中心に担った。

たギリシヤ語のピスティス（πίστις）を、どう理解し、いかに訳すのかの問題となる。例えばガラテヤ書2章16節のδιὰ πίστεως Ἰησοῦ Χριστοῦは「イエス・キリストへの信仰によって（義とされる）」（『新共同訳』他）と訳されているが、「イエス・キリストの〈まこと〉によって」となる。

ただここで指摘しておかなければならないが、この訳語は小川先生の独自のものではない。「信」と訳す者がいれば「信実」と翻訳する者もいる。「まこと」も既に前田護郎が訳語として用いている。いずれにせよ、ギリシヤ語を十分に読めたとしても、その専門家ではないことを先生は謙虚に認めていた。ゆえに、ギリシヤ語を中心に、新約聖書学の専門家の見識を助けとしていることを繰り返されていた。ブルトマン、太田修司氏、佐竹明氏などの名前が散見されるが、もっとも意識されていたのは田川建三氏である。実際に、ピスティスをどう訳すべきかについての田川氏ほどの説得力のある解説を私も他に知らない[2)]。それを前提にして、一助として、さらにパウロの核心、福音に迫ろうとされたのである。

このように訳すことは、ギリシヤ語の文法的解釈の変更を意味するだけではない。義認の理解が根本的に変わることになる。「信仰義認論」はその人の信仰の有無が主要な鍵となる。イエス・キリストへの信仰によって義とされるのであれば、信仰のない者や信仰の薄い者は義と認められないことになる。信仰のある者だけが義とされるのである。ところが「イエス・キリストの〈まこと〉」によって義と認められるのであれば、人の信仰とは関係ないところで起こることになる。私たちに「いかに多くの（不信仰という）罪があっても、無罪の判決がくだされる」（ローマ5:16；小川訳）のである。まさに神の赦しであり、恵みであり、福音である。これを小川先生は「第一のピスティス」とか「第一の義認」という言葉を用い

2）『新約聖書 訳と註3』（田川建三訳著、作品社、2007年）167頁以下が参考になる。

る。

この言葉から滝沢克己を思い起こす者もいよう。先生は滝沢を非常に尊敬され、多くのことを学ばれていた。ゆえにその想起は正しい。滝沢は福音書（中でもマタイによる福音書の講解で）の解釈において「第一義のインマヌエル」「第二義のインマヌエル」という区別をしたが、小川先生はパウロ書簡から同じ解釈に導かれたのである。「第一の義認」は人の信仰の有無とは関係ないことで、誰も揺るがすことのできないことである。この区別、この順序が強調されることになる。

2）ルターの残した課題

これはもはや「私」という個人が私的に考えるべき問題ではない。我々ルーテル教会の牧師は、ルター派の核心的教理は義認論だと教わり、それを信徒に語る場合には、パウロの手紙を持ち出しながら「イエス・キリストへの信仰によって義とされる」と書いてあるのだから、私たちの信仰が大切だと説いているからである。もっとも、私たちの信仰を強調しながらも、それを「受動的」という言い方はする。「私の信仰」をことさら強調するのではない。しかしながら、本来は「キリストの〈まこと〉」、あるいは「キリストの真実」と訳すべきところのほとんどを、ルターが“durch den Glauben an Jesus Christus”（イエス・キリストを信じる信仰によって）と訳したことで、後代に決定的な影響を与えてしまったことは否定できない。周知のように、ルターは幽閉状態にあったワルトブルク城の一室で悪魔の誘惑と戦いながら、新約聖書をわずか10週間でギリシヤ語からドイツ語に翻訳するという離れ業を行った。それが宗教改革運動を勢いづける重要な役割を担ったが、信仰義認論を決定づけることにもなったことも事実である。カトリック教会や皇帝と対峙しなければならなかったあの緊迫した状況の中で、ルターは実存的な信仰を強調しなければならなかったのであろう。

しかし今日、ルターの時代とは異なった別の諸課題がある。ルター派、あるいはキリスト教への信仰への決断を迫り、他教派や他宗教を否定した宗教改革の時代とは異なり、むしろ他者の主張に耳を傾け、違いではなく共通項を見出そうとする対話的な姿勢こそが今求められている。私たち自身の拠りどころを悪戯に揺るがす必要はない。しかし、「キリストを信じる信仰による義」ではなく、「キリストの〈まこと〉による義」を認識することを第一義とするパウロ理解は、他者との対話を限りなく広げて行く可能性に満ちている。

紙面上これ以上の言及はできないが、パウロが「キリストがわたしを遣わされたのは、洗礼を授けるためではなく、福音を告げ知らせるためである」（Ｉコリント 1:17；新共同訳）と述べていること、さらに滝沢克己の独特の洗礼理解[3]はここにつながることではないだろうか。決断に先立ってすでに赦されており、義とされているという根源的な事実を説く宣教である。

3）ローマ書 1 章 17 節の訳語

このことをさらに明確にするために注目すべき言葉がローマ書 1 章 17 節である。『新共同訳』の意味不明の訳がまず問題視されることになる。「福音には、神の義が啓示されていますが、それは、初めから終わりまで信仰を通して実現されるのです」と訳されている。しかし原文を見ると、δικαιοσύνη γὰρ θεοῦ ἐν αὐτῷ ἀποκαλύπτεται ἐκ πίστεως εἰς πίστιν となっているが、特に先生は ἐκ πίστεως εἰς πίστιν（エックピステオース　エイス　ピスティン）に注目された。これが本講義録の副

3）滝沢克己が洗礼を受けたのは 1958 年（49 歳）である。渡独してバルトからの薫陶を受けてから 24 年を経ていた。なぜこれほど年月を必要としたのかは「何を、いかに、私はカール・バルトのもとで学んだか」（坂口博編『滝沢克己著作年譜』創言社、1989 年 に所収）に明らかにされている。

題となっている言葉である。「神の〈まこと〉から人間の〈まこと〉へ」と先生は訳されたのである。

これはカール・バルトが『ローマ書（Der Römerbrief)』[4]で「信実から信仰に（aus Treue dem Glauben)」と訳したことを想起させる。すなわち、最初の πίστις と次のそれを区別して解釈したが、それが先生のパウロ書簡の研究を後押ししたことは間違いない。ただ、バルトの色眼鏡でローマ書を読まれたのではない。もっともバルトのローマ書注解を驚くほど丹念に読まれている。先生が読まれた“Der Römerbrief”を見れば明らかで、最初から最後まで書き込みだらけである。我々の神学校時代の先生の講義は二年間にわたる『ローマ書』であったが、授業の中で繰り返し言われたことは「バルティアンになってはいけない」ということであった。バルトに啓発されたとしても、彼の主張が果たして正しいのか、自分で聖書を読んで吟味しなければならないと繰り返されていた。このことは同志社大学大学院の授業でも同様である。「私の言っていることが正しいかどうかは、あなたたちが自分で聖書を読んで判断して欲しい」と幾度も述べておられることを忘れてはならない。

さて、冒頭で述べたことに戻らなければならない。小川先生の講義は「私的な学びということでは収まり切れない」という問題である。ローマ書1章17節から思い起こすルターの有名な言葉がある。「塔の体験」と呼ばれているが、福音の発見をした時の言葉である。「神の憐みによって、昼も夜も黙想にふけり、私は、ことばの脈略に注目していた。すなわち、記されているままで言えば、『福音には、神の義が啓示されています』というのと、『正しい者は信仰によって生きる』と言うのである。そこで神の義とは、義人が神の賜物によって、すなわち、信仰によって生きる、そ

4）『ローマ書』第一版は1918年に出版されたが、1921年に大幅に書き直した第二版が著された。通常『ローマ書』とは第二版を指す。邦訳は『カール・バルト著作集14』（新教出版社、1967年）にも収められているが、その他複数の訳がある。

のような義であることを理解しはじめた。……神の義、すなわち、恵み深い神が信仰によって私たちを義とされる受け身の義は福音によって啓示されたと。……ここで私は、全く生まれかわらされ、開かれた門を通ってパラダイスそのものなかへ入れられたかのように感じた」[5] という最晩年（1545 年）の言葉である。ルターが発見したローマ書 1 章 17 節の神の義は、自らの功績や努力によって獲得できるものではなく、「受け身(受動的)」の義であり、神の賜物、神の憐みというものであった。これは「神の〈まこと〉」というものと基本的に同じと言って良いのだろう。しかし彼は ἐκ πίστεως εἰς πίστιν の二つのピスティス（πίστις）を区別することはしなかった。翻訳においても同様である。これが結果として、ピスティスは人の信仰を意味するという世界的な流れが決してしまったことは先にも述べた通りである。

4）『聖書協会共同訳』の「キリストの真実」

カール・バルトが『ローマ書』で、1 章 17 節を「信実から信仰に」という訳語を用いたことが覚醒を呼び起こす騒ぎになったが、しかしそれが広く流布するまでには至らなかった。特に聖書翻訳の歴史がそうである。日本においては『口語訳』の「信仰に始まり信仰に至らせる」という言葉が、改訂された『新共同訳』においては「初めから終わりまで信仰を通して実現される」という訳語になった。口語訳でも十分でないのが、新共同訳ではなお更意味不明の事態に陥ってしまった。そして 2018 年に『聖書協会共同訳』が刊行され、ここで「キリストの真実」という訳語になった。不徹底な部分がまだ多く見られるにしても、大きな意義を持つことは間違いない[6]。

5）『ルター著作選集』（教文館、2005 年）646 頁。

6）拙論「『信仰』から『真実』へ—『聖書協会共同訳』のピスティス」（『ルター研究』第 16 巻、2019 年に所収）を参照。

ただ、この『聖書協会共同訳』が刊行されたことで、我々のルーテル教会の新たな課題が露わになったとも言えよう。この聖書訳の評価が芳しくないからである。いや、評価そのものがまったく聞こえてこないと言った方が適切である。新しい礼拝式文が流布し始め、讃美歌の増補版が2021年に刊行された。特に式文の導入に各教会で力を注いでいるように見えるが、肝心の新しい聖書に対する対応は驚くほど鈍い。義認論を教理の中心に据えているルーテル教会が、その根拠をローマ書やガラテヤ書を柱としたパウロ書簡に置いていることを標榜しながら、中でも肝心要と言える「信仰」理解が大きく揺り動かされていることにあまりにも鈍感であってはいけない。

我々ルター派の聖書の読み方は、ルターの注解から解釈するというものではなかっただろうか。特にパウロ書簡がそうである。例えば『ローマ書講義』[7] からパウロのローマ書を解釈するという手法である。その読み方で多くのことを学び、解釈の助けになっていることは事実であるが、今我々に問われているのは、パウロの信仰理解、義認の理解がルターのそれと一致しているのかということである。ルターの解釈がローマ書を解釈する前提になるのではない。むしろ逆である。それがルーテル教会の「聖書のみ」の精神ではないだろうか。

5）福音と律法

ルーテル教会にもうひとつの課題が提示されている。律法と福音のことである。ルター派は「律法と福音」という順序に拘り、逆に改革派は「福音と律法」という立場に立つ。この問題にことさら踏み込んだ論説を先生が展開されているのではないが、パウロから自ずと導き出される解釈が述べられている。これまで述べて来たことからも演繹されることであるが、

7）『ローマ書講義 上・下』（『ルター著作集 第二集』第8巻、聖文舎、1992年、第9巻、リトン、2005年）。

「キリストの〈まこと〉による義」とは福音であり、何よりも先んずる決定的な事実であるからには、自ずと福音が律法の先に立つことになる。

これは「直接法と命令法」[8]という言い方にもなる。バルトが好んで用いた表現であるが、直接法とは事実の表現のことある。「キリストの〈まこと〉による義」のことである。しかしその事実を語ることで終わらない。命令法とはその直接法を「認識せよ」という命令のことである。さらにそれは「キリストの律法」（Ⅰコリント 9:21、ガラテヤ 6:2）を全うするようにという命令となる。隣人愛の実践である。その命令を受け止めることこそが人の信仰である。それはどうでも良いことではない。命令だからである。モーセの律法はルター派が強調するように、人間の隠れた内面を映し出す鏡であり、罪の現実を暴き、人に認識させるものであるが、キリストの律法はそれとは異なる。すでに罪が赦され、救いに与っていることを知った者が、今度は喜んで、感謝の思いを抱きつつキリストの命じたことを行うことになる。

この意味では「福音と律法」という順序にならざるを得ない。ただ、これをルター派と改革派の教理的な争点とし、あるいは「律法の第三用法」などという議論につなげることは先生の本意ではない。しかしながら、我々ルター派の紋切り型の「ルター派は『律法と福音』という順序が大切である」という教理的な主張が、果たしてパウロの本来的な主張かどうかを問うことには意味があろう。

2．人基一体

1）パウロの「外」で起こったダマスコの出来事

「人基一体（にんきいったい）」は小川先生の造語である。パウロ書簡を丹念に辿ることか

8） 本書 91 頁以下を参照。

ら自ずと湧いた言葉である。「人間はキリストとひとつである」ことを意味する人間理解でもある。しかもこれは信仰者だけに述べられるのでなく、信仰の有無、洗礼の有無とは関係ない神の出来事であり、まさに原決定というものである。いわゆる神秘主義的な合一ではなく、誰にでも認識できる人間の現実だと言われる。代表的な箇所としてローマ書5章1～10節、Ⅰコリント1章30～31節、Ⅱコリント13章5節、ガラテヤ2章20節などが挙げられる。

これはパウロのダマスコ体験の理解に関連することになる。キリスト者にとって、パウロと言えばダマスコ体験と言われるほどの極めて重要なパウロ理解である。ユダヤ教への熱心さでは「教会の迫害者」(フィリピ3:6)を自認する者であったが、ダマスコ途上で呼びかけるイエスの声に打たれ、目の見えない三日間を過ごした後に、イエスのことを宣べ伝える使徒となった人物がパウロである。いわゆるパウロの回心であるが、これはダマスコ体験なしに語ることはできない。使徒言行録に三回も記されているほどである(9:1～、22:6～、26:12～)。

ところが当のパウロは、これほどの重要な体験であるにもかかわらず何も語っていないに等しい。不可解なことであるが、その理由は定かでない。ある学者はダマスコ体験は大袈裟な作り話だと言い、炎天下で熱中症のような症状が出て、朦朧とした中での幻覚を事実と思い込んでしまったのであろうと主張する者もいる。いずれにせよこの不可解さを説明するのは難しく、納得できる解説を聞いたことがない。

ところが小川先生の解釈は実に説得的である。ダマスコ体験に言及していると推測される唯一の箇所と言えるガラテヤ書1章16節の「御子をわたしに示し」(新共同訳)という言葉を、「わたしの中において(わたしの中なる)御子を」と訳すのである。原文は τὸν υἱὸν αὐτοῦ ἐν ἐμοί であるが、特に先生は ἐν ἐμοί を「わたしの中において」と訳すべきことを強調する。なぜなら、記者のルカが使徒言行録で記すダマスコ体験の啓示がパウロの「外」で起こったのに対し、パウロ自身の啓示の体験はパウロの「中」で起こるからである。

2）パウロのからだの「中」からの声

これはパウロの「からだの中に」という意味を持つことになり、Ⅱコリント書4章7～11節の解釈につながる。この箇所は「土の器」と題される有名なところで、人間の弱さやからだに関する現実が語られている。中でも注視されるのが10節の「いつもイエスの死をこの身に負うて歩いている。それはまた、イエスのいのちが、この身に現れるためである」（小川訳）という言葉である。死ぬべきからだであっても、そこにはイエスのいのちが現われるのであれば、それが我々の十字架と復活のことではないかと解説されている。そしてそれは、パウロの「外」にではなく、パウロの現実のからだの「中」にイエスはご自身を啓示されていることの証しだということになる。

さらにこの啓示理解を後押ししているところとしてⅡコリント書12章が挙げられる。からだの病か障がいのことで苦しんだという箇所である。わたしの身にひとつのとげが与えられ、それを去らせて欲しいと熱心に祈ったところ、パウロの中にいるキリストの「わたしの恵みはあなたに対して十分である」（12:9；新共同訳）という声が聞こえたのである。誰でもからだのことで悩み、苦しむ。病気があり、障がいがある。コンプレックスもある。パウロの肉体のとげが何であるか諸説があるが、ここではそれが何であるかあまり重要ではない。誰にも何らかのからだの苦悩があることには変わりがないからである。それが「現実のからだ」と言うものである。そのからだの中でパウロはキリストの声、つまり啓示の声を聞いたのである。

もしダマスコ啓示だけに注目するならば、キリストは特別に選ばれた人だけに語りかけるに過ぎない。それだけが啓示ならば、凡庸な私たちにはキリストの声は聞こえないことにならないだろうか。パウロがダマスコの声を語ろうとしないのは、キリストの声をそんなものと理解していなかったからだと小川先生は解釈する。ダマスコ体験を作り話や幻覚として頭から否定するのではない。ガラテヤ書1章15節以下の言葉もダマスコ体験のことと理解する。しかし、それ以上に重要なキリストの声がある。誰にでも、どんな人にも語られている声である。現実のからだの中からキリストの声が聞こえ、そこに啓示されている。この声にパウロはより重きを置く。だから、パウロの「自分自身のことを、イエス・キリストがあなたがたの中におられるということを、認識しないのか」（Ⅱコリント13:5；小川訳）という言葉は、「生きているのは、もはやわたしではない。キリストが、わたしのうちに生きておられるのである」（ガラテヤ2:20；新共同訳）と等しく極めて重要な言葉と言えよう。

3）ルター派の聖餐論への示唆

人基一体はルーテル教会の聖餐理解にも大きな示唆を与える。ルーテル教会の聖餐論は現在説である。「これはわたしのからだである」という主イエスの言葉を根拠に、パンとぶどう酒にキリストが現在すると主張する。パンのなかに（in）、パンのもとに（unter）、パンとともに（mit）イエス・キリストが現在するという聖餐理解が和協信条にも明記されている。ここから、聖餐式の際に祝福されたパンを食することで、からだの中にイエス・キリストが入って来たという理解がされがちである。カトリックの実体変化説ならばそのような解釈が成り立つのかもしれない。しかしそれでは、パンとぶどう酒に与らない限りはイエス・キリストは自分の中には存在しないということになりかねない。

そうではない。人基一体とは「いつも」である。キリストの現在するパンとぶどう酒に与ることで、キリストのまことのからだがわたしのからだの中に存在してくださることを信じるのであるが、それはいつもわたしのからだの中に臨在しているキリストの存在に気づくことでもあると言わなければならない。

3．罪の理解

罪理解もルーテル教会に問いかけている。ルーテル教会の罪理解はルター自身の性質に依るところが大きい。同僚のメランヒトンであっても、改革派のカルヴァンにしてもルター程の罪認識は持たなかった。当時のもっとも厳格な修道会に入会したことは死への恐怖が大きかったからだと言われるが、罪に対する病的なほどの鋭敏さを持っていたからである。ゆえに罪に対する敏感さはルーテル教会の特徴となり、それが肯定的に理解されがちである。当の私もそう認識しているが、それを根拠づける言葉として引用されるのがローマ書７章である。内在する罪についての驚くほどの鋭い分析である。これほどの研ぎ澄まされた罪理解に異論を挟む者は少なかろう。

先生のルーテル教会への批判は、７章の罪理解に拘り過ぎていることに向けられている。７章の罪の分析に目を奪われ、そこに留まり過ぎているゆえに、８章の新たな展開に目が向かないことへのもどかしさである。「このようにいまや、キリスト・イエスの中にある者には罪の宣告はない」(8:1；小川訳）とパウロが言っているにもかかわらず、罪の現実へと容易に戻ってしまうことへの批判である。

それを象徴するものとして小川先生がしばしば取り上げるのが、パウロと親鸞の類似性を語るルター学者の言説である。親鸞に「悪人正機説」という有名な救済観があるが、それを適切に表現した言葉が「善人なおもて往生をとぐ。いはんや悪人をや」である。善人よりも悪人が往生を遂げるという逆説的かつ魅力的な救済理解は、罪認識の深さが決定的な鍵を握るということになる。それが「二種深信（にしゅじんしん）」という考え方だと先生は解説されている。ルターの深い罪の認識は親鸞に親和性があると断じることはむしろ当然と感じるが、先生は「それが危険なのだ」としばしば力説されている。なぜなら、罪の分析や内実にあまりにも囚われているのであり、それを問題視されるのである。

結局は「信仰義認論」に起因することになる。パウロは内面の罪の現実に打ち砕かれ、「わたしは、なんというみじめな人間なのだろう。だれが、この死のからだから、わたしを救ってくれるのだろうか」（ローマ 7:24；小川訳）と主キリストに懇願した。この懇願、この切なる願いが「信仰」と同一視されることになる。つまり、罪の深い認識こそが信仰と同一視され、これを経ることなしには義とされないということになる。罪の認識が結局は義認の前提となり、鍵を握ることになっている。しかしパウロは、罪の認識とは関係なく、それとは別に救いの現実があることを８章で述べていると先生は言われるのである。「しかし、神の義は、今において、律法とは無関係に（つまり、律法による罪の認識とは無関係に）……顕れている」（ローマ 3:21；小川訳）という言葉はこれを意味している。罪の現実を真摯に見つめ、内面の葛藤を経て落胆をすることは意義を持つ。ルター派に属することの恵みと言っても良い。しかしそこに留まり続けることをパウロは求めているのであろうか。

本講義でしばしば登場する座古愛子は決して罪の認識が深かったのではない。これが同女史を繰り返し取り上げる先生の意図であった。あれほど過酷なからだの障がいに苦悩した人に、罪の自覚を求めることの方がむしろ過酷で無慈悲なことではないだろうか。

さらに言えば、ルターの「義人にして同時に罪人」という言葉がある。これは小川先生が直接語っていることではないが、ここで言及することは相応しいと思われる。ルターは実に多くの魅力ある言葉を操った「言葉の魔術師」であったが、これもルターの思想をよく表した優れた言葉として取り上げられることが多い。しかし注意を要する言葉である。義人であることと罪人であることが同列に置かれるからである。ルターは「罪人にして同時に義人」と言うこともあり、どちらの順番でも同じ意味で語られることが多い。つまり同時性が重要だからである。しかしこれまでの論述から察せられることであるが、義人と罪人が同列に置かれるべきであろうか。ここでも「罪の認識」が大きな意味を持っていることになっている。そうではない。義人とは神によって義とされた存在であり、罪の認識とは関係ない原事実であることを確認した。ローマ書８章に記されていることはこれである。罪人とは人間の現実であり、７章で分析されていることであるが、８章に至るならば、もう赦されているという現実に留まらなければならない。

義とされているという決して揺るがない現実と祝福がまずある。内在する罪を認識し憂えることはもちろん必要であり、決して無意味なことではない。しかし、罪人であることと義人であることが同列に置かれてはならないのではないだろうか。

4．Ｉコリント書15章の復活理解

復活理解も実に興味深く、そして説得的である。それはＩコリント15章の講義に見事に凝縮されている。ここはパウロ書簡の中でも、いや新約聖書の中でもっとも難解な箇所と言っても過言ではない。田川建三氏は15章を12頁を割いて丁寧に解説しているが、もっとも肝心で、しかも解釈の難しい46節については「パウロの言いたいことは、よく分からない」[9)]と前置きして見解を述べている。新共同訳では「最初に霊の体があったのではありません。自然の命の体があり、次いで霊の体があるのです」と訳されている。確かに意味不明の言葉である。田川氏は自説を展開

9)『新約聖書 訳と註 3』379頁以下を参照。

することを控え、根拠の薄い諸説を「しょせん説にすぎない」と断じているが、新約聖書学者として誠実な態度とも言えよう。しかし復活というキリスト教にとってもっとも重要なことを、しかもかなりの字数を割いてパウロが論じている15章の肝心なことを「よく分からない」と終わってしまうことに、もどかしさを感じるのは私だけではあるまい。

復活という言葉からは死後のよみがえりを誰もが連想する。イエス・キリストの復活がそうだからである。しかしパウロの復活理解は異なる。生きている「今」のことである、これが小川先生の15章の解釈である。カール・バルトの15章の注解『死人の復活』[10)]が知られるが、しかし実際はこれが論じられ、あるいは引用されることは極めて珍しい。難解な書であることが原因のひとつであろうが、しかしそれだけでなく、いわゆる通常の復活理解とずいぶんと異なるからであろう。小川先生はこのバルトの注解を助けとされており、『コリント前書講義 II』[11)]にもその要約が掲載されている。

「古い人間」が死んで「新しい人間」に転換することが復活理解の根幹となる。古い人間とは「こころ」を主体として生きる人間のことを指す。具体的には「俺が、私が」という具合に「我（が）」で生きる人間のことであるが、端的に言えば我々普通の人間のことに過ぎない。やや分かりにくい解釈であるが、しかしここが小川先生の力説するところである。通常は「こころ」というものはむしろ肯定的に捉えられている。「宗教教育とはこころの教育である」と言われることに誰も疑問を持たない。「宗教心」という言葉には好意的な響きがある。ゆえに、その「こころ」が実は一番問題であるということには正直戸惑いを禁じ得ない。

15章46節の田川氏の注解のことについては述べたが、ここが小川先

---

10)「死人の復活―第一コリント書15章講義」(『カール・バルト著作集15』、山本和訳、新教出版社、1981年)。

11) Iコリント書の講義録(『小川修 パウロ書簡講義録』第5巻) 343頁を参照。

生の解釈の極めて重要なところである。44節からすでに登場する言葉で、新共同訳で「自然の命の体」と訳されている言葉が鍵を握るが、こう訳されている。「自然の命の体が蒔かれて、霊の体が復活するのである」（44節）と。田川氏は「（自然的）生命の身体として蒔かれ、霊的身体として甦らされる」と訳している。新共同訳の「自然」を（自然的）と括弧に入れて「（自然的）生命の身体」としているが、これはギリシヤ語で σῶμα ψυχικόν である。ψυχικόν には「生まれながらの（自然の）」や「血肉の」という意味があるようだが、ψυχή（プスュケー）の形容詞である。この ψυχή には「生命」とか「魂」という意味があるが、もうひとつ「こころ」という意味がある。心理学は英語で psychology であるが、この ψυχή を語源としている。わずかしかないが、福音書では「今、わたしの心は騒ぐ」（ヨハネ12:27）がある。

小川先生は σῶμα ψυχικόν を「こころのからだ」と訳す。44節は「こころのからだとして撒かれ、霊のからだとして甦るのである」とし、46節は「最初に霊のからだではなくこころのからだがあり、次に霊のからだがあるのである」と訳されている。「宗教心」という言葉を用いたところで、その「心（こころ）」が罪ある人間のものである限り必ずしも益とはならない。それどころか、むしろそれが人間の欲にまみれている「こころ」を見えなくしてしまうのであり、「こころ」を最後の拠りどころとすることこそが深刻な問題なのである。だから「こころ」を主体としていたからだ、すなわち「こころのからだ」が死に、神の霊を主体とするからだに変わること、これがパウロの復活理解だと先生は解釈されている。ガラテヤ書2章20節の「生きているのは、もはやわたしではない。キリストが、わたしのうちに生きておられるのである」（小川訳）とは、まさにパウロの復活体験である。決して死後の復活ではなく、生きている「今」の復活のことの所以である。このパウロの復活理解は既述の通り、カール・バルトの『死人の復活―第一コリント書15章講義』の助けがあったことは間違いない。この書の小川先生の要約には「主語持続における述語転換」などの難解な表現が出て来るが、しかしじっくり読むと、実に興味深い示唆が与えられる内容である。

小川先生の恩師であった井上忠[12)]のことも触れなければならない。私には同氏の思想を解説するだけの知識も力量も到底ないが、小川先生が同氏の「言語機構分析」という学問的方法論を助けとされたことは間違いない。本講義録の『後期論文集』の複数の論文からも明らかである。「言語機構分析」では「こころ言語」（科学と宗教の言語であっても、人が用いる言語である限り、「こころ言語」から逃れることは困難を極める）という用語が重要な鍵を握っていると思われるが、これが復活を論じたＩコリント書 15 章の先生の解釈で重要な役目を担っていることは間違いない。

さて、このようなパウロの復活理解は、多くのキリスト者には、いや多くの牧師たちにも到底受け入れられない解釈であろう。復活は死後の、未来の、あの世の出来事であって、それがイエス・キリストの復活の出来事ではないか、という批判があろう。ある人は、「今」の復活のことを語ると、伝統的な本来の復活理解を否定し、イエス・キリストの復活の事実も曖昧にすることにつながるのではないかと危惧する。事実、ある教職者から「それではイエス・キリストの復活の事実はどうなるのですか」と私自身が問われたことがある。それは誤解であるが、小川先生の復活理解を語る際には十分に配慮しなければならないことを気づかされた。

先生の復活理解は、死後の、あの世の復活を軽んじ否定するのではない。それは前提である。それを揺るがす意図も必要も毛頭ない。ただ、Ｉコリント書 15 章は「キリストは死者の中から復活した、と宣べ伝えられ

12）井上忠（いのうえ・ただし　1926 ～ 2014）　アリストテレス研究、及び言語哲学を専門とする。『超＝言語の探究』（法藏館、1992 年）、『究極の探究』（法藏館、1998 年）などに見られる「言語機構分析」は、小川先生に大きな影響を与えた。聖徳大学に小川先生を招聘したのは井上氏の貢献による。

ているのに、あなたがたの中のある者が、死者の復活などない、と言っているのはどういうわけですか」(15:12;新共同訳)と、パウロはコリントの教会を案じているのである。「キリストは死者の中から復活した、と宣べ伝えられているのに」とは、コリントの信徒がイエス・キリストの死後の復活を信じていたことが前提となっていることを示唆している。それは事実であり、もう前提となっている。しかし信徒たち自身の「死者の復活」が議論となっていたのである。それが「今」の復活のことへと論述されて行くのである。コリントの教会の様々な混乱や争いを知ったパウロは、彼らの「今」に、古い人間のままの信仰心を見たのであろう。死後の復活ではなく、「今」古い人間が死に、新しい人間へと変えられなければならないと。

ゆえに、ここでもこれまで述べて来たことと同じ問いが我々に投げかけられることになる。パウロのⅠコリント書15章の復活理解は実に柔軟で、独特である。それを型にはまった「死後の復活理解」で読み解こうとするところに無理が生じ、「よく分からない」という不可解さやパウロ自身に責任を着せた意味不明さだけが残るのであろう。そうではない。ここでも「パウロの声に耳を澄ませ」という小川修先生の投げかけがあるように思われよう。死後の復活よりも、今の復活のことがパウロの宣教の主題だったのである。

あとがき

立 山 忠 浩

本巻が『小川 修 パウロ書簡講義録』全10巻の最終刊行となる。小川修先生に初巻だけでも見ていただきたいという願いから、2010年末から急いで編集作業を開始したが、先生が天に召される前に刊行することは叶わなかった。しかし2011年8月刊行の『ローマ書講義』（Ⅰ）を皮切りに、ほぼ1年に1巻のペースで刊行して来た。一人でも多くの人に先生のパウロ書簡の講義を届けたいという思いから始まったが、最終巻まで辿り着けたことは編集に携わった全員にとって万感の思いである。

「パウロ書簡講義」は2007年からの3年間同志社大学神学部大学院で行われた。講義の収録を文字通り逐語的に再現したのが本講義録である。

本巻はガラテヤ書の4章～6章の講義である。今回も七人で分担して講義起こしを行い、最後は立山が編集し、それをまた各担当者が確認するという手順を踏んだ。担当は以下である。箱田清美が9～28頁、高井保雄が28～42頁、光延博が42～68頁、西川晶子が68～87頁、角本浩が91～112頁、大柴譲治が112～134頁、立山忠浩が137～161頁。

本巻には「パウロ書簡講義録」に加え、先生の最後の講演が掲載されている。2010年4月に、先生が所属されていた日本福音ルーテル東京池袋教会で行った講演（「パウロは何を説いたのか」）である。講演の中で「皆さん後何年か生きるわけですね。わたしはまぁあんまり生きないと思うんですけどネ」（208 頁）という言葉が出て来るが、この時すでに重い病状を認識されていたことが偲ばれる。この講演の続きをもう一回お願いしたが辞退された。体力に自信を無くされていたのであろう。この度講演を聞きなおし、これまでのような声の力がなく、咳払いが多かったことを思い起こす。これが人前での最後の講演となったが、一般信徒を前にしての講演ゆえにより平易な語りとなっている。教会内の学びの会などに用いられることが期待される内容である。最初のテープ起こしを、先生が以前所属された日本福音ルーテル本郷教会の水上利正氏が申し出てくださり、お願いすることになった。それに立山が手入れし、最後に箱田が読み易くするために単元ごとに小見出しをつけた。水上氏の貴いお骨折りに感謝を申し上げたい。

巻末には、七人の「編集者の声」を収録した。ある者は感想を、ある者は説教を、また論文形式の文章もある。各自の小川先生への感謝の思いをそれぞれの言葉で表現し、掲載することにした。

最終巻までなし終えるまでに、幾人もの方々から感想と励ましの言葉をいただいた。編集者たちの心強い励ましとなったことを心からお礼を申し上げたい。特に、同志社大学大学院の講師に先生を招き、本講義録の刊行にも協力を惜しまず、励ましもいただいた石川立教授に感謝を申し上げたい（第 4 巻に「小川修『パウロ書簡講義録』刊行によせて」の寄稿をいただいた）。

第一回配本から第七回配本（第 1 ～ 6 巻、9 巻）までは、先生のお姉様の石井良子さんから出版費用のご支援をいただいた。この支援なしには最後まで辿り着けなかったことであろう。まことに感謝に堪えない。残りの三巻（第 7 ～ 8 巻、10 巻）は、リトンの大石昌孝さんのご協力をいただくことで、編集者の有志 4 人で何とか賄うことができた。大石さんには最初から最後まで、実に丁寧なご助言、ご対応をいただいた。心からの感謝を申し上げたい。

2022年3月

小川修 パウロ書簡講義録・刊行会メンバー
箱田清美　高井保雄
大柴譲治　立山忠浩

著者紹介

小川　修（おがわ　おさむ）

1940 年、東京都豊島区南大塚に生まれる。
東京大学法学部卒業後、都市銀行に就職したが、神学・宗教哲学研鑽の道へ変更した。
立教大学大学院を経て米国ニューヨーク・ユニオン神学大学大学院修了後、ドイツの諸大学（エルランゲン、テュービンゲン、ミュンヘン）で神学・宗教哲学を専攻。
帰国後、実践女子大学、郡山女子大学で教鞭をとった後、聖徳大学（人文学部教授）が最後の勤務校となった。
その他、日本ルーテル神学校・ルーテル学院大学で長年主として宗教哲学を講じ、同志社大学神学部大学院（2007 年～2010 年）では、パウロ書簡の講義を行った。論文は、ルーテル学院大学、聖徳大学などの紀要に多数収められている。
2011 年 1 月、帰天。

編者紹介

箱田　清美（はこだ　きよみ）1950 年、福岡市に生まれる。
日本福音ルーテル教会引退牧師

高井　保雄（たかい　やすお）1949 年、姫路市に生まれる。
日本福音ルーテル教会引退牧師

光延　博（みつのぶ　ひろし）1971 年、筑後市に生まれる。
日本福音ルーテル静岡・富士教会牧師

西川　晶子（にしかわ　あきこ）1976 年、熊本市に生まれる。
日本福音ルーテル久留米・田主丸・大牟田教会牧師

角本　浩（すみもと　ひろし）1965 年、東京都北区に生まれる。日本福音ルーテル神水・甘木・松橋教会牧師

大柴　譲治（おおしば　じょうじ）1957 年、名古屋市に生まれる。日本福音ルーテル大阪教会牧師

立山　忠浩（たてやま　ただひろ）1954 年、鹿児島市曽於郡（現曽於市）に生まれる。日本福音ルーテル都南教会牧師

小川修パウロ書簡講義録　8
ガラテヤ書講義　Ⅱ

発行日　2022 年 4 月 20 日

著　者　小川　修
編　者　小川修パウロ書簡講義録刊行会
発行者　大石昌孝
発行所　有限会社リトン
101-0061　東京都千代田区神田三崎町 2-9-5-402
TEL03-3238-7678 FAX 03-3238-7638
印刷所　株式会社 TOP 印刷

ISBN978-4-86376-091-2

小川修 パウロ書簡講義録

第１巻　ローマ書講義Ⅰ
第２巻　ローマ書講義Ⅱ
第３巻　ローマ書講義Ⅲ
第４巻　コリント前書講義Ⅰ
第５巻　コリント前書講義Ⅱ
第６巻　コリント後書講義
第７巻　ガラテヤ書講義Ⅰ
第８巻　ガラテヤ書講義Ⅱ
第９巻　前期論文集
第10巻　後期論文集